Die betriebliche Umsetzung des
Entgeltrahmenabkommens in Rhe

Melanie Hilger

Die betriebliche Umsetzung des Entgeltrahmenabkommens in Rheinland-Pfalz

– und die damit verbundenen Veränderungen
der betrieblichen Austauschbeziehungen
zwischen Betriebsrat und Arbeitgeber

Rainer Hampp Verlag   München, Mering   2012

Bibliografische Information der Deutschen Nationalbibliothek

Die Deutsche Nationalbibliothek verzeichnet diese Publikation in der Deutschen Nationalbibliografie; detaillierte bibliografische Daten sind im Internet über http://dnb.d-nb.de abrufbar.

ISBN 978-3-86618-681-1 (print)
ISBN 978-3-86618-781-8 (e-book)
DOI 10.1688/9783866187818
1. Auflage, 2012

Zugl.: Dissertation, Universität Erlangen-Nürnberg, 2011, unter dem Titel „Die betriebliche Umsetzung des Entgeltrahmenabkommens in Rheinland-Pfalz und die damit verbundenen Veränderungen der betrieblichen Austauschbeziehungen zwischen Betriebsrat und Arbeitgeber"

© 2012   Rainer Hampp Verlag   München und Mering
          Marktplatz 5   D – 86415 Mering
          www.Hampp-Verlag.de

Liebe Leserinnen und Leser!
Wir wollen Ihnen ein gutes Buch liefern. Wenn Sie aus irgendwelchen Gründen nicht zufrieden sind, wenden Sie sich bitte an uns.

Inhaltsverzeichnis

Abbildungsverzeichnis

4

Tabellenverzeichnis

Abkürzungsverzeichnis

Abkürzung	Bedeutung
AG	Arbeitgeber
AN	Arbeitnehmer/n
ATZ	Altersteilzeit
AVG	Angestelltenversicherungsgesetz
BDA	Bundesvereinigung Deutscher Arbeitgeber
BetrVG	Betriebsverfassungesgesetz
BR	Betriebsrat
DAG	Deutsche Angestellten Gewerkschaft
DGB	Deutscher Gewerkschaftsbund
E	Entgeltgruppe in ERA
ERA	Entgeltrahmenabkommen
ETV	Entgelttarifvertrag
GF	Geschäftsführung
GG	Grundgesetz
IG	Industriegewerkschaft
L/ T/ K und M Gruppen	Entgeltgruppen aus dem Tarifvertrag vor ERA (L=Lohn; T=Techniker, K=Kaufmännisch, M=Meister)
M + E Mitte	M + E Mitte – Verbände der Metall- und Elektroindustrie der Mittelgruppe
Metall NRW	Verband der Metall- und Elektroindustrie in Nordrhein – Westfalen
MV	Mitarbeitervertretung
NSDAP	Nationalsozialistische deutsche Arbeiterpartei
OT	Ohne Tarif (Arbeitgeberverbände ohne Tarifbindung)
TBS	Technologische Beratungsstelle Rheinland – Pfalz TBS gGmbH Rheinland – Pfalz
TV	Tarifvertrag
TVG	Tarifvertragsgesetz
UN	Unternehmen
VEM	Verband der Metall- und Elektroindustrie Rheinland – Rheinhessen
Z-Stufen	Zusatz oder Zwischenstufen, die die Betriebsparteien auf betrieblicher Ebene im Rahmen der ERA – Einführung einführen konnten

Abkürzungen, die als Standard im Duden festgelegt sind, werden nicht im Abkürzungsverzeichnis aufgeführt.

„Der Aufbruch steht am Anfang eines Weges. Ich weiß noch nicht, was mich auf dem Weg erwartet. Oft verschieben Menschen den Aufbruch. Sie spüren, dass sie aufbrechen müssen. Aber zugleich haben sie Angst davor, das Gewohnte zurückzulassen und sich auf den Weg in die Fremde und in die Entfremdung von bisher Vertrautem einzulassen."
(Anselm Grün)

Einleitung

Die Tarifvertragsparteien von M+E Mitte und die IG Metall beendeten Mitte 2004 ihre Verhandlungen zur Einführung des Entgeltrahmenabkommens. Damit fanden Verhandlungen von drei Jahrzehnten ein erfolgreiches Ende; das größte und wichtigste Tarifwerk der vergangenen Jahre, das Entgeltrahmenabkommen (ERA), war abschließend verhandelt.

Die Einführung eines neuen Tarifvertrages wurde notwendig, da sich die Arbeitsaufgaben und -inhalte in den Jahrzehnten nach den 1950er Jahren deutlich verändert hatten.

Die Tarifvertragsparteien beseitigten mit dem neuen Tarifvertrag die Tradition, in der Arbeiter Lohn und Angestellte Gehalt verdienten. Diese Zwei-Klassen-Gesellschaft wird durch die Einführung eines einheitlichen Entgeltes aufgehoben.

Für die Betriebsparteien in den Unternehmen folgte daraus die Aufgabe, alle Arbeitnehmer gemäß ihren jeweiligen Arbeitsaufgaben in neue, einheitliche Entgeltgruppen zu überführen. Die Arbeitsaufgaben müssen dazu neu bewertet und anschließend in die neue Entgeltsystematik eingruppiert werden.

Bis Ende 2005 dauerte die Vorbereitungsphase der ERA – Einführung an. Von den Tarifvertragsparteien war ein Zeitraum von drei Jahren (01.01.2006 bis 31.12.2008) zur betrieblichen Umsetzung des neuen Tarifvertrages vorgesehen; auf Antrag war eine Verlängerung um ein weiteres Jahr, bis zum 31.12.2009 möglich.

Die betriebliche Umsetzung der von den Tarifvertragsparteien vorgegebenen Regelungen erforderte in den Unternehmen einen hohen Arbeitsaufwand. Sämtliche Arbeitsplätze und Arbeitsaufgaben mussten erfasst, beschrieben und schließlich eingruppiert werden. Was theoretisch machbar erschien, wurde durch die individuelle Entgeltstruktur in den Unternehmen erschwert. In vielen Unternehmen der Metall- und Elektroindustrie hatten sich eigene Entgeltrichtlinien entwickelt, um den veränderten Arbeitsanforderungen gerecht zu werden. So wurden beispielsweise Mitarbeiter mit Zusatzaufgaben oder einfach langjährige Mitarbeiter anders eingruppiert (meist besser), als der Tarifvertrag dies vorsah. Die Unternehmen wollten damit die Verdienste der Arbeitnehmer entlohnen.[1]

Mit der betrieblichen Umsetzung des neuen Tarifvertrages war es absehbar, dass die Betriebsparteien u.U. ganz unterschiedliche Interessen verfolgten, die bei den Verhandlungen zur Eingruppierung der Arbeitsplätze zum Tragen kamen. Während die

---

[1] Vgl. VEM (2010): S.5 ff.

Arbeitgeber versuchen könnten, das Entgeltniveau im Unternehmen durch eine niedrige Eingruppierung der Arbeitnehmer zu senken, könnte der Betriebsrat (als Vertreter der Arbeitnehmer des Unternehmens) versuchen, das Entgeltniveau im Unternehmen durch eine möglichst hohe Eingruppierung der Arbeitnehmer zu steigern.

Die bisherige Form der Zusammenarbeit der Betriebsparteien wurde durch die betriebliche Einführung des ERA auf eine Probe gestellt. So stellt sich die Frage, ob sich bekannte und eingespielte Interaktionsmodi aufgrund der unterschiedlichen Interessen aufbrechen und verändern.

Die vorliegenden Arbeit verfolgt zwei unterschiedliche Zielsetzungen:

Zum einen wird erfragt, wie haben die Unternehmen im Untersuchungsgebiet die Vorgaben der Tarifvertragsparteien umgesetzt? Wie ist der Prozess der ERA - Einführung in den einzelnen Unternehmen abgelaufen, wo traten Schwierigkeiten auf und wie wurden sie gelöst?

Zum anderen liegt der Fokus auf dem Interaktionsmodus der Betriebsparteien. Wie haben die Betriebsparteien vor ERA zusammengearbeitet, welche Auswirkungen hat die Einführung des neuen Tarifvertrages auf die betrieblichen Interaktionen, und was geschah nach ERA?

Um Antworten auf diese Fragen zu erhalten, wurde im Rahmen der vorliegenden Arbeit eine Unternehmensbefragung durchgeführt. Es wurden einerseits Vertreter der Arbeitgeberseite und Betriebsräte andererseits, unabhängig von einander zur Themenstellung befragt. Die Ergebnisse dieser Befragung wurden in Beziehung zueinander gesetzt und verglichen, so dass am Ende eine verallgemeinerbare Aussage getroffen werden kann. Die Unternehmen sowie die befragten Personen werden nicht namentlich erwähnt, sondern anonym dargestellt.

Die ersten drei Kapitel sollen die konzeptionellen Hintergründe zum Verständnis der Arbeit vermitteln. Zunächst wird dabei ein Überblick über die historische Unterscheidung der Arbeiter und Angestellten gegeben. Anschließend wird das System der Interessenvertretung in Deutschland erläutert. Die unterschiedliche Bedeutung und die enge Verknüpfung der Ebenen der überbetrieblichen und betrieblichen

Interessenvertretung stehen dabei im Vordergrund.

Anschließend erhält der Leser einen umfangreichen Einblick in die Grundlagen des Entgeltrahmenabkommens. Das Untersuchungsgebiet und seine Besonderheiten werden im Anschluss aufgeführt.

Verschiedene Typen und Handlungsmuster von Betriebsparteien werden in Kapitel 4 dargestellt.

Die Kapitel 5 und 6 verdeutlichen die methodische Vorgehensweise, Anlage und Durchführung sowie die Zusammenfassung der Interviews in den Unternehmen. Die Zusammenfassungen der Interviews in Kapitel 5 dienen als Grundlage der Datenauswertung ab Kapitel 7. Zuvor wird die Einführung des ERA mittels einer Regelüberführung, in der keine Neubewertung der Arbeitsplätze erfolgt, als Ausnahme im Untersuchungsgebiet dargestellt. Hier werden Vor- und Nachteile, aber auch langfristige Auswirkungen der vom Tarifvertrag abweichenden Einführung besprochen.

1 Die Unterscheidung der Arbeitnehmer in Deutschland in Arbeiter und Angestellte

Um die Bedeutung des Entgeltrahmenabkommens für Arbeiter und Angestellte zu verstehen, soll im folgenden Abschnitt eine kurze Übersicht der Unterscheidung der Arbeiter und Angestellte dargestellt werden.

Die Mitarbeiterklasse der Angestellten entwickelte sich im Laufe der Jahre der Industrialisierung in Deutschland. Die Fabriken wurden immer größer und benötigten neben einer großen Zahl Arbeiter auch Arbeitnehmer, die Verwaltungs- oder Buchhaltungsaufgaben wahrnahmen.[2] Sie nahmen diese Aufgaben mit dem abschreckenden Beispiel der Arbeiter vor Augen wahr. Die Arbeiter konnten ihre Aufgaben nicht selbst bestimmend wahrnehmen und waren in den Fabriken häufig an den Takt des aufkommenden Fließbandes gebunden. Es erscheint daher nicht verwunderlich, dass die Angestellten an ihrem sozialen „Stand" und ihrem Anderssein versuchten festzuhalten.[3]

Diese Arbeitnehmer orientierten sich in ihrer Weltansicht an der der Arbeitgeber und nicht an den Arbeitern in den Fabriken.

Während sich qualifizierte Arbeiter auch heute noch mit ihrer Arbeit unabhängig vom Unternehmen identifizieren können (z.B. Maschinenbauer, Schlosser oder Elektriker), ist die Arbeit der Angestellten stark mit dem Unternehmen verbunden. Zwar muss der Buchhalter kaufmännische Kenntnisse besitzen, für das Unternehmen werden diese jedoch erst dann von Nutzen, wenn der Buchhalter seine Kenntnisse auf die besondere Situation des Unternehmens anpasst. Dies Anforderungsstruktur drückte sich im Rekrutierungsprozess (z.B. monetäre Leistungen und hohes Prestige) wie auch in der Form der Kooperation aus. Die klassische Hierarchie der Werkstatt oder der Fabrik (vom Lehrling, über den Gesellen zum Meister) galt in einer etwas abgewandelten Form auch in den vorindustriellen Büros.[4]

Die Zahl der Angestellte stieg mit fortschreitender Industrialisierung stetig an. Als Ursache dafür kann die auch in den kaufmännischen Tätigkeiten steigende Bürokratisierung angesehen werden. Im Jahr 1882 gab es in Deutschland nicht mehr als eine halbe Million

---

[2] Der Begriff des Angestellten wurde erst später definiert. Häufig wurde in den Unternehmen von Bürobeamten gesprochen.
[3] Vgl. Braun (1964): S.87f.
[4] Vgl. Braun (1959): S. 53f.

Angestellte, ca. 20 Jahre später, im Jahr 1907, arbeiteten zwei Millionen Angestellte.[5], [6]

Als sich um 1890 die ersten Gewerkschaften in Deutschland gründeten, waren nur wenige Angestellte bereit, sich hier ebenfalls zu organisieren. Die Gewerkschaften von damals waren nicht nach einem Industrieverbandsprinzip organisiert, sondern nach ihrer Weltanschauung; so gab es freie, christliche und andere Gewerkschaften. Das politische Klima im deutschen Kaiserreich war geprägt von der Angst vor einer erstarkenden Sozialdemokratie. Um die immer größer werdende Zahl der Angestellten nicht in die Hände der Gewerkschaften zu treiben, wurde im Jahr 1911 das Angestelltenversicherungsgesetz (AVG) verabschiedet, durch das Angestellte einen besseren sozialen Schutz als die Arbeiter, beispielsweise bessere Invalidenrente oder eine Krankenversicherung erhielten; gleichzeitig wurde in diesem Gesetz der Begriff des Angestellten erstmals definiert: in §1 AVG wurden alle Berufsgruppen aufgezählt, die zu den Angestellten zu zählen waren.[7]

Bereits zu Beginn des 20. Jahrhunderts gab es eine gesonderte Angestellten-Sozialpolitik für Angestellte.[8] Für Angestellte galten andere rechtliche und arbeitsvertragliche Vereinbarungen als für Arbeiter, die auch heute teilweise noch zur Geltung kommen. So war beispielsweise den Angestellten das Entgelt spätestens am Ende des Monats zu entrichten, weiterhin wird die Zahlung eines zu geringen Entgeltes als unsittlich oder wucherisches Geschäft angesehen. Auch erhielten die Angestellten zu diesem Zeitpunkt bereits eine sechswöchige Entgeltfortzahlung im Krankheitsfalle.[9]

In der Zeit nach dem Ersten Weltkrieg entwickelten sich in der neuen Weimarer Demokratie weitere Gewerkschaften, die sich an der Weltanschauung orientierten. Neben den Gewerkschaften der Arbeiter, bildeten sich auch Verbände von Angestellten.[10]

Nach dem Zweiten Weltkrieg war schnell klar, dass das alte System der Richtungsgewerkschaften wenig zukunftsweisend war. Auch den Besatzungsmächten war es wichtig, jedes sozialistische Handeln der Arbeitnehmer in Deutschland zu unterdrücken und das System der Marktwirtschaft zu etablieren. Die Gründung von Einheitsgewerkschaften auf der Grundlage der Industrieverbände, zusammengeschlossen

---

[5] Vgl. Braun (1964): S.88.
[6] Anmerkung: Die Angaben beziehen sich auf die jeweiligen Grenzen des damaligen deutschen Reiches.
[7] Vgl. Fehrmann; Metzner (1981): S. 17 ff.
[8] 4. Generalversammlung der Gesellschaft für soziale Reformen über das Recht der Privatbeamten und die Pensionsversicherung der Privatbeamten.
[9] Vgl. Lederer (1912): S.224ff.
[10] Vgl. Fehrmann; Metzner (1981): S. 67 ff.

in einem Dachverband, wurde der jungen Bundesrepublik von den Militärbehörden schließlich aufgezwungen.[11] Das Organisationsproblem der Angestellten wurde hier noch nicht bedacht. Im April 1946 trafen sich die Delegierten des gewählten Zonenausschusses, um Richtlinien zum Wiederaufbau der Gewerkschaften festzulegen. Geplant war die Gründung von zwölf eigenständigen Industriegewerkschaften und deren Zusammenschluss in einem Dachverband, dem „Deutschen Gewerkschaftsbund" (kurz: DGB). Gegen diese Lösung stimmten jedoch die Befürworter einer Einheitsgewerkschaft und die Vertreter der DAG (Deutschen Angestelltengewerkschaft). Die DAG sah in der Gründung von Industriegewerkschaften ihren Vertretungsanspruch der Angestellten der gesamten Industrie sowie des öffentlichen Dienstes gefährdet. Ein längerer Konflikt zwischen dem DGB und der DAG endete schließlich in der gegenseitigen Anerkennung, allerdings nicht in einer gemeinsamen Zusammenarbeit.[12] Erst im Jahr 2001 nach mehr als 50 Jahren ging die DAG schließlich im DGB auf, so dass ab diesem Zeitpunkt alle Arbeitnehmer einer Branche durch eine Gewerkschaft vertreten werden.[13]

Aufgrund der Trennung der Arbeitnehmer wurden in Deutschland eine Rentenversicherung für Arbeiter und eine für Angestellte gegründet, was die Differenzierung zwischen den Arbeitnehmergruppen weiter vertiefte. Diese Trennung wurde im Jahr 2005 mit der Gründung der Deutschen Rentenversicherung aufgehoben.[14]

Die Trennung der Arbeitnehmer in Deutschland in Arbeiter und Angestellte hat sich im Laufe der Jahre zu einer Tradition entwickelt. Vieles von dem, was früher einmal als besonderes Merkmal der Angestellten zu sehen war, wurde von der Gesetzgebung auch auf die Arbeiter übertragen (z.B. Entgeltfortzahlung im Krankheitsfalle, Kündigungsschutz). Eine Trennung der Arbeitnehmer ist veraltet. Zwar unterscheiden sich beide Arbeitnehmergruppen noch heute in ihrem Selbstverständnis (z.B. sind Arbeiter heute immer noch eher bereit, in eine Gewerkschaft einzutreten als Angestellte; siehe dazu weiter hinten), eine rechtlich-verbindliche Trennung ist jedoch hinfällig.

---

[11] Es gab in Deutschland zu diesem Zeitpunkt Strömungen, die ebenfalls in diese Richtung tendierten.
[12] Vgl. Fehrmann; Metzner (1981): S. 122 ff.
[13] Vgl. http://www.60-jahre-dgb.de/1999-2008/index.html (Stand: 18.10.09)
[14] Vgl. http://www.deutsche-rentenversicherung-bund.de/nn_18802/DRVB/de/Navigation/Formulare__Publikationen/publikationen/ (Stand: 18.10.09)

1. Tab.: Historische Unterscheidungskriterien: Arbeiter und Angestellte

Unterscheidungsmerkmal	Angestellte	Arbeiter
Entgelt	Gehalt	Lohn (ggf. Stundenlohn)
Auszahlungszeitpunkt des Entgelts	Ende des Monats	Wöchentlich oder zur Mitte des laufenden Monats
Kündigungsschutz	Oftmals zum Quartalsende	Zum Ende jeden Monats
Mitglied der Rentenversicherung	BfA (Bundesversicherungsanstalt für Angestellte)	LVA (Landesversicherungsanstalt)
Maßgebliche Definition	Regelungen des Arbeits- bzw. Sozialrechts	In Abgrenzung zum Angestellten

Quelle: Eigene Darstellung.

Die Trennung der Arbeiter und Angestellten ist eine wichtige Grundlage für die Einführung des Entgeltrahmenabkommens in der Metall- und Elektroindustrie, da mit der Umsetzung des neuen Tarifvertrages dieses aufgehoben werden soll.

Eine bedeutende Rolle bei der Einführung eines neuen Tarifvertrages spielt auch die Form der Interessenvertretung in Deutschland. Diese ist durch ein duales System geprägt und damit zum einen für die Verhandlung und Entstehung eines neuen Tarifvertrages zuständig, aber auch für dessen betriebliche Umsetzung.

2 Die Interessenvertretung in Deutschland

Die Interessenvertretung in deutschen Unternehmen lässt sich als duales System bezeichnen, das lediglich in Österreich in einer ähnlichen Form besteht. In Europa existieren ansonsten unterschiedliche Formen der Interessenvertretung.[15] Die überbetriebliche und die betriebliche Interessenvertretung in Deutschland sind formal unabhängig voneinander und jeweils einzeln durch das Gesetz geschützt. Obwohl sie formal getrennt sind, haben sie erheblichen Einfluss aufeinander.[16]

In diesem Abschnitt sollen Informationen zum System der Interessenvertretung in Deutschland vermittelt werden. Dies ist notwendig, um ein Verständnis für die Verknüpfungen zwischen Gewerkschaft einerseits und Betriebsräten anderseits zu entwickeln.

Bei der Einführung eines neuen Tarifvertrages auf der betriebliche Ebene sind nicht nur die Betriebsräte beteiligt, sondern ebenfalls die Vertreter der Tarifvertragsparteien, Arbeitgeberverbände und Gewerkschaften. Die Tarifvertragsparteien verhandeln jeweils den Abschluss des Tarifvertrages, ohne die Situation in den einzelnen Unternehmen zu kennen. Dennoch handelten sie in der Überzeugung, dass der alte Tarifvertrag der Metall- und Elektroindustrie nicht mehr zeitgemäß ist und an die gegenwärtigen Arbeitsanforderungen angepasst werden muss.

Im Folgenden soll nun zunächst die überbetriebliche Interessenvertretung in Deutschland beschrieben werden. Dabei werden nicht nur die gesetzlichen Grundlagen thematisiert, sondern auch die Akteure dieses Systems sowie die Problematik der Mitgliedererosion und ihre Auswirkungen. Im Anschluss daran erfolgt die Charakterisierung der betrieblichen Interessenvertretung. Hier liegen die Schwerpunkte auf dem Betriebsrat als Vertreter aller Beschäftigten im Unternehmen, den Möglichkeiten einer betrieblichen Interessenvertretung bei fehlendem Betriebsrat, sowie auf der Schwierigkeit des Betriebsrates bei Abweichungen vom Tarifvertrag.

---

[15] Siehe dazu z.B. die Homepage der Europäischen Kommission.
[16] Vgl. Jirjahn (2003): S.649.

2.1 Die überbetriebliche Interessenvertretung in Deutschland

Die Basis der Koalitionsfreiheit in Deutschland und damit letztlich für die Interessenvertretung durch überbetriebliche Verbände, findet sich in Art. 9 Abs. 3 GG. Danach haben alle Deutschen das Recht zur Bildung von Vereinigungen. Abs. 3 des Artikels bestätigt dieses Recht ebenfalls für die Arbeits- und Wirtschaftswelt. Damit ist nicht nur das Recht des Einzelnen umfasst, sich mit anderen zu Koalitionen zusammenzuschließen (=positive Koalitionsfreiheit) oder ihnen fernzubleiben (=negative Koalitionsfreiheit), sondern auch das Recht, Gewerkschaften und Arbeitgeberverbände zu gründen (=kollektives Bestandsrecht von Tariforganisationen). In Art. 9 GG ist außerdem ein kollektives Betätigungsrecht enthalten, welches insbesondere den Arbeitskampf umfasst, sowie die Verpflichtung des Staates, dieses Recht zu schützen. Die tarifliche Umsetzung von Art. 9 Abs. 3 GG erfolgt im Tarifvertragsgesetz (TVG). Das TVG[17] trat am 09.04.1949 in Kraft und ist damit einen Monat älter als das Grundgesetz, das am 23.05.1949 unterzeichnet wurde. Mit nur 13 Paragraphen ist das TVG relativ kurz. Die Urheber dieses Gesetzes wollten eine grobe Grundlage für unabhängige und frei ausgehandelte Tarifverträge schaffen. Vieles ist im TVG nur grob angerissen oder gar nicht erwähnt, wie z.B. das Streikrecht. Aus diesem Grund müssen viele Ungenauigkeiten durch das Richterrecht behoben werden.

2.1.1 Gewerkschaften, Arbeitgeberverbände und Tarifverträge

Die Regelung von Entgelten und Arbeitsbedingungen erfolgt durch den Abschluss eines Tarifvertrages, wie beispielsweise dem ERA, zwischen den Tarifvertragsparteien; diese treten als Gewerkschaften, Arbeitgeberverbände oder einzelne Arbeitgeber auf. Die meisten Gewerkschaften in Deutschland sind gemäß ihrer Satzung nach dem sogenannten Industrieverbandsprinzip organisiert. Sie sind wie die Arbeitgeberverbände auch freiwillige Zusammenschlüsse.[18] Ähnlich wie bei den Zusammenschlüssen der Arbeitnehmer dominiert bei den Arbeitgebern das Industrieverbandsprinzip.

Arbeitnehmer sind direkte Mitglieder der Gewerkschaft, wie z.B. der IG Metall, die regionale Verwaltungsstellen als Anlaufstellen eingerichtet hat. Die Arbeitgeber dagegen sind Mitglied in einem Arbeitgeberverband vor Ort, beispielsweise dem VEM. Diese Arbeitgeberverbände wiederum sind häufig Mitglied in einem gemeinsamen bundesweiten

---

[17] Vgl. Zachert (2009).
[18] Diese Thematik wird in Kapitel 2.1.2 genauer erläutert.

Dachverband.

Während sich in Frankreich Gewerkschaften politischer und weltanschaulicher Richtung gegenüberstehen, kommt diese Unterscheidung in der Bundesrepublik nur selten vor.[19] Auch ist die gewerkschaftliche Trennung dem Status nach, also die zwischen Arbeitern und Angestellten, eher nicht anzutreffen.[20] [21] Weiterhin galt in Deutschland bis Mitte 2010 das Prinzip der Einheitsgewerkschaft[22], d.h. nur eine Gewerkschaft war für einen Betrieb bzw. ein Unternehmen zuständig, so dass es nicht zu einer Konkurrenz der Gewerkschaften untereinander kommen konnte. Das Jahrzehnte lang geltende Prinzip „Ein Betrieb – ein Tarifvertrag" wurde seitens des Bundesarbeitsgerichts mit seiner Entscheidung vom 24.06.2010 aufgehoben. Künftig können also im gleichen Unternehmen mehrere Tarifverträge mit verschiedenen Gewerkschaften nebeneinander gelten, was insbesondere für kleinere Gewerkschaften von Vorteil sein kann. Die betriebliche Praxis zeigt, dass es immer wieder zu Zuständigkeitsüberschneidungen von Gewerkschaften in Unternehmen kommen kann: Mehrere Gewerkschaften könnten also aufgrund ihrer Satzung für das Unternehmen zuständig sein.

1. Abb.: Zuständigkeit von Gewerkschaften

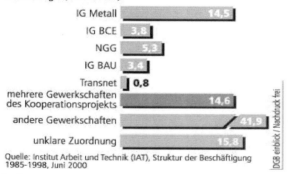

Starke Überschneidungen
Welche Gewerkschaft ist für die Beschäftigten zuständig? (in Prozent)

Gewerkschaft	Prozent
IG Metall	14,5
IG BCE	3,8
NGG	5,3
IG BAU	3,4
Transnet	0,8
mehrere Gewerkschaften des Kooperationsprojekts	14,6
andere Gewerkschaften	41,9
unklare Zuordnung	15,8

Quelle: Institut Arbeit und Technik (IAT), Struktur der Beschäftigung 1985-1998, Juni 2000

Quelle: http://www.einblick.dgb.de/grafiken/2001/03/grafik04/ (Stand: 30.09.09)

---

[19] z.B. die Christliche Gewerkschaft Metall; Vgl.
http://www.dgb.de/themen/arbeitsrecht/informationen/gewerkschaft/ (Stand: 29.11.09).
[20] Vgl. Kapitel 1.
[21] In Deutschland z.B. der Deutsche Beamtenbund als Gewerkschaft für alle Beamten.
[22] Der Begriff der Einheitsgewerkschaft wird in dieser Arbeit im Gegensatz zur Richtungsgewerkschaft verwendet.

Aus der Abbildung wird ersichtlich, dass bei 15,8 % der Arbeitnehmer die Mitgliedschaft in mehreren Gewerkschaften infrage kommen würde (siehe: unterste Reihe: „unklare Zuordnung"). Grundsätzlich kann davon ausgegangen werden, dass sich diese Zahl in Zukunft weiter erhöhen wird. Der Grund ist insbesondere in den unklarer werdenden Zuständigkeitsbereichen der Einzelgewerkschaften zu finden. Aufgrund rückläufiger Mitgliederzahlen und veränderten Produktionstechnologien weiten die Gewerkschaften ihre Zuständigkeiten aus, ohne Rücksprache mit dem DGB zu halten. So hat beispielsweise die IG Metall 1977 ihren Zuständigkeitsbereich erweitert, indem sie ihre Satzung wie folgt geändert hat: „(...) einschließlich der dem Geschäftszweck des Hauptunternehmens dienenden Hilfs- und Nebenbetriebe und Zweigniederlassungen, auch soweit Teile der ursprünglichen verarbeitenden Materialien durch Nicht-Metall ersetzt werden." Damit befindet sich die IG Metall im Grenzbereich zur IG Chemie; eine Vielzahl an Produkten, die in der Vergangenheit mittels Metall hergestellt wurden, werden heute durch Kunststoff ersetzt (z.B. Karosserieteile bei der KFZ-Herstellung).[23]

Die wichtigsten und größten Gewerkschaften in Deutschland haben sich im Deutschen Gewerkschaften Bund (DGB) zusammengeschlossen.[24] Die Grafik zeigt den Mitgliederanteil der DGB-Gewerkschaften mit Stand vom 31. Dezember 2008.

2. Abb.: Übersicht DGB-Gewerkschaften

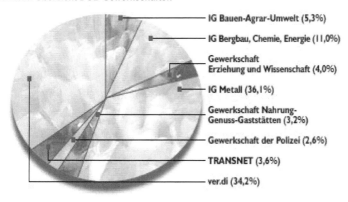

IG Bauen-Agrar-Umwelt (5,3%)

IG Bergbau, Chemie, Energie (11,0%)

Gewerkschaft Erziehung und Wissenschaft (4,0%)

IG Metall (36,1%)

Gewerkschaft Nahrung-Genuss-Gaststätten (3,2%)

Gewerkschaft der Polizei (2,6%)

TRANSNET (3,6%)

ver.di (34,2%)

Quelle: http://www.dgb.de/dgb/mitgliederzahlen/mitglieder.htm (Abfrage am: 18.08.2009)

---

[23] Vgl. Gerz et al (1992): S. 149 ff.
[24] Vgl. Franz, Wolfgang (2003): S. 242 ff.

Die Neigung der deutschen Arbeitnehmer, sich gewerkschaftlich zu organisieren, hängt zu einem großen Teil vom beruflichen Status ab; am häufigsten sind Beamte mit 39,8% Mitglied einer Gewerkschaft, dahinter folgen die gewerblichen Mitarbeiter, beispielsweise Produktionsmitarbeiter, mit ca. 31,0%. Lediglich 15% der Angestellten sind Mitglied in einem Arbeitnehmerverband.

Auch die Qualifikation ist eine entscheidende Größe für die Wahrscheinlichkeit einer gewerkschaftlichen Organisation: Während bei Beamten und Angestellten mit steigender Qualifikation die Wahrscheinlichkeit einer Gewerkschaftszugehörigkeit abnimmt, steigt sie bei den Arbeitern an. Ein weiterer wichtiger Faktor ist die Größe des Unternehmens, in dem der Arbeitnehmer beschäftigt ist. Es besteht ein signifikanter Zusammenhang zwischen der Größe des Unternehmens und dem Organisationsgrad seiner Arbeitnehmer, d.h. je größer das Unternehmen desto wahrscheinlicher ist die Mitgliedschaft seiner Arbeitnehmer in einer Gewerkschaft.[25]

Zusammenfassend lässt sich sagen: Das typische Gewerkschaftsmitglied ist ein männlicher Arbeiter, der in Vollzeit beschäftigt ist und einen unbefristeten Arbeitsvertrag hat. Dieser arbeitet vorrangig in einem großen Industriebetrieb, beispielsweise in der Metall- und Elektroindustrie.[26]

Diese Information spielt, wie im weiteren Verlauf der Arbeit festgestellt wird, eine nicht unbedeutende Rolle bei der Einführung eines Tarifvertrages. Wahrscheinlich ist, dass Gewerkschaften und Betriebsräte versuchen werden, die Interessen ihrer Klientel besonders zu vertreten.

Arbeitgeberverbände können nach den gleichen Grundsätzen organisiert sein wie auch die Gewerkschaften. Der Dachverband Gesamtmetall besteht aus achtzehn verschiedenen Einzelverbänden, z.B. VEM, Metall NRW, Nordmetall, Südwestmetall usw. Diese unterschiedlichen Dachverbände einzelner Arbeitgeberorganisationen haben sich auf Bundesebene zur Bundesvereinigung deutscher Arbeitgeber (BDA) zusammengeschlossen.[27]

Zwar sind die Tarifvertragsparteien mit Gewerkschaften, Arbeitgeberverbänden und einzelnen Arbeitgebern eindeutig gesetzlich definiert, Bestimmungen über den Inhalt oder

---

[25] Vgl. Biebeler et al (2006).
[26] Vgl. Franz, Wolfgang (2003): S. 242 ff.
[27] Vgl. http://www.gesamtmetall.de/gesamtmetall/meonline.nsf/id/DE_M+E-Verbaende (Stand: 30.09.09)

Umfang der Tarifautonomie werden jedoch nicht getroffen. Hier ist die Rechtssprechung des Bundesarbeitsgerichts immer wieder gefordert, Vorgaben zu machen.

Grundsätzlich gelten die Inhalte von abgeschlossen Tarifverträgen nur für die Mitglieder der Tarifvertragsparteien, d.h. Gewerkschaftsmitglieder und Mitgliedsunternehmen von Arbeitgeberverbänden.[28] Abweichungen sind nur dann zulässig, wenn der Tarifvertrag dies zulässt, z.B. in Härte – Fall - Klauseln[29], oder wenn eine Änderung der Regelung zu Gunsten des Arbeitnehmers ausfallen würde (= Günstigkeitsprinzip).

Seitens des Bundesministers für Arbeit besteht die Möglichkeit, einen abgeschlossenen Tarifvertrag auf Antrag einer Tarifvertragspartei nach Absprache mit dem Tarifausschuss[30] für allgemeinverbindlich zu erklären (§ 5 TVG). Mit der Allgemeinverbindlichkeitserklärung wird der Tarifvertrag auch für Arbeitgeber und Arbeitnehmer verbindlich, die bisher nicht tarifgebunden waren. Der Geltungsbereich vergrößert sich. Dies ist jedoch nur dann möglich, wenn

1. die tarifgebundenen Arbeitgeber mindestens 50% der unter den Geltungsbereich des Tarifvertrages fallenden Arbeitnehmer beschäftigen, und

2. die Allgemeinverbindlichkeitserklärung im öffentlichen Interesse ist.

Im Jahr 2010 sind 460 von ca. 64.300 in das Tarifregister eingetragenen Tarifverträgen für allgemeinverbindlich erklärt worden.[31] Die Zahl der für allgemeinverbindlich erklärten Tarifverträge nimmt stetig ab.[32] Waren es im Jahr 1991 in Gesamtdeutschland noch über 600 Tarifverträge, waren es 2008 noch 463.[33]

Tarifgebundende Unternehmen übertragen die ausgehandelten Abschlüsse in nahezu 100% aller Fälle auch auf Arbeitnehmer, die nicht Mitglied der Gewerkschaft sind. Arbeitgeber wollen damit verhindern, dass unterschiedliche Arbeitsverträge die Arbeitnehmer in die Hände der Gewerkschaften „treiben" und somit der Organisationsgrad im Unternehmen erhöht wird.[34]

Tarifverhandlungen werden in Deutschland relativ selten von Arbeitskampfmaßnahmen begleitet. Diese haben nicht das Ausmaß, das in anderen Ländern, wie beispielsweise Frankreich, üblich ist. Bei Tarifkonflikten gibt es keine staatliche Zwangsschlichtung.

---

[28] Vgl. Bahnmüller, Bispinck, Weiler (1999): S. 41f.
[29] Diese Problematik wird in Kapitel 2.2.3 genauer erläutert.
[30] Diese besteht je auch drei Vertretern der Spitzenorganisationen.
[31] Vgl. http://www.bmas.de/portal/13548/allgemeinverbindliche__tarifvertraege.html (Stand: 30.09.09).
[32] Vgl. Bispinck (2007): S.21f.
[33] Vgl. http://www.bmas.de/portal/25382 (Stand: 29.11.09).
[34] Vgl. http://www.tu-braunschweig.de/personalrat/infos/tarifvertrag/index.html; (Stand: 24.10.09).

Streiks der Gewerkschaften und Aussperrungen der Arbeitgeber sind zulässig, soweit das Kampfziel ein durch einen Tarifvertrag geregelter Gegenstand ist und der Grundsatz der Verhältnismäßigkeit gewahrt wird. Während der Laufzeit eines Tarifvertrages haben beide Seiten die Friedenspflicht zu wahren.

Der Tarifvertrag erfüllt für die drei beteiligten Gruppen, Arbeitnehmer, Arbeitgeber und Staat unterschiedliche Funktionen, so dass jede Gruppe ein Interesse an seinem Bestand hat.

2. Tab.: Funktionen von Tarifverträgen

Aus Arbeitnehmersicht	Aus Arbeitgebersicht	Aus staatlicher Sicht
Schutzfunktion	Kartellfunktion	Entlastungsfunktion
Verteilungsfunktion	Ordnungsfunktion	Legitimationsfunktion
Partizipationsfunktion	Friedensfunktion	
Solidaritätsfunktion	Produktivitätsfunktion	
	Koordinierungsfunktion	

Quelle: Eigene Darstellung: Vgl. Bispinck, Reinhard (2003).

Obwohl Flächentarifverträge viele Vorteile haben, sind seit einiger Zeit eine Erosion bzw. ein Rückgang der Tarifbindung zu beobachten. Eine Übersicht von pro und contra findet sich in der folgenden Tabelle.

3. Tab.: Vor- und Nachteile von Flächentarifverträgen

Vorteil
Geringere Transaktionskosten im Vergleich zu Firmentarifverträgen und Einzelverträgen
Ordnungsfunktion: Der Tarifvertrag schafft während seiner Laufzeit Produktions- und Kalkulationssicherheit
Friedensfunktion
Keine negativen Folgen für das Betriebsklima, wenn ein Unternehmen davon abweicht
Nachteil
Unzureichende einzelwirtschaftliche Differenzierung, insbesondere. bei Tariffführerschaft in Pilot-Betrieben
Unzureichende Berücksichtigung von Sondersituationen in Klein- und Mittelbetrieben
Unzureichende Berücksichtigung einzelwirtschaftlicher Beschäftigungsprobleme
Arbeitgeber: Häufigkeit von gezielten Warn-/ Schwerpunktstreiks bei Wertschöpfungsnetzwerken in Industriezweigen

Quelle: Eigene Darstellung: Vgl. Bispinck, Reinhard (2003).

2.1.2 Die Mitgliederproblematik der Gewerkschaften und der Arbeitgeberverbände

Es wurde bereits erwähnt, dass tarifgebundene Unternehmen die mit der Gewerkschaft ausgehandelten Abschlüsse in nahezu 100% der Fälle, auch auf nichtorganisierte Arbeitnehmer übertragen. Mit dieser Maßnahme wollen die Arbeitgeber verhindern, dass die Gewerkschaft gestärkt wird. Die gewerkschaftlichen Leistungen haben also den Charakter von öffentlichen Gütern. Anders als private Güter stehen sie allen Personen/ Arbeitnehmern zur Verfügung.[35]

Dies führt zu einem Free – Rider – Problem der Gewerkschaften, da die Arbeitnehmer auch ohne die Zahlung von Mitgliedsbeiträgen von den Tarifabschlüssen der Gewerkschaften profitieren können. Besonders große Gewerkschaften leiden unter diesem Problem, da bei den Mitgliedern der Zusammenhang zwischen individuellen Beiträgen und kollektiven Leistungen verloren geht.[36] Als Beispiel kann an dieser Stelle die IG Metall genannt werden, deren Mitgliederzahlen seit Jahren rückläufig sind. Sinkende Mitgliederzahlen reduzieren nicht nur das Machtpotential einer Gewerkschaft[37], sondern können sie auch in wirtschaftliche Schwierigkeiten führen, da die Einnahmequelle der Mitgliederbeiträge versiegt.[38]

4. Tab.: Mitgliederentwicklung im DGB und der IG Metall[39]

Jahr	DGB	IG Metall
1959	6.273.741	-
1964	6.485.471	-
1969	6.482.390	-
1974	7.405.760	-
1979	7.843.565	-
1984	7.660.346	-
1989	7.861.120	-
1994	9.768.373	2.995.738
1999	8.036.687	2.701.996
2004	7.013.037	2.425.005
2008	6.371.475	2.300.563
2009	6.264.923	2.263.020
2010	6.193.252	2.239.588

Quelle: Eigene Darstellung. In Anlehnung an: www.dgb.de/dgb/mitgliederzahlen (Stand: 16.06.11).

---

[35] Vgl. Hardes (1993): S. 365.
[36] Vgl. Bergmann et al (1975): S. 272ff.
[37] Vgl. Gerlach (2005): S.6f.
[38] Vgl. Franz (2003): S. 242 ff.
[39] Für die IG Metall liegen beim DGB leider nur Zahlen ab 1994 vor.

Olson verweist in diesem Zusammenhang auf die Größe der Gewerkschaften. In großen Gruppen fällt es nicht oder wenig auf, wenn einzelne Mitglieder nicht zum Erhalt des kollektiven Gutes beitragen. Das kollektive Gut, in diesem Fall die Tariferhöhung, kürzere Arbeitszeiten und/ oder bessere Arbeitsbedingungen, kommt den Arbeitnehmern auch dann zugute, wenn sie keine Mitgliederbeiträge an die Gewerkschaften zahlen.

Es ist problematisch für die Gewerkschaften als große Gruppe, dass sie ihre Mitglieder nur sehr schwer an sich binden können. Gruppen fällt es mit zunehmender Größe schwerer, das gemeinsame Interesse aller Mitglieder zu vertreten, da sich auch die Interessen der Individuen unterscheiden. In kleineren Gruppen besteht eher eine soziale Verpflichtung zur Teilnahme an gemeinsamen Handlungen, z.b. Streiks. Größere Gruppen können dieses Potential nicht oder nur schwierig aktivieren. Olson schlägt vor, Anreize zu schaffen, die die Arbeitnehmer an die Gewerkschaften binden, wie z.b. private Güter in Form von Dienstleistungen, die nur Gewerkschaftsmitgliedern zur Verfügung stehen (z.b. Versicherungen, Rechtsberatung usw.). Eine weitere Möglichkeit zur Sicherung der Mitgliederzahl ist, nach Olson, die Einführung sogenannter „closed shops", also einer Zwangsmitgliedschaft, was in Deutschland rechtlich untersagt ist.[40]

Um nicht noch weitere Mitgliederverluste zu erleiden, besteht für die Gewerkschaften die Notwendigkeit, wirtschaftliche Anreize in Form von privaten Gütern zu schaffen. Eine Möglichkeit wäre die Vereinbarung von selektiven Leistungen für Gewerkschaftsmitglieder mit den Arbeitsgeberverbänden. Dem werden die Arbeitgeber jedoch nicht zustimmen, um den Organisationsgrad im Unternehmen nicht zu erhöhen. Andere Leistungen der Gewerkschaften, wie z.b. die Zahlung von Streikgeldern, hängen von den Risiken eines Arbeitskampfes ab. Neben diesen wirtschaftlichen Anreizen, einer Gewerkschaft beizutreten, gibt es auch soziale Anreize (z.b. Seminare, Freizeitveranstaltungen usw.), die die Mitgliederzahl ggf. stabilisieren können.[41]

Ein ähnliches Dilemma wie die Gewerkschaften erfahren auch die Arbeitgeberverbände, deren die Mitgliederzahlen seit Jahren ebenfalls rückläufig sind.

---

[40]   Vgl. Olson (1968): S.52 ff.
[41]   Vgl. Hardes (1993): S. 366.

5. Tab.: Die Mitgliedsunternehmen und Beschäftigten von Gesamtmetall

Jahr	Unternehmen				Beschäftigte			
	Alte Bundesländer		Neue Bundesländer		Alte Bundesländer		Neue Bundesländer	
	Mit Tarif	Ohne Tarif	Mit Tarif	Ohne Tarif	Mit Tarif	Ohne Tarif	Mit Tarif	Ohne Tarif
'70	9.594				3.264.598			
'75	9.471				2.865.519			
'80	9.108				2.950.325			
'85	8.374				2.817.186			
'90	8.173		1.192		2.936.637		943.827	
'95	7.094		983		2.305.423		163.725	
'00	5.826		426		2.038.258		84.214	
'05	4.189	1.432	240		1.757.819	164.351	64.622	
'08	3.685	2.385	212	84	1.703.952	320.523	68.318	8.775
'09	3.577	2.460	212	85	1.634.786	309.409	63.952	8.839

Quelle: Eigene Darstellung. In Anlehnung an: http://www.gesamtmetall.de/gesamtmetall/meonline.nsf/Graph/ (Stand: 16.06.11)

6. Tab.: Übersicht Tarifbindung der Betriebe in West- und Ostdeutschland in 2010 (Angaben in %)

Branche	Branchentarifvertrag		Firmentarifvertrag		Kein Tarifvertrag	
	West	Ost	West	Ost	West	Ost
Öffentliche Verwaltung	86	89	10	2	5 (50)	9 (30)
Verarbeitendes Gewerbe	33	14	3	3	64 (51)	82 (44)
Baugewerbe	57	40	1	1	42 (48)	59 (50)
Gesamt	34	17	2	3	64 (40)	80 (39)

Quelle: Eigene Darstellung. In Anlehnung an: Ellguth, Kothaut (2011): S.244. Die Angaben in Klammern in Bereich „Kein Tarifvertrag" geben an, wieviel % der Unternehmen sich am Tarifvertrag orientieren.

Anders als bei den Gewerkschaften haben sich bei den Arbeitgeberverbänden sogenannte OT-Verbände gebildet. Sie haben keine Tarifbindung (OT = ohne Tarif), die Mitgliedsunternehmen können aber alle anderen Vorteile eines Verbandes nutzen (z.B. Rechtsberatung). Der Kostenvorteil bei unterschiedlichen Sachverhalten wird seitens der Unternehmen weiterhin genutzt (=Transaktionskostenvorteil[42]), ohne die Verpflichtung der Tarifbindung einzugehen. Die Anzahl der Unternehmen, die diese Möglichkeit nutzen, hat sich in der Metall- und Elektroindustrie seit 2006 fast verdoppelt.[43]

Der Arbeitgeberverband Gesamtmetall vertritt aktuell in Gesamtdeutschland ca. 3.800 Unternehmen mit ca. 2,5 Mio. Arbeitnehmern. Gleichzeitig sind ca. 2.400 Unternehmen

---

[42] Vgl. Kohaut, Schnabel (2001): S.2f.
[43] Vgl. Streeck et al (oJ): S.55ff.

dem Arbeitgeberverband ohne Tarifbindung angeschlossen; in diesen Unternehmen arbeiten ca. 330.000 Arbeitnehmer. Erkennbar an diesen Zahlen ist, dass große Unternehmen mit vielen Arbeitnehmern eher tarifgebunden sind als kleine Unternehmen. Von insgesamt ca. 6.200 Unternehmen, die in der Metall- und Elektroindustrie einem Arbeitgeberverband angeschlossen sind, sind ca. 38% nicht tarifgebunden, betroffen sind hiervon immerhin ca. 12% aller Arbeitnehmer der Branche.[44]

Auch wenn viele Unternehmen nicht mehr Mitglied einer Tarifvertragspartei sind, heißt dies nicht, dass der Tarifvertrag keine Wirkung auf sie hat. Häufig lehnen sich die Betriebe an die Regelungen der für sie gültigen Tarifverträge an, zahlen somit vergleichbare Entgelte und sichern ähnliche Arbeitsbedingungen zu. Während Tarifverträge ein Komplettpaket an Arbeitsbedingungen (z.B. Arbeitszeit, Urlaubsanspruch usw.) und Entgelt bilden, sichern die Arbeitgeber von nichttarifgebundenen Unternehmen meist nur einzelne Bestandteile des Tarifvertrages und schließen andere aus (z.B. gleiche Arbeitszeit und gleiche Entlohnung, aber keine Zahlung von Weihnachtsgeld).[45]

Hinter dem Rückgang von tarifgebundenen Unternehmen steht auch die sich stetig verändernde Unternehmenslandschaft in Deutschland. Viele Unternehmen gliedern einzelne Arbeitsbereiche in selbstständige Unternehmen aus oder vergeben Arbeitsaufgaben an externe Unternehmen (=Outsourcing); Unternehmen werden von größeren Unternehmen aufgekauft oder gehen schlichtweg „pleite". Tarifgebundene Unternehmen sind in der Regel relativ groß und auch bereits seit einigen Jahren am Markt präsent. Es besteht also ein Zusammenhang zwischen dem Alter, der Größe, der Branche und der Mitgliedschaft in einem Arbeitgeberverband. Junge, neu gegründete Unternehmen sind daher seltener tarifgebunden.[46]

Ellguth und Kohaut stellen in ihren Untersuchungen zur Tarifbindung und der betrieblichen Interessenvertretung im Rahmen des IAB[47] – Panels von 2010 jedoch fest, dass die Wirtschaftskrise der vergangen Jahre kein Grund für einen massenhaften Austritt der Unternehmen aus den Arbeitgeberverbänden darstellte. Ein Austritt aus einem Tarifvertrag bringt kurzfristig keine Einsparungen bei den Personalkosten, die für die Unternehmen insbesondere in der Metall- und Elektroindustrie notwendig gewesen wären.[48]

---

[44] Vgl. http://www.gesamtmetall.de/gesamtmetall/meonline.nsf/id (Stand: 02.10.09).
[45] Vgl. Streeck et al (oJ): S. 57.
[46] Vgl. Kohaut et al (2008): S.4f.
[47] IAB = Institut für Arbeitsmarkt und Berufsforschung in Nürnberg
[48] Vgl. Ellguth et al (2011).

Die industrielle Beziehung in Deutschland hat neben der stetig sinkenden Mitgliederzahl der Gewerkschaften, nach Müller-Jentsch, in Zukunft weitere Probleme zu lösen. Diese sind u.a.

a) der Verfall der sozialistischen Arbeiterbewegung und die Auflösung der proletarischen Sozialmileus: Gewerkschaften waren in Deutschland ein zentraler Bestandteil einer einheitlichen Arbeiterbewegung. Gemeinsam in einer Solidargemeinschaft konnte die Arbeiterklasse gesellschaftlichen Fortschritt erreichen. Dieser organisatorische Zusammenhalt wird durch die Differenzierung der Arbeiterklasse in viele einzelne Arbeiterklassen mit unterschiedlichen Interessen aufgelöst.

b) ein wirtschaftspolitischer Strategiewechsel: In der Vergangenheit arbeiteten Arbeit, Kapital und Staat gemeinsam an einer Wachstums- und Vollbeschäftigungsstrategie in einer national ausgerichteten Wirtschaftspolitik. Die Gewerkschaften erfuhren auf diese Weise eine gesellschaftliche Akzeptanz, die auch ihren politischen Einfluss stärkte.Im Zuge von Wirtschaftskrisen und einer zunehmenden Globalisierung mussten diese Strukturen aufgelöst werden.

c) Verbetrieblichung der kollektiven Interessenvertretung: Vor dem Hintergrund steigender Flexibilitätsanforderungen der Unternehmen auf einem globalen Markt, versuchten viele Unternehmen bestehende Tarifverträge zu umgehen. Im Zuge dieses Vorgehens wurden die Betriebsräte gezwungen, sich mit Themen auseinanderzusetzen, die klassischer Weise in das Aufgabenfeld der überbetrieblichen Interessenvertretung in Deutschland fallen, z.B. Entgelte oder Absenken der Arbeitszeit. Während die Betriebsräte somit an Verhandlungs- und Regelungsfunktion gewinnen, geht dieser bei den Gewerkschaften immer weiter verloren.

d) Spaltung der Gesellschaft: Nicht nur die Arbeiterklasse differenziert sich, auch die Gesellschaft scheint sich immer mehr zu spalten, sei es in die Arbeitenden und die Nichtarbeitenden oder in die mit einem festen Arbeitsvertrag und die Leiharbeiter in einem Unternehmen. Die Interessen der Einzelnen lassen sich nur noch schwer in einem Interessensverband bündeln.

sowie

e) einem Verlust der politisch-progessiven Rolle der Gewerkschaften: Die Spaltung der Arbeiterklasse und nicht zuletzt der Gesellschaft, mindert den Alleinvertretungsanspruch der Gewerkschaften. Gewerkschaften vertreten somit nicht mehr die Mehrheit der Arbeiter, sondern nur noch eine Minderheit, was ihren Machtanspruch gegenüber der Arbeitgeberseite senkt.[49]

2.1.3 Tendenzen der Dezentralisierung von Tarifverträgen

Die Tendenzen zur Dezentralisierung von Tarifverträgen haben ihren Ursprung in Abweichungen vom Flächentarifvertrag. Dieses Phänomen gab es wahrscheinlich schon immer, allerdings war damit lange Zeit lediglich eine Abweichung zugunsten der Arbeitnehmer gemeint.[50] Aufgrund der immer weiter fortschreitenden Internationalisierung der Märkte, größerer Möglichkeiten von Outsourcing oder Verlagerung der Produktion an andere Standorte, verlangen die Unternehmen mehr Flexibilität von den Tarifverträgen.[51] Erstmals nach der deutschen Wiedervereinigung wurden im Jahr 1993 sogenannte Härtefallregelungen für die ostdeutsche Metall- und Elektroindustrie vereinbart. Ursprünglich sollten die Entgelte der Mitarbeiter in Ostdeutschland in einem Drei-Stufen-Plan an die Entgelte im Westen angepasst werden. Dagegen wehrten sich die Unternehmen der neuen Bundesländer erfolgreich und begründeten dies mit ihrer schwierigen wirtschaftlichen Lage. Gleichzeitig entwickelte sich in West-Deutschland der Wunsch der Arbeitgeber nach mehr Flexibilität der Tarifverträge[52]. Arbeitgeberverband und Gewerkschaft vereinbarten aus diesem Grund eine Kompromisslösung, die Härtefallregelungen. Unternehmen, die nachweisen können, dass sie sich in einer wirtschaftlich prekären Situation befinden, soll die Möglichkeit eröffnet werden, unter kontrollierten Bedingungen Abweichungen vom Tarifvertrag durchzusetzen. Im Gegenzug verlangt die Arbeitnehmervertretung eine Zusage von Beschäftigungssicherheit[53] der Arbeitnehmer. Die Schwierigkeit der Gewerkschaft bestand darin, dass auch Betriebsräte einen Antrag auf eine Härtefallregelung stellen konnten. Teilweise mussten die Gewerkschaften diesen ablehnen und handelten damit gegen ihre Repräsentanten in den Unternehmen.[54]

Eine Übertragung der ostdeutschen Härtefallregelungen auf die westdeutschen Betriebe hat nicht stattgefunden, wohl auch nicht, weil die westdeutschen Arbeitgeberverbände nicht versucht haben, dies umzusetzen. Vielfach wurden diese Härtefallregelungen als

---

[49] Vgl. Müller-Jentsch (1986): S.266 ff.
[50] Vgl. Bispinck (2004): S.301f.
[51] Vgl. Artus et al (2006).
[52] Vgl. Garloff (2008): S4ff.
[53] Vgl. Kotthoff (1998): S.78.
[54] Vgl. Haipeter (2009): S.105 ff.

unzureichend erachtet; Ziel des Arbeitgeberverbandes Gesamtmetall war es vielmehr, eine unbegrenzte Tariföffnung ohne Zustimmung der Tarifparteien zu erreichen.[55]

In den Jahren der wirtschaftlichen Krise 1992 und 1993, stellt Haipeter fest, entwickelte sich eine Praxis der betriebsbezogenen Tarifunterschreitungen in Krisenfällen. Diese waren seitens der Tarifparteien weitestgehend unkontrolliert und wurden nicht dokumentiert. Sie waren Ausdruck des Machtverlustes der Gewerkschaften, was sicherlich auch mit den schon beschriebenen Mitgliederverlusten in Verbindung gebracht werden kann.

Mangelnde Transparenz und Dokumentation veranlassten die Tarifparteien im Jahr 2004, die sogenannte Pforzheimer Vereinbarung zu beschließen. Mit Abschluss dieser Vereinbarung, so stellt Haipeter in seinen Untersuchungen fest, war die Hoffnung verbunden, der „wilden Dezentralisierung" einen Riegel vorzuschieben, da nun auch der Prozess der Tarifunterschreitung vereinheitlicht und fixiert wurde. Kontrolliert wird diese Form meist von den Gewerkschaften und weniger von den Arbeitgeberverbänden. Dies ist darin begründet, dass die Unternehmen die Arbeitgeberverbände nicht immer in diese Prozesse miteinbeziehen, und wenn, dann lediglich als Berater und nicht als Verhandlungsführer.[56]

2.2 Die betriebliche Interessenvertretung in Deutschland

Die betriebliche Interessenvertretung hat in Deutschland eine lange Tradition. Bereits in der Weimarer Republik wurden die Arbeitnehmer an den Entscheidungen ihres Arbeitgebers beteiligt. Heute gibt es unterschiedliche gesetzliche Mitbestimmungsmöglichkeiten in Deutschland.[57]

Obwohl die überbetriebliche und die betriebliche Interessenvertretung in Deutschland grundsätzlich voneinander getrennt sind, sind sie dennoch eng miteinander verknüpft. So sind beispielsweise die Betriebsräte häufig auch in Gewerkschaften organisiert, und wiederum sind die Betriebsräte in den Unternehmen wichtig zur Mitgliederrekrutierung der Gewerkschaften.

---

[55] Vgl. Ebenda (2009): S. 112.
[56] Vgl. Ebenda (2009): S. 313ff.
[57] z.B. Mitbestimmung in der Montanindustrie, Betriebsräte, Mitbestimmung in Aktiengesellschaften usw.

2.2.1 Der Betriebsrat als Vertreter der Beschäftigten im Unternehmen

Der Betriebsrat vertritt als gewähltes Organ alle Arbeitnehmer gegenüber dem Management in unterschiedlichen Handlungsfeldern in einem Betrieb. Die Institution des Betriebsrates ist im Zusammenhang der vorliegenden Untersuchung eine wichtige Größe, da sie an der betrieblichen Umsetzung des Entgeltrahmenabkommens[58] zwingend beteiligt ist.

Der gesetzliche Hintergrund bildet das Betriebsverfassungsgesetz (BetrVG). Danach kann ein Betriebsrat in einem Betrieb gewählt werden, wenn dort mindestens fünf ständige Arbeitnehmer beschäftigt sind, von denen mindestens drei wählbar sind.[59] Die Initiative zur Wahl eines Betriebsrates geht von den Arbeitnehmern aus. Die Anzahl der Betriebsratsmitglieder ist von der Anzahl der im Betrieb beschäftigten Arbeitnehmer[60] abhängig.[61] Ab einer Beschäftigtenzahl von 200 Arbeitnehmern ist ein Betriebsratsmitglied für seine Tätigkeit als Arbeitnehmervertretung frei zu stellen.[62] Kosten, die durch die Arbeit des Betriebsrates entstehen, trägt der Arbeitnehmer, da der Betriebsrat nicht vermögensfähig ist.[63]

Grundsätzlich sollen Arbeitgeber und Betriebsrat vertrauensvoll zum Wohle des Unternehmens und der Arbeitnehmer zusammenarbeiten; so ist es dem Betriebsrat z.B. verboten, die Arbeitnehmer zum Streik aufzurufen. In der betrieblichen Politik stehen dem Betriebsrat somit nur schiedlich-friedliche Verfahren zur Interessenumsetzung zur Verfügung.[64]

Mit der Novellierung des BetrVGes im Jahre 2001 sind die Beteiligungsrechte des Betriebsrates verstärkt worden.[65] Die Rechte des Betriebsrates unterscheiden sich nach (echten) Mitbestimmungsrechten[66], Anhörungs- und Beratungsrechten sowie nach Informationsrechten.

(Echte) Mitbestimmungsrechte hat der Betriebsrat in sozialen Angelegenheiten, beispielsweise bei Fragen der Ordnung des Betriebes, bei der Arbeitssicherheit oder bei

---

[58] Siehe dazu Kapitel 3.
[59] Vgl. § 1 BetrVG.
[60] Arbeitnehmer im Sinne des BetrVG sind alle Arbeitnehmer im Unternehmen unabhängig von ihrem Status, ihrer Ausbildung oder der Dauer ihrer vereinbarten Arbeitszeit. (siehe dazu auch § 5 BetrVG).
[61] Vgl. § 9 BetrVG.
[62] Vgl. § 38 BetrVG.
[63] Vgl. § 40 BetrVG.
[64] Vgl. Müller – Jentsch (1999): S.109.
[65] Vgl. Gutmann et al (2004): S.11.
[66] Bei echten Mitbestimmungsrechten des Betriebsrates ist seine Zustimmung zwingend erforderlich.

Vergütungsgrundsätzen im Unternehmen.[67] Können Arbeitgeber und Arbeitnehmervertretung sich in diesen Punkten nicht einigen, entscheidet die Einigungsstelle.[68] Insbesondere das Recht des Betriebsrates, bei Vergütungsgrundsätzen im Unternehmen mitzuentscheiden, ist für die betriebliche Einführung eines neuen Tarifvertrages von Bedeutung.

Auch bei personellen Einzelmaßnahmen kann der Arbeitgeber nicht ohne den Betriebsrat agieren. So ist die Arbeitnehmervertretung vor jeder Einstellung, Ein- oder Umgruppierung [69], Versetzung oder Kündigung zu unterrichten. In bestimmten Fällen kann der Betriebsrat seine Zustimmung dazu verweigern.[70]

Unterrichtungs- und Beratungsrechte hat der Betriebsrat in der Gestaltung von Arbeitsplätzen, Arbeitsabläufen und Gestaltung der Arbeitsumgebung. Der Arbeitgeber muss den Betriebsrat in solchen Fällen rechtzeitig informieren, so dass seine Bedenken und Anmerkungen ggf. mitberücksichtigt werden können.[71] In wirtschaftlichen Angelegenheiten hat der Arbeitgeber den Betriebsrat ebenfalls rechtzeitig zu informieren. Unter wirtschaftlichen Angelegenheiten sind beispielsweise die Verlagerung von Unternehmensteilen, Rationalisierungsvorhaben, die Produktions- und Absatzlage oder die Einführung neuer Arbeitsmethoden zu verstehen[72]. Unternehmen mit mehr als 100 ständigen Arbeitnehmern und einem Betriebsrat gründen zu diesem Zweck einen Wirtschaftsausschuss, der die Aufgabe hat, wirtschaftliche Angelegenheiten mit dem Arbeitgeber zu beraten und den Betriebsrat zu informieren. Eine echte Mitbestimmung gibt es in diesen Fällen nicht.[73]

2.2.2 Interessenvertretung ohne Betriebsrat im Unternehmen

Obwohl die Arbeitnehmervertretung in Form eines Betriebsrates in Deutschland mit wesentlichen rechtlichen Möglichkeiten ausgestattet ist, ist diese Institution nicht so weit verbreitet, wie man annehmen würde.

---

[67] Vgl. hierzu eine ausführliche gesetzliche Aufzählung in § 87 BetrVG.
[68] Eine Definition der Einigungsstelle im Sinne des Gesetzes befindet sich in § 76 BetrVG.
[69] Eingruppierung: erstmalige Einordnung eines Arbeitsplatzes bzw. eines Arbeitnehmers in eine Entgeltgruppe.
Umgruppierung: Eingruppierung eines Arbeitsplatzes bzw. eines Arbeitnehmers nach/ während/ für die Übernahme einer neuen Arbeitsaufgabe (z.B. Versetzung).
[70] Vgl. § 99 BetrVG.
[71] Vgl. § 90 BetrVG.
[72] Ob die Beteiligung der Arbeitnehmer bzw. der Arbeitnehmervertretung eine wirtschaftliche Unterstützung des Unternehmens ist, ist nicht abschließend geklärt. Vgl. dazu Dörre(1996): S.7ff.
[73] Vgl. § 106 BetrVG.

7. Tab.: Betriebsrat und andere Formen der Mitarbeitervertretung (Angaben in %)

	5 bis 50 AN	51 bis 100 AN	101 bis 199 AN	200 bis 500 AN	501 u.m. AN	Insgesamt ab 500 AN
			Betriebsgrößenklassen			
		In Westdeutschland				
Betriebe mit BR	6	41	64	79	90	10
Betriebe mit anderer MV	10	16	11	10	10	11
Beschäftigte mit BR	10	41	65	79	93	45
Beschäftigte mit anderer MV	13	16	11	10	12	12
		In Ostdeutschland				
Betriebe mit BR	6	36	59	73	94	10
Betriebe mit anderer MV	5	10	14	7	3	5
Beschäftigte mit BR	11	39	59	74	95	37
Beschäftigte mit anderer MV	6	9	14	7	3	7

Quelle: Eigene Darstellung. In Anlehnung an: Ellguth, Kohaut (2011): S. 245.

In größeren Unternehmen finden sich erwartungsgemäß häufiger Betriebsräte als in kleinen Unternehmen. Ein ähnlicher Zusammenhang lässt sich in der Unternehmensführung erkennen; in Unternehmen, die von Eigentümern geführt werden, findet sich seltener ein Betriebsrat als in Industrieunternehmen, die von einem Manager geführt werden oder zu einem Konzern gehören. Neben der Unternehmensgröße zählen auch das Alter des Betriebes und die Branche zu den Faktoren, die die Einrichtung eines Betriebsrates begünstigen.

Es ist zu beobachten, dass auch in Unternehmen, die keinen Betriebsrat gewählt haben, dennoch eine Form der betrieblichen Interessenregulierung stattfinden kann.

Besonders in Unternehmen der Wissens- und Dienstleistungsbranche werden signifikant weniger Betriebsräte gegründet als in den traditionellen Branchen, wie beispielsweise in der Automobil-, Metall- und Elektroindustrie.[74] Ein Grund dafür kann in der

---

[74] Artus et al (2006): S. 171 ff.

Individualisierung der Arbeitsplätze oder in der tendenziell höheren Qualifikation der Arbeitnehmer in der sogenannten New Economy liegen.[75] Andere Formen der Arbeitnehmervertretung benötigen für ihre Arbeit den Respekt der Geschäftsleitung bzw. des Managements. Freiwillige Formen der betrieblichen Interessensvertretung sind nicht mit gleichen Rechten wie ein Betriebsrat ausgestattet,da sie keine gesetzliche Grundlage haben. Häufig finden in solchen Unternehmen „Round Tables" oder „Mitarbeiterbeiräte". Manchmal entwickelt sich auch ein langjähriger und angesehener Mitarbeiter zu einem Ansprechpartner für die Belegschaft. In größeren Unternehmen mit einem Aufsichtsrat wird oftmals der Arbeitnehmervertreter im Aufsichtsrat als eine Art Betriebsratsvorsitzender angesehen. Problematisch in all diesen freiwilligen Formen der betrieblichen Arbeitnehmervertretung ist, dass die Arbeitnehmer kein echtes Mitspracherecht in wichtigen Entscheidungen haben, wie z.B. bei Änderung von Arbeitszeiten oder beider Einführung von Leistungsbeurteilungen. Letztlich ist immer der „Good-Will" der Arbeitgeber von Bedeutung, in wie weit die Stimmen der Arbeitnehmer ein Gehör finden.[76]

2.2.3 Die Schwierigkeiten des Betriebsrates bei Tarifabweichungen

Mit der Einführung der 38,5 Woche für die Arbeitnehmer im Jahr 1984 begann die Verbetrieblichung der Tarifverträge. Mit dem Pforzheimer Abkommen sollte die mangelnde Transparenz und die fehlende Dokumentation der Tarifabweichungen beendet werden.[77] Auf überbetrieblicher Ebene verhandeln die Tarifvertragsparteien die Inhalte des Tarifvertrages. Die Tarifabweichung nach unten wird dann in einer zweiten Runde der Tarifverhandlungen auf die betriebliche Ebene verlagert. Hier verhandeln nicht mehr Arbeitgeberverbände und Gewerkschaften miteinander, sondern Management und Betriebsrat.[78] Dies ist vor allem für den Betriebsrat problematisch, da er per Gesetz nicht zum Abschluss solcher Vereinbarungen befugt ist und nur durch eine Öffnungsklausel dazu ermächtigt wird.[79] In wirtschaftlich schwierigen Situationen sind die Betriebsräte jedoch quasi gezwungen,

---

[75] An dieser Stelle soll auf die Gründe, die gegen die Gründung eines Betriebsrates sprechen, nicht weiter eingegangen werden, da sie nicht Thema bzw. Grundlage der vorliegenden Arbeit sind.
[76] Artus et al (2006): S. 171 ff.
[77] Vgl. Haipeter (2009): S.116.
[78] Vgl. Lesch (2000): S. 68.
[79] § 77 Abs. 3 Satz 1 BetrVG: „Arbeitsentgelte und sonstige Arbeitsbedingungen, die durch Tarifvertrag geregelt sind oder üblicherweise geregelt werden, können nicht Gegenstand einer Betriebsvereinbarung sein."

Betriebsvereinbarungen abzuschließen, um die Beschäftigung der Mitarbeiter zu sichern. Häufig werden solche Beschäftigungssicherungsverträge in Form von sogenannten Betrieblichen Bündnissen für Arbeit abgeschlossen. Damit ist gemeint, dass die Mitarbeiter des Unternehmens auf Leistungen (z.B. Weihnachtsgeld, Mehrarbeit ohne Entgeltausgleich) verzichten, dafür jedoch die Arbeitsplätze am Standort für einen bestimmten Zeitraum gesichert werden.[80] Da der Betriebsrat der Vertreter der Interessen aller Beschäftigen im Unternehmen ist, werden in der Regel seine Forderungen umso geringer ausfallen, je stärker die Arbeitsplätze der Mitarbeiter in Gefahr sind. Damit arbeitet er u.U. gegen die Forderungen der Gewerkschaft, die vor einem gesamtwirtschaftlichen Hintergrund handelt. Betriebsrat und Gewerkschaft vertreten zwar unterschiedliche Zielgruppen, sind aber dennoch miteinander verknüpft, da viele Betriebsräte ebenfalls gewerkschaftlich organisiert sind und somit auch eine Mittlerrolle zwischen Arbeitnehmern und Gewerkschaft einnehmen.[81]

Es bestehen zwischen Betriebsrat und Gewerkschaft also verschiedene wechselseitige Abhängigkeiten, beispielsweise durch personelle Verflechtungen. Unter Umständen kann die Gewerkschaft von der Kooperationsfähigkeit (oder auch Willigkeit) des Betriebsrates abhängig sein, da dieser ihr wichtigster Vertreter bei der Mitgliederrekrutierung ist und häufig auf die Mitglieder einwirken kann, wenn Tarifauseinandersetzungen stattfinden (=Mobilisierung der Arbeitnehmer). Auf der anderen Seite ist der Betriebsrat immer wieder auf das fachliche Wissen und die Unterstützung der Gewerkschaft angewiesen, beispielsweise bei rechtlichen Streitigkeiten mit dem Arbeitgeber.[82]

Lohnverhandlungen auf betrieblicher Ebene können einem Unternehmen in wirtschaftlich schwierigen Zeiten sicherlich helfen.

---

[80] Vgl. Haipeter (2009): S. 217ff.
[81] Vgl. Lesch (2000): S. 69 f.
[82] Vgl. Müller-Jentsch (1999): S. 113.

3   Das Entgeltrahmenabkommen der Metall- und Elektroindustrie in Deutschland

Der nachfolgende Abschnitt soll das Entgeltrahmenabkommen (kurz: ERA) in seinen Grundzügen erläutern. ERA[83] ist neben der Interessenvertretung die zweite wichtige Grundlage für das Verständnis der vorliegenden Untersuchung. Um die Problematik der betrieblichen Einführung zu verstehen, soll die Arbeit ein Grundverständnis für den Tarifvertrag entwickeln. Thematisch angesprochen werden dabei die Ziele, die Systematik der Grund- und Leistungsentlohnung, allgemeine Regelungen zur Einführung des neuen Tarifvertrages in den Unternehmen sowie die Heranführung der Mitarbeiter an die neue Struktur, ohne dabei das Ziel der kostenneutralen Einführung des ERA aus den Augen zu verlieren.

Dabei sollen wichtige Gemeinsamkeiten und Unterschiede der einzelnen Entgeltrahmenabkommen herausgearbeitet werden. Ein besonderes Augenmerk gilt der Grundvergütung der Arbeitnehmer und dem Leistungsentgelt. Im Anschluss daran soll das Entgeltrahmenabkommen in Rheinland-Pfalz besprochen werden, um eine Grundlage der weiteren Untersuchung zu legen.

3.1   Das Entgeltrahmenabkommen (ERA) der Metall- und Elektroindustrie in Deutschland – Grundlagen

Die Aufteilung der Arbeitnehmer in Angestellte und Arbeiter, also die Spaltung der Arbeit grob betrachtet, in Kopf- und Handarbeit, hat in Deutschland eine lange Tradition. Durch neue Formen der Arbeitsorganisation, damit einhergehend auch neuen Arbeitsanforderungen und eine immer weiter fortschreitende Angleichung der Arbeiter und Angestellten, scheint diese Unterscheidung nicht mehr gerechtfertigt zu sein. Die Arbeitsaufgaben werden ganzheitlicher und umfassender, so dass alle Kenntnisse und Fähigkeiten der Mitarbeiter gefordert werden. Ein weiterer Grund der Tarifparteien zur Einführung des ERA war sicherlich auch die angesprochene Erosion des Flächentarifvertrages. Zielsetzungen der Tarifvertragsparteien mit der Unterzeichnung des ERA sind unterschiedlich: es werden verbands-, entgelt- und ordnungspolitische Ziele, so Bahnmüller, verfolgt.

Ordnungspolitisch ist es für die Tarifvertragsparteien wichtig, den Unternehmen den

---

[83] In der vorliegenden Arbeit wird auf die Verwendung eines Artikels in Zusammenhang mit ERA teilweise verzichtet. Richtigerweise müsste es „das ERA" (das Entgeltrahmenabkommen) heißen; es hat sich jedoch eingebürgert, ERA ohne Artikel zu verwenden, sofern der Satzbau es zulässt.

Mehrwert flächentariflicher Regelungen zu verdeutlichen. Weiterhin sollen ein einheitliches Bewertungssystem für alle Beschäftigten und die Aufwertung der Facharbeit dem System der Tarifverträge ordnungspolitisch wieder mehr Stabilität verleihen. Bahnmüller macht dies für die Tarifregion Baden-Württemberg an drei Punkten fest:

a) Herstellung einer neuen strukturierten Entgeltdifferenzierung. Dieses Problem können die meisten Betriebe alleine nicht umsetzen.

b) Schaffung einer neuen Mitarbeitermotivation durch ein neues modernes Entlohnungssystem und letztlich

c) Schaffung eines größeren Spielraums für die betriebliche Entgeltgestaltung durch eine klare Trennung von tariflichen und übertariflichen Verdienstbestandteilen.

Die *verbandspolitischen* Ziele erstreben eine Entmischung von tariflichen und betrieblichen Entgeltbestandteilen. Auf diesem Weg sollen klare Zuständigkeiten zwischen den Unternehmen und den Arbeitsgeberverbänden verdeutlicht werden. Den Unternehmen soll auf diese Weise verdeutlicht werden, dass Tarifverträge nicht so teuer sind, wie vielfach angenommen wird.[84]

Entgeltpolitisch können durch eine tarifkonforme ERA-Einführung die Unternehmen mittelfristig Personalkosten senken oder sogar erhöhen. Vielfach wurden die Mitarbeiter, aufgrund der veralteten Arbeitsbewertungen in zu hohe Entgeltgruppen eingestuft. So geben beispielsweise ca. 30% der Manager an, dass bestimmte Beschäftigungsgruppen in ihrem Unternehmen nicht richtig eingruppiert seien.[85] Diese „Alt-Lasten" könnten auf diese Weise korrigiert werden. Bahnmüller erwartet, dass es Ziel der Gewerkschaften sein wird, eine möglichst hohe Entgeltsumme als tarifliches Entgelt zu sichern. Dies dürfte wiederum nicht Ziel der Arbeitgeber sein. Ihr Interesse liegt vielmehr darin, eine möglichst geringe Entgeltsumme als tariflich auszuweisen und im Gegenzug einen hohen Anteil an übertariflichen Leistungen kenntlich zu machen.[86] Diese übertariflichen Zulagen nehmen an Tariferhöhungen nicht automatisch teil und stellen daher kein Kostenrisiko für die Zukunft dar.

Die grundsätzlichen Regelungen im ERA sind für alle Tarifregionen in Deutschland weitestgehend identisch. Allerdings gibt es regionale Unterschiede, die auf bestehende Traditionen oder unterschiedliche Verhandlungsmethoden der Tarifvertragsparteien

---

[84] Vgl. Bahnmüller, Schmidt (2007): S. 359.
[85] Vgl. Bahnmüller (1999): S.18.
[86] Vgl. Ebenda.

zurückzuführen sind. Aus diesem Grund befinden sich in der Metalltarifregion Deutschland insgesamt elf unterschiedliche Entgeltrahmenabkommen, u.U. wieder mit Untergruppen, wie beispielsweise in der Tarifregion M+E Mitte.

Im Juni/ Juli 2003 unterzeichneten die Tarifvertragsparteien in Baden - Württemberg als erste in Deutschland den neuen Tarifvertrag. Dieser Abschluss kann als Pilot-ERA-Abschluss angesehen werden. Im gleichen Jahr folgten der Nordverbund, Nordrhein – Westfalen und Niedersachsen. Als letzter Verband schloss sich Bayern im November 2005 dem neuen Regelwerk an.

Bis Ende September 2009 sollten alle tarifgebundenen Unternehmen in Deutschland den neuen Tarifvertrag eingeführt und damit umfangreiche Arbeiten geleistet haben.

Das neue Entgeltrahmenabkommen besteht aus mehreren Regelwerken, die jeweils individuell verhandelt und abgeschlossen wurden. In den meisten Fällen besteht ein Regelwerk aus einem Entgeltrahmen – Tarifvertrag, einer Entgelttabelle, dem Tarifvertrag zur Einführung sowie einem Tarifvertrag zum ERA – Anpassungsfonds. In den Tarifvertragsgebieten, in denen außerdem Niveaubeispiele verhandelt wurden, befinden sich diese in einer Anlage.

8. Tab.: ERA - Zeitplan und Regelungswerke

Tarifregion	Abschluss-zeitpunkt	Einführungs-spanne	Regelungswerke
Baden – Württemberg	Juni/ Juli 2003	01.03.2005 bis 29.02.2008	EntgeltrahmenTV, TV Entgelte, EinführungsTV, TV ERA-Anpassungsfonds
Nordverbund	September 2003	Sept. 2003 bis 31.12.2007	Entgeltrahmenabkommen, Entgelttabelle, EinführungsTV
Niedersachsen	November 2003	01.03.2005 bis 31.12.2008	Entgelt-RahmenTV, EngeltTV, ÜberleistungsTV, TV ERTV-Anpassungsfonds
Nordrhein-Westfalen	Dezember 2003	01.03.2005 bis 28.02.2009	Entgeltrahmenabkommen, Entgelttabelle, EinführungsTV, TV ERA-Anpassungsfonds
Thüringen	Januar 2004	01.01.2006 bis 31.12.2007	EntgeltrahmenTV, Entgelttabelle, ÜberleitungsTV, TV ERA-Anpassungsfonds
M + E Mitte	Juli 2004	01.01.2006 bis 31.12.2008	Entgeltrahmenabkommen, Entgelttabelle, EinführungsTV, TV ERA-Anpassungsfondss
Sachsen - Anhalt	März 2005	01.01.2006 bis 31.12.2008	Entgelt-RahmenTV, EngeltTV, ÜberleistungsTV, TV-ERTV-Anpassungsfonds
Osnabrück	März 2005	01.03.2005 bis 31.12.2008	EntgeltrahmenTV, Entgelttabelle, ÜberleitungsTV, TV ERA-Anpassungsfond
Berlin und Brandenburg	April 2005	01.01.2006 bis 30.06.2009	Entgelt-RahmenTV, EngeltTV, ÜberleitungsTV, TV-ERA-Anpassungsfonds
Sachsen	April 2005	01.01.2006 bis 31.12.2008	EntgeltrahmenTV, Entgelttabelle, ÜberleitungsTV, TV ERA Anpassungsfonds
Bayern	November 2005	01.10.2006 bis 30.09.2009	EntgeltrahmenTV, EntgeltTV, EinführungsTV, TV ERA-Anpassungsfonds

Quelle: Eigene Darstellung. In Anlehnung an: Gesamtmetall (Stand: 29.05.2006).

3.1.1 Das Entgeltsystem des Entgeltrahmenabkommens

ERA gliedert das Entgelt der Mitarbeiter grundsätzlich in zwei unterschiedliche Komponenten, das Grundentgelt und das Leistungsentgelt.

Das Grundentgelt

Das Grundentgelt ist abhängig von der Eingruppierung der Mitarbeiter in eine Entgeltgruppe. Wichtig hierbei ist nicht die Qualifikation des Arbeitnehmers, sondern die ausgeübte Tätigkeit. Mit der Einführung des ERA werden die alten Entgelttabellen hinfällig, die durch L/ T/ K und M -Gruppen[87] geprägt waren, so dass nur noch eine Entgelttabelle im Unternehmen gibt, die für alle Mitarbeitergruppen gleichermaßen festgelegt ist. Eine Entlohnung der Mitarbeiter auf Stundenbasis, wie es im gewerblichen Bereich lange Zeit üblich war, findet nach der ERA-Einführung nicht mehr statt. Alle Mitarbeiter erhalten ein

---

[87] Bemerkung: L=Lohngruppen für gewerbliche Mitarbeiter, K =Käufmännische Gruppe, T =Technische Gruppe und M =Meisterguppe .

fixes Monatsentgelt, ggf. mit Zuschlägen.

In ERA wird auch die Form der Arbeitsbewertung definiert, mit der die Einstufung des Grundentgelts festgelegt wird. Darunter versteht man die Bewertung einer Stelle[88] unabhängig von ihrem Stelleninhaber in einem Unternehmen. Je höher dabei die Arbeitsanforderung ist, desto höher ist nach den Maßstäben der Gerechtigkeit auch das Arbeitsentgelt.[89] Das Verfahren der Arbeitsbewertung dient dazu, die Tätigkeiten in einem Unternehmen in eine Reihenfolge steigernder Arbeitsanforderungen zu bringen, um auf diese Weise die Eingruppierung in eine Entgeltgruppe zu erreichen.

Bis auf Baden-Württemberg (Stufenwertzahlenverfahren) und Nordrhein – Westfalen (Punktwertverfahren), einigten sich alle anderen Tarifregionen auf die summarische Form der Arbeitsbewertung.

Bei der summarischen Arbeitsbewertung werden alle Arbeitsanforderungen einer Stelle gewichtet und schließlich summiert; es erfolgt also eine ganzheitliche Stellenbetrachtung. Auf diese Art entsteht eine gewichtete Reihenfolge der Stellen in einem Unternehmen. In Abhängigkeit der Höhe des ermittelten Stellenwertes, erfolgt die Eingruppierung in eine Arbeitsgruppe.[90]

3. Abb.: Beispiel zur summarischen Arbeitsbewertung:

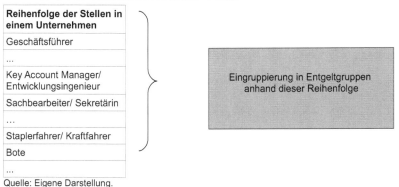

Quelle: Eigene Darstellung.

Von der summarischen Form der Arbeitsbewertung ist die analytische Form zu

---

[88] Die Stelle ist die kleinste Organisationseinheit in einem Unternehmen; in ihr werden die verschiedenen Arbeitsaufgaben gebündelt.
[89] Vgl. Oechsler (2000): S. 433.
[90] Vgl. Ridder (1999): S. 359f.

unterscheiden. Sowohl das Stufenwertverfahren aus Baden-Württemberg als auch das Punktwertverfahren aus Nordrhein-Westfalen sind Formen der analytischen Arbeitsbewertung. Auch bei dieser Arbeitsbewertung werden die Arbeitsaufgaben einer Stelle in Anforderungen zerlegt. Wird anschließend davon ausgegangen, dass die Anforderungen unterschiedliche Wertigkeiten aufweisen, werden diese gewichtet. So wird für jede einzelne Stelle geprüft, wie stark die definierten Arbeitsanforderungen vorhanden sind.[91]

9. Tab.: Beispiel zu analytischen Arbeitsbewertung: Stufenwertverfahren

Anforderungen/ Stufen	Stufe I	Stufe II	Stufe III
Geistige Anforderungen	40	60	80
Körperliche Anforderungen	40	60	80
Verantwortung	40	60	80
Arbeitsbedingungen	40	60	80
Mitarbeiterführung	40	60	80

Quelle: Eigene Darstellung

Mit Hilfe der vorliegenden Tabelle wird nun für alle Stellen im Unternehmen geprüft, in welche Stufe sie einzuordnen sind. Richtbeispiele, wie sie in den Niveaubeispielen, teilweise vereinbart wurden, sind hier hilfreich. Schließlich erfolgt eine Eingruppierung in eine Entgeltgruppe anhand der Summe der Punkte je Anforderung.[92]

10. Tab.: Beispiel zur analytischen Arbeitsbewertung: Punktwertverfahren

Anforderungen/ Stelle	Können (max. 120 Punkte)	Handeln u. Entscheiden (max. 40 Punkte)	Kooperation (max. 20 Punkte)	Mitarbeiter-führung (max. 20 Punkte)
Geschäftsführer	120	40	20	20
...				
Key Accounter	120	30	15	15
Sachbearbeiter	110	10	15	0
Staplerfahrer	110	10	10	0
...				
Bote	110	0	10	0

Quelle: Eigene Darstellung

Beim Punktwertverfahren werden Anforderungsmerkmale für alle Stellen im Unternehmen

---

[91] Vgl. Ebenda, S. 360f.
[92] Vgl. Ebenda, S. 365.

definiert. Diesen werden maximal zu erreichende Punkte zugeordnet. Anschließend werden alle Stellen mit den Anforderungsmerkmalen bewertet. Anhand der erreichten Punkte erfolgt eine Eingruppierung in eine Entgeltgruppe.

Ein grundsätzliches Problem aller Formen der anwendungsorientierten Entgeltfindung besteht darin, dass es insbesondere bei Tätigkeiten im Angestelltenbereich für die verantwortlichen Führungskräfte schwierig ist, Anforderungen an die Stelle bzw. den Stelleninhaber voneinander zu trennen.

Der neue Entgeltrahmentarifvertrag verlangt von den Unternehmen eine Neubewertung aller Stellen im Unternehmen. Um dies zu vereinfachen, sollen in einem ersten Schritt Beschreibungen für alle unternehmensrelevanten Stellen erarbeitet werden. Diese werden anschließend mittels der beschriebenen Arbeitsbewertungsverfahren eingeordnet und in eine Entgeltgruppe eingruppiert. Erst nach diesem aufwändigen Prozess erfolgt die Besetzung der Stelle mit dem Mitarbeiter. Gerade im betrieblichen Umsetzungsprozess ist bei der Bewertung der Arbeitsplätze immer wieder ein Konfliktpotential gegeben, da die Einschätzungen des Managements und des Betriebsrates voneinander abweichen können.

Auch bei der Zahl der neuen Entgeltgruppen bildet Baden – Württemberg eine Ausnahme. Während der Großteil der tarifregional individuellen ERA mit elf bis max. 14 Entgeltgruppen auskommt, verteilen sich die Beschäftigten in diesem Bezirk auf 17 unterschiedliche Eingruppierungen.[93] Teilweise werden diese Entgeltgruppen noch einmal durch Zusatzstufen oder Unterniveaus ergänzt, so dass eine genauere Ausdifferenzierung der Tätigkeiten möglich wird. Als sogenannte „Eckgeldgruppe" wird die Entgeltgruppe bezeichnet, mit der begonnen wird, das Anforderungsniveau im Sinne einer mindestens dreijährigen Berufsausbildung zu beschreiben. In acht der elf unterschiedlichen ERA befindet sich dieses in der EG 5. In Baden – Württemberg liegt aufgrund der höheren Anzahl an Entgeltgruppen, die Eckgeldgruppe in der E6. Diese Eckgeldgruppe kennzeichnet das 100% Entgeltniveau. Mitarbeiter, die niedriger als E5 eingestuft sind, erhalten somit weniger als 100% des Entgeltniveaus. Mitarbeiter, die höher eingruppiert sind, liegen demnach über 100%.

---

[93] Bemerkung: 11 Entgeltgruppen gibt es im Nordverbund, M+E Mitte und Sachsen – Anhalt. 12 Entgeltgruppen werden in Bayern, Sachsen und Thüringen angewandt, 13 Entgeltgruppen in Niedersachsen, Berlin/ Brandenburg und Osnabrück. Eine weitere Ausnahme bildet Nordrhein-Westfalen mit 14 Gruppen.

Das Leistungsentgelt

Zusätzlich zu diesem Grundentgelt haben die Mitarbeiter einen tarifvertraglichen Anspruch auf eine Leistungsentlohnung.

Grundsätzlich soll mit einer leistungsbezogenen Entgeltkomponente die individuelle Leistung des Arbeitnehmers vergütet werden. ERA führt mit einem zusätzlichen Leistungsentgelt nichts Neues in der Entgeltpolitik der Unternehmen ein; ein Leistungsentgelt gab es schon früher. Neu ist jedoch, dass für alle Arbeitnehmer in einem Unternehmen nun einheitliche Maßstäbe für eine Leistungsentlohnung eingeführt werden sollen. Dies ist die logische Schlussfolgerung aus der Aufhebung der Trennung der Mitarbeiter in Arbeiter und Angestellte.

Während bei den gewerblichen Mitarbeitern eine Leistungsentlohnung eng an die Tätigkeiten geknüpft ist, z.b. im Akkord, ist dies bei den angestellten Tätigkeiten aufgrund der unterschiedlichen und teilweise umfangreichen Arbeitsanforderungen teilweise sehr schwierig. Viele Angestellte geben an, dass die Leistungsentlohnung mittels Leistungsbeurteilung für sie nicht variabel bzw. an die Leistung gebunden ist, sondern vielmehr an alle möglichen Gründe wie z.B. Seniorität oder Sympathie.[94]

Während die Unternehmen bei der Vergabe der Entgeltgruppen an relativ enge Vorgaben durch den neuen Tarifvertrag gebunden wurden, ist die Gestaltungsmöglichkeit bei diesem Entgeltbestandteil größer. Kennzeichnend hierbei ist besonders, dass den Unternehmen in allen Tarifregionen eine Wahlmöglichkeit zwischen verschiedenen Formen der Leistungsentlohnung eingeräumt wird. So besteht in nahezu allen Tarifregionen die Wahl zwischen Prämienentlohnung, Akkord oder einer Zielvereinbarung. Letzteres kommt häufig bei den ehemaligen Angestelltentätigkeiten zum Einsatz. Aber auch Kennzahlenvergleiche oder Provisionen stehen in einigen Regionen zur Wahl. Einmal im Jahr haben die Mitarbeiter Anspruch auf eine Leistungsbeurteilung, die in der Praxis häufig mit dem Jahresgespräch zwischen Mitarbeitern und Vorgesetzten einhergeht. Um die Summe der Leistungsentgelte etwas zu regulieren, haben die Tarifparteien in allen Tarifregionen Grenzwerte beschlossen. In den meisten Tarifregionen soll ein Leistungsentgelt von 10% der Summe der tariflichen Entgelte an die Mitarbeiter ausgeschüttet werden. Einige Regionen sprechen hier nicht von der Summe der tariflichen Entgelte insgesamt, sondern unterteilen noch einmal in verschiedene Entgeltgruppen.

---

[94] Vgl. Kratzer et al (2009): S. 270.

Auch hier ist Baden – Württemberg wieder als Ausnahme zu verzeichnen; dort soll die Summe der Leistungsentgelte im Betriebsdurchschnitt 15% der Grundentgeltsumme ergeben. Bayern liegt mit 14% nur knapp dahinter. Unternehmen und Betriebsräte bzw. Gewerkschaften sehen diesen Prozentsatz jeweils unterschiedlich. Während die Arbeitnehmervertretung hier eine Mindestgrenze sieht, betrachten die Arbeitgeber die 10 bzw. 15% als eine Obergrenze, die sie nicht überschreiten wollen, um Lohnkosten zu sparen.

4. Abb.: Arbeitsentgelt: Aufbau und Zusammensetzung nach ERA

Leistungsentgelt: Akkord Zielvereinbarung Provisionen Kennzahlenvergleich Provisionen	von der individuellen Arbeitsleistung abhängig
Grundentgelt: Entgeltgruppe festgelegt durch die Arbeitsbewertung	abhängig vom Wert der Tätigkeit

Quelle: Eigene Darstellung.

3.1.2 Regelungen zur Einführung von ERA

In allen Regionen besteht die Möglichkeit zum Abschluss einer Betriebsvereinbarung zwischen Betriebsrat und Arbeitgeber über die Einführungsmodalitäten des Entgeltrahmenabkommens.[95] Die Tarifvertragsparteien legen großen Wert auf eine einvernehmliche Vorgehensweise in den Unternehmen, so dass der Abschluss einer Betriebsvereinbarung ausdrücklich gewünscht ist.

Den Tarifvertragsparteien war beim Abschluss des neuen Tarifvertrags sehr bewusst, dass die Umsetzung im Unternehmen in hohem Maße von spezifischen betrieblichen Bedingungen, Zielen und Strategien der Betriebsparteien abhängig ist.[96] Aus diesem Grund schien es angebracht, mittels einer gemeinsamen Betriebsvereinbarung die

---

[95] Der Abschluss einer Betriebsvereinbarung zur ERA Einführung ist üblicher Weise in § 2 ETV ERA geregelt. Während die Betriebsvereinbarung zwar in allen ETV als wünschenswert eingestuft wird, ist die Betriebsvereinbarung in einigen Regionen, z.B. im Nordverbund, verpflichtend.
[96] Vgl. Kratzer et all (2009): S. 175.

Bedeutung der Zusammenarbeit zu verstärken.

In den Tarifregionen M+E Mitte, Thüringen, Sachsen und Berlin/ Brandenburg trägt der Arbeitgeber die Verantwortung zur Einführung des ERA. Er teilt dem Betriebsrat den Zeitpunkt der beabsichtigten Einführung mit. Diese Mitteilung muss spätestens sechs Monate vor dem geplanten Einführungstermin stattfinden.

Weiterhin ist in den Unternehmen eine paritätische Kommission einzurichten, die jeweils zur Hälfte aus Vertretern der Arbeitgeber bzw. Personalabteilung und aus Arbeitnehmervertretern besteht, in den meisten Fällen Mitglieder des Betriebsrates. Dieses Gremium, das Streitigkeiten schlichten soll, hat als Hauptaufgabe, Unstimmigkeiten auf betrieblicher Ebene zu behandeln und den Weg zu einer Einigungsstelle oder vor ein Gericht zu erschweren.[97]

Eine abgeschlossene Betriebsvereinbarung muss insbesondere die Vorgehensweise bei der Erstellung von Stellenbeschreibungen (Funktionsbeschreibungen) und deren spätere Eingruppierung beinhalten. Außerdem sollten Regelungen zu Widersprüchen der Beschäftigen bei der Ersteingruppierung enthalten sein.

3.1.3 ERA - Überschreiter und ERA - Unterschreiter – Das Diktat der Kostenneutralität

Grundlage für die Neubewertung der Stellen im Unternehmen und der Einführung des Entgeltrahmenabkommens ist in allen Tarifregionen die betriebliche Kostenneutralität. Besonders die Arbeitgeber haben großen Wert darauf gelegt, dass sich die Entgeltsumme nach Einführung nicht erhöht. Die einführungsbedingten Mehr- oder Minderkosten werden zum Stichtag der Umsetzung ermittelt und für die Dauer von 5 Jahren kompensiert. Aufwändige Berechnungen der Tarifvertragsparteien haben eine Quote von 2,79% der Entgeltsumme im Unternehmen ergeben. Es wird ein tariflicher Anpassungsfonds gegründet, der von den Mitarbeitern durch Verzicht auf Tariferhöhungen im Vorfeld der Einführung finanziert wird. Liegen die tariflichen Mehrkosten unter den 2,79% im Anpassungsfonds, wird der Restbetrag auf unterschiedliche Art und Weise an die Mitarbeiter wieder ausgeschüttet. Entstehende Mehrkosten werden über den bereits bekannten Zeitraum von 5 Jahren über diesen Fonds kompensiert.

Bei der Neubewertung der Stellen wird es Mitarbeiter geben, deren bisheriges Entgelt entweder über dem neuen ERA – Niveau liegt oder darunter. Die Gründe hierfür sind vielfältig, von Senioritätsentlohnung angefangen, über die Würdigung besonderer

---

[97] Vgl. Schmierl (2009a): S. 138.

Leistungen oder dem üblichen „Wildwuchs" im Unternehmen.

Führt die Eingruppierung eines Mitarbeiters zu einem geringeren Entgelt, spricht man von sogenannten *ERA-Überschreitern*; sie überschreiten mit ihrem Entgelt das Niveau des ERA. Im umgekehrten Fall spricht man von Unterschreitern. Die Berechnung der Entgeltdifferenz erfolgt in nahezu allen Tarifregionen auf eine ähnliche Art und Weise. Grundsätzlich wird vom bisherigen tariflichen Entgelt (Grundentgelt + Leistungsentgelt + Zulagen) das neue tarifliche Entgelt abgezogen. Ergibt dies eine positive Differenz, gehört der Mitarbeitern zu den ERA – Verlierern, da sein Entgelt künftig geringer ausfallen wird. Um zu vermeiden, dass den Mitarbeitern sofort weniger Geld zur Verfügung steht, ist im neuen Entgeltrahmenabkommen ein Bestandsschutz der Entgelte vor Einführung sichergestellt, d.h. erst nach Ablauf einer Frist von 5 Jahren bzw. 60 Monaten wird der Mitarbeiter auch finanziell spürbar herabgesetzt.

Die Heranführung der *ERA-Unterschreiter*, also der Mitarbeiter, die durch ERA künftig mehr Entgelt erhalten werden, erfolgt in mehreren Schritten, ebenfalls über einen Zeitraum von maximal 5 Jahren. Diese Mitarbeiter werden mit dem Zeitpunkt der Einführung in die neue Entgeltgruppe eingestuft. Allerdings reduziert sich ihr Verdienst um die Differenz zu ihrem bisherigen Bruttoentgelt. Diese Differenz wird mit einem negativen Betrag ausgewiesen. Alle 12 Monate wird dieser Betrag um 100,00 € reduziert, bis spätestens nach 60 Monaten ein Ausgleich stattgefunden hat. Der Differenzbetrag der ERA-Unterschreiter nimmt an einer Tariferhöhung teil und wird bei Stellenwechsel im Unternehmen entsprechend angepasst.

Im Gegensatz zu den ERA – Gewinnern erhalten die *ERA – Überschreiter* einen positiven Anpassungsbetrag, damit ihre aktuelle Einkommenshöhe abgesichert ist. Tariferhöhungen werden in verschiedenen Tarifregionen zu 100% auf den Anpassungsbetrag angerechnet, so dass die Mitarbeiter faktisch zunächst nicht an Tariferhöhungen teilnehmen. In anderen ERA – Regionen wird lediglich ein geringer Anteil der Erhöhung an den Mitarbeiter weitergegeben (beispielsweise in Nordrhein-Westfalen 1%). Ebenfalls nach maximal 5 Jahren sollten die Mitarbeiter an ihr verringertes Entgeltniveau angepasst sein.

11. Tab.: Beispiel zur Berechnung eines ERA-Überschreiters

Bisheriges Entgelt		Neues Entgelt nach ERA	
Entgeltgruppe 6	2.400,00 €	Entgeltgruppe 5	2.000,00 €
Leistungsentlohnung 6%	144,00 €	Leistungsentlohnung 6%	120,00 €
Freiwillige Zulage	100,00 €	Freiwillige Zulage	100,00 €
Gesamtentgelt	**2.644,00 €**	**Gesamtentgelt**	**2.220,00 €**
	Differenz von 424,00 €, aber Bestandsschutz		
Erläuterung:		**Neues Entgelt**	
Die Überschreiter-Zulage wird mit Tariferhöhungen verrechnet, so dass diese abgeschmolzen wird.		Entgeltgruppe 5	2.000,00 €
Der Mitarbeiter erhält nicht sofort mit ERA - Einführung weniger Geld, sondern soll nach Ablauf von fünf Jahren angepasst sein.		Leistungsentlohnung 6%	120,00 €
		Freiwillige Zulage	100,00 €
		Überschreiter-Zulage	+ 424,00 €
		Gesamtentgelt	**2.644,00 €**

Quelle: Eigene Darstellung.

12. Tab.: Beispiel zur Berechnung eines ERA-Unterschreiters

Bisheriges Entgelte		Neues Entgelt nach ERA	
Entgeltgruppe 6	2.400,00 €	Entgeltgruppe 7	3.000,00 €
Leistungsentlohnung 6%	144,00 €	Leistungsentlohnung 6%	180,00 €
Freiwillige Zulage	100,00 €	Freiwillige Zulage	100,00 €
Gesamtentgelt	**2.644,00 €**	**Gesamtentgelt**	**3.280,00 €**
	Differenz von 634,00 €, aber keine direkte Anpassung		
Erläuterung:		**Neues Entgelt**	
Der Unterschreiter-Anpassungsbetrag verringert sich jährlich um 100,00 € und soll nach maximal fünf Jahren komplett abgebaut sein, d.h. das Entgelt des Mitarbeiters erhöht sich jährlich nach der ERA-Einführung um 100,00 €.		Entgeltgruppe 7	3.000,00 €
		Leistungsentlohnung 6%	180,00 €
		Freiwillige Zulage	100,00 €
		Unterschreiter-Betrag	- 634,00 €
		Gesamtentgelt	**2.644,00 €**

Quelle: Eigene Darstellung.

In den betrieblichen Umsetzungsprozessen wurde deutlich, dass es Mitarbeitergruppen gibt, die von ERA tendenziell eher benachteiligt bzw. begünstigt werden. In Niedersachen stellen Kuhlmann und Sperling fest, gehören die gewerblichen Mitarbeiter aus der Produktion und der Montage zu den Gewinnern des neuen Tarifsystems. Als Verlierer fallen hier besonders die Teamassistentinnen bzw. die Sekretärinnen und kaufmännischen

Angestellten auf.[98] Eine ähnliche Tendenz finden auch Bahnmüller und Schmidt in der Region Baden-Württemberg vor.[99] Gerade die Abwertung einer Tätigkeit führt in vielen Fällen zu Unverständnis und Streit. Den Mitarbeitern fällt es schwer, sich selbst von der ausgeübten Tätigkeit bzw. der Stelle zu trennen. Sie empfinden die Maßnahme als Degradierung und nicht als Zeichen von Wertschätzung.

3.2 Die Umsetzung des Entgeltrahmenabkommens in den Unternehmen verschiedener Tarifregionen

Nachdem ERA in seinen Grundzügen dem Leser verständlich gemacht wurde, sollen Gemeinsamkeiten und Unterschiede in den betrieblichen Einführungsprozessen herausgestellt werden.[100] Unterschiede sind meist historisch gewachsen und für Außenstehende nicht immer leicht nachzuvollziehen.

Die betriebliche Umsetzung in den Unternehmen der Metall- und Elektroindustrie birgt in sich ein erhebliches Konfliktpotential. Diese Spannungen sind auch für die Zusammenarbeit zwischen Management und Betriebsrat von Bedeutung, da sich gerade in diesem umfangreichen Projekt viel Spielraum für politische Debatten im Unternehmen ergibt.

Neben Konflikten berichten aber alle Betroffenen auch über positive Erlebnisse der Tarifvertragseinführung. Von einem Zusammenrücken und einer Verbesserung in der Zusammenarbeit war im Allgemeinen die Rede.

3.2.1 Gemeinsamkeiten bei der betrieblichen Einführung

Obwohl die einzelnen ERA-Tarifvertäge voneinander abweichen, waren dennoch Gemeinsamkeiten im Umsetzungsprozess zu beobachten.

In allen Tarifregionen haben von der ERA-Einführung besonders Facharbeiter in der Produktion und in den produktionsnahen Bereichen profitiert. Verwaltungs- und Sekretariatsaufgaben sind tendenziell eher schlecht weggekommen. Obwohl einfache Arbeit durch den neuen Tarifvertrag billiger geworden ist, bleibt festzuhalten, dass es aufgrund der hohen Anzahl einfacher Tätigkeiten mehr ERA - Verlierer als ERA - Gewinner in den Unternehmen gegeben hat. Vielfach fiel es den betroffenen Mitarbeitern schwer,

---

[98] Vgl. Schmierl (2009b): S. 64 ff.
[99] Vgl. Bahnmüller, Schmidt (2007): S. 363.
[100] Dabei wird auf die Ergebnisse der Einführung in den Tarifregionen Niedersachsen, Thüringen, Baden-Württemberg und Nordrhein-Westfalen zurückgegriffen.

ihre Stelle von ihrer persönlichen Leistung zu trennen, so dass viele Mitarbeiter unzufrieden waren und sich persönlich abgewertet fühlten. ERA setzt Entlohnungsgrundsätze wie Seniorität und Loyalität außer Kraft und stößt damit vielfach auf Unverständnis bei den Mitarbeitern.

Alle Arbeitgeberverbände haben während der ERA-Umsetzung umfangreiche Schulungen für die Unternehmen angeboten. Es wurde somit versucht, neue Mitglieder zu gewinnen oder Austritte zu vermeiden. Im Gegensatz zu den Arbeitgeberverbänden ging die IG Metall in allen Tarifregionen ein höheres Risiko mit der ERA-Umsetzung ein. Die große Unzufriedenheit der ERA-Verlierer hat u.U. zu Austritten und Unmut geführt.

Grundsätzlich sind sich die Tarifparteien jedoch einig, dass durch die Einführung des neuen Entgeltrahmenabkommens eine Stabilisierung der Erosion des Tarifvertrages erreicht werden konnte.[101]

3.2.2 Unterschiede bei der betrieblichen Einführung

Betriebsrat und Management in den einzelnen Betrieben der Metall- und Elektroindustrie sind letztlich für die Umsetzung des von den Tarifparteien ausgehandelten Werkes verantwortlich. Die ERA-Einführung verläuft grundsätzlich in jedem Betrieb unterschiedlich. Hintergrund dafür sind meist historisch gewachsene Art und Weisen der Zusammenarbeit der Betriebsparteien.

Im nachfolgenden Abschnitt sollen die Unterschiede des Einführungsprozesses aus den Tarifregionen Niedersachen, Baden-Württemberg, Thüringen und Nordrhein-Westfalen aufgezeigt werden. Diese Tarifregionen werden verwendet, da zum heutigen Zeitpunkt weitere Forschungsergebnisse aus anderen Regionen nicht vorliegen.

Baden - Württemberg

Die Besonderheit des ERA in Baden-Württemberg liegt in der sehr hohe Anzahl an Entgeltgruppen. Keine andere Region kann auf 17 Entgeltgruppen zurückgreifen. Den Betriebsparteien wurde mit dieser hohen Anzahl ein Instrument an die Hand gegeben, mit dem eine genaue Ausdifferenzierung der Stellenbewertungen möglich ist. Bahnmüller und Schmidt kommen in ihren Forschungen zu Baden-Württemberg zu dem Ergebniss, dass in keinem anderen Tarifgebiet die Umsetzung des ERA so konfliktreich verlaufen ist. Ein

---

[101] Vgl. Bahnmüller und Schmidt (2006), (2007) und (2009); Vgl. Kuhlmann, Sperling (2009); Vgl. Bender, Möll, Skrotzki (2009); vgl. Schmierl (2009a) und (2009b).

Hauptgrund dafür ist, dass sich in Süddeutschland die betrieblichen Entlohnungsgrundsätze sehr weit vom alten Tarifvertrag abgehoben hatten, so dass die Entgelte der Mitarbeiter oberhalb des Tarifentgelts lagen. Verantwortlich dafür waren insbesondere die Veränderung der Produktions- bzw. Arbeitsbedingungen, ein herrschender Fachkräftemangel sowie die Einbeziehung von Loyalität und Anerkennung der Mitarbeiter in die Entlohnung. Weiterhin wurden Abgruppierungen bei Versetzungen nicht oder nur unzureichend durchgeführt. Aus diesem Grund führte die ERA-Umsetzung in Baden-Württemberg langfristig zu einer Senkung der Entgeltkosten der Unternehmen. Das Auftreten des Arbeitgeberverbandes Südwestmetall wurde seitens der Betriebsparteien als sehr offensiv eingeschätzt. Südwestmetall hat alle Mitglieder sehr stark unterstützt. Der Arbeitgeberverband stellte neues Personal ein, um das Management in den Unternehmen schulen zu können und regelmäßig in den Unternehmen anwesend zu sein.[102]

Niedersachsen

Das Entgeltrahmenabkommen in Niedersachsen stellt grundsätzlich die Umsetzung in Form einer rechnerischen Regelüberführung zur Option. Allerdings wurde dieser Weg sowohl seitens des Arbeitsgeberverbandes Niedersachsenmetall als auch seitens der Gewerkschaft abgelehnt. In Niedersachsen wurde auf die Verwendung von Niveaubeispielen als Hilfestellung bei der Arbeitsbewertung verzichtet. Hintergrund ist weniger eine bewusste Entscheidung dagegen, sondern vielmehr das Unvermögen der Tarifparteien sich auf konkrete Beispiele zu einigen. Bei der praktischen Umsetzung zeigte sich allerdings, dass häufig ein informeller Katalog von Niedersachsenmetall von den Betriebsparteien genutzt wurde. Typisch für den „Niedersachsen-Weg" ist, dass die Tarifparteien, sich nicht als Treiber des Entgeltrahmenabkommens sahen, sondern sich vielmehr als Unterstützer in einem Korrekturprozess betrieblicher Eingruppierungsgrundsätze und einer anforderungsorientierten Gleichbehandlung der Arbeitnehmer. Es bleibt daher festzuhalten, dass das Projekt ERA in Niedersachsen eher konfliktgedämpft abgelaufen ist als in Baden-Württemberg.[103]

Nordrhein-Westfalen

Die Struktur des Arbeitgeberverbandes in Nordrhein-Westfalen weicht von der in den

---

[102] Vgl. Bahnmüller und Schmidt (2006), (2007) und (2009).
[103] Vgl. Kuhlmann, Sperling (2009).

anderen Tarifregionen ab. Der Arbeitgeberverband Metall NRW ist ein Dachverband, bestehend aus über 20 unabhängigen Einzelverbänden, die jedoch nicht tariffähig sind. Nur Metall NRW ist aufgrund seiner Satzung dazu berechtigt, mit den Gewerkschaften Tarifverträge zu verhandeln, während sich die Mitgliedsverbände diesen Verhandlungsergebnissen unterordnen müssen. Ziel der Gewerkschaft IG Metall in Nordrhein-Westfalen war es, das bisherige kollektive Entgelt zu sichern und die Facharbeit insgesamt aufzuwerten.[104]

Thüringen

In Thüringen wurde der einzige ERA mit Zusatzstufen, so genannten Zwischenstufen, von den Tarifparteien beschlossen. Diese Zusatzstufen sollen Führungs- und Leitungsaufgaben bewerten. Übernimmt ein Mitarbeiter für einen bestimmten Zeitraum, z.B. als Krankheitsvertretung, eine besondere Aufgabe, hat er Anspruch auf eine Entlohnung durch eine Zusatzstufe. Auch in Thüringen bestand für die Unternehmen die Möglichkeit der ERA-Einführung mittels einer Regelüberführung. Alle drei von Schmierl untersuchten Unternehmen haben diese Möglichkeit genutzt. Dabei wurde vorausgesetzt, dass die Stellen der Mitarbeiter bereits richtig bewertet und eingruppiert wurden. Erwartungsgemäß war daher auch diese ERA-Umsetzung eher konfliktarm.[105]

3.3 Das Entgeltrahmenabkommen von M+E Mitte

Die im Laufe dieser Arbeit befragten Unternehmen sind alle dem Verband der Metall- und Elektroindustrie Rheinland-Rheinhessen e.V. (kurz: VEM) in Koblenz zugeordnet.

Der VEM selbst ist Mitglied im Arbeitgeberverband M+E Mitte, der selbst Mitglied bei Gesamtmetall ist. M+E Mitte ist der Arbeitgeberverband auf übergeordneter Ebene. M+E Mitte ist wiederum Mitglied des Arbeitgeberverbandes Gesamtmetall. Neben dem VEM sind hier die Verbände HessenMetall, PfalzMetall und MESaar angeschlossen. M+E Mitte unterhält keine eigene Verwaltung. Die Geschäftsstelle und die Geschäftsführung der Arbeitsgemeinschaft M+E Mitte liegen bei HessenMetall.[106] Die vier Unterverbände des M+E Mitte sind für sich tariffähig, allerdings unterscheiden sich die abgeschlossenen Entgeltrahmenabkommen in dieser Region lediglich in der Höhe der Entgelte je

---

[104] Vgl. Bender, Möll, Skrotzki (2009).
[105] Vgl. Schmierl (2009a) und (2009b).
[106] Vgl. http://www.me-mitte.de/ (Stand: 19.10.09).

Entgeltgruppe.[107] Aus diesem Grund wird im folgenden der ERA des Arbeitgeberverbandes M+E Mitte vorgestellt und nicht der ERA des VEM.

Die ERA des M+E Mitte wurden im Juli 2004 abgeschlossen. Den Betriebsparteien wurde eine Einführungsspanne vom 01. Januar 2006 bis zum 31. Dezember 2008, also zwei Jahre, eingeräumt.[108]

Wie in den meisten anderen Tarifregionen auch, entschied man sich bei M+E Mitte für die summarische Form der Arbeitsbewertung zur Festlegung des Grundentgelts. Die Zahl der Entgeltgruppen wurde auf elf festgelegt. Die sogenannte „Ecklohngruppe", also die Entgeltgruppe, mit der das Anforderungsniveau im Sinne einer dreijährigen Ausbildung beschrieben wird, ist die Entgeltgruppe 5. Um den Betriebsparteien die neue Eingruppierung der Arbeitnehmer zu erleichtern, vereinbarten die Tarifparteien 108 Niveaubeispiele. Zur Berechnung des Leistungsentgeltes wird den Betriebsparteien die Wahl zwischen einem Zeitentgelt (=Grundentgelt, verbunden mit einer Leistungszulage) und einem Leistungsentgelt[109] (=Grundentgelt, verbunden mit einem Mehrverdienst) gelassen. Die Summe der Leistungszulagen in einem Unternehmen darf 10% der tariflichen Grundentgeltsumme nicht unterschreiten.[110]

Der ERA des Verbandes M+E Mitte legt großen Wert auf eine Zusammenarbeit der Betriebsparteien. In § 2 Abs. 2 ERA ETV[111] heißt es: „Zwischen Arbeitgeber und Betriebsrat ist der Zeitpunkt der beabsichtigten Einführung des Entgeltrahmenabkommens gemeinsam zu beraten. (...) Der Arbeitgeber teilt dem Betriebsrat den Zeitpunkt der beabsichtigten Einführung im Betrieb mit." Weiter schreibt Abs. 3 des gleichen Paragraphen vor, dass Arbeitgeber und Betriebsrat gemeinsam über den Ablauf sowie die notwendigen Voraussetzungen zur Einführung des neuen Tarifvertrages im Unternehmen beraten.

Da man bereits im Vorfeld davon ausgegangen ist, dass es Mitarbeiter geben wird, die nach der Einführung des ERA mit dem Grundentgelt entlohnt werden, haben die Tarifparteien Regelungen zur Heranführung der ERA-Überschreiter und ERA-Unterschreiter an das neue Entgelt festgelegt.

ERA-Unterschreiter, also Mitarbeiter deren neues monatliches Grundentgelt über dem

---

[107] Nach Rücksprache mit Herrn Holzhäuser, Mitarbeiter des VEM am 19.10.09.
[108] Siehe dazu auch Tabelle 7.
[109] Entweder durch einen Kennzahlenvergleich oder einer Zielvereinbarung.
[110] Vgl. Gesamtmetall (Stand: 29.06.06).
[111] ERA ETV = Entgeltrahmenabkommen Einführungstarifvertrag

bisherigen Entgelt liegt (ERA-Gewinner) erhalten diesen Mehrbetrag nicht direkt ausbezahlt. Es erfolgt eine Anpassung, die nach 60 Monaten abgeschlossen sein soll. Die Entgeltdifferenz zwischen dem neuen und alten Grundentgelt wird auf der monatlichen Abrechnung des Mitarbeiters ausgewiesen und reduziert somit das neue Entgelt um den Mehrwert. Dieser ERA Anpassungsbetrag reduziert sich alle 12 Monate nach der Einführung um 100,00 €.

ERA-Überschreiter, Mitarbeiter die nach ERA weniger Grundentgelt erhalten als vor ERA (ERA-Verlierer) erhalten ebenfalls einen Anpassungsbetrag. Im Gegensatz zu den ERA-Unterschreitern erhöht dieser das neue Grundentgelt auf das Niveau des vorherigen Verdienstes. Die Tariferhöhungen der kommenden Jahre werden bis auf 1% auf diesen Anpassungsbetrag angerechnet, d.h. der Mitarbeiter nimmt an Tariferhöhungen nicht komplett teil. Auch hier soll nach 60 Monaten eine Anpassung des Entgeltes an das neue System stattgefunden haben.

Wie bei allen anderen ERA-Umsetzungen auch, war für die Arbeitgeber des Tarifgebietes M+E Mitte wichtig, dass dieser Prozess kostenneutral verläuft. Aus diesem Grund wurde auch hier ein Anpassungsfonds eingerichtet, der aus Tariferhöhungen der Vergangenheit gebildet und von Arbeitgeber und Arbeitnehmer haben diesen gemeinsam angespart wurde. Abhängig von den entstandenen Kosten soll eine Verwendung im Anschluss an die Umsetzung erfolgen.[112] [113]

Zusammenfassend lässt sich zum ERA des M+E Mitte sagen, dass er den Durchschnitt der ERA in Deutschland darstellt. Er zeigt keine Abweichungen bei der Wahl der Ecklohngruppe oder bei der Anzahl der Entgeltgruppen. Auch die Form der Arbeitsbewertung entspricht der Mehrheit der ERA.

---

[112] Vgl. § 7 ERA ETV.
[113] Vgl. Gesamtmetall (Stand: 09.12.05).

4   Die Betriebsparteien der ERA - Umsetzung – Betriebsrat und Management

Den Betriebsparteien obliegt bei der Einführung eines neues Tarifvertrages eine besondere Verantwortung. Sie müssen gemeinsam die Vorgaben der Tarifvertragsparteien ins Unternehmen übertragen und ausgestalten. Die Zusammenarbeit zwischen Betriebsrat und Management spielt dabei eine große Rolle.

Die Zusammenarbeit der Betriebsparteien spielt neben ERA eine wichtige Rolle für die vorliegende Arbeit. Der Interaktionsmodus steht neben der betrieblichen ERA Umsetzung im Fokus der folgenden Befragung.

In diesem Zusammenhang sind neben dem Verständnis des Systems der Interessenvertretung in Deutschland und dem Tarifvertrag ERA Überlegungen zum Hintergrund von Interaktionen sinnvoll.

4.1 Interaktion und Rolle – Vorüberlegungen

Menschen beziehen sich in ihren Handlungen immer auf die Handlungen der Menschen in ihrem Umfeld. Handeln bedeutet meist ein bewusstes zielorientiertes erwartungsgesteuertes und kognitiv reguliertes Verhalten. Das eigene Handeln wird absichtsvoll auf andere bezogen, in dem Menschen bewusst reagieren bzw. handeln, um u.U. ein bestimmtes Ziel zu erreichen.[114] Dieses Vorgehen gilt selbstverständlich sowohl für den Handelnden als auch für seinen Gegenüber. Unabhängig davon, ob diese Interaktion komplementär oder kooperativ geprägt ist, wird sie immer durch den Kontext der jeweiligen Institution, der Kultur bestimmt.[115] Die Reaktion des Gegenübers ist für den Handelnden nicht grundsätzlich absehbar, ebenso wenig ist das Verhalten des Handelnden in einer bestimmten Situation für seinen Gegenüber vorhersehbar. Da die Handlung einen bestimmten Katalog von Reaktionen auslösen kann, aber eben nicht nur eine einzige, wird sie als kontingent bezeichnet. Mechanismen, wie Normen und Werte, stabilisieren die wechselseitigen Erwartungen, in diesem Fall die Erwartungen des Betriebsrates an das Management und umgekehrt.

Die Kultur stellt einen gemeinsamen Kontext für die handelnden Personen dar, der eine gewisse Sicherheit vorgibt, da ein bestimmtes Handeln erwartet bzw. vorgegeben wird. Im Zusammenhang der vorliegenden Arbeit sind es die Betriebsparteien, die ihr Handeln auf das der „Gegenseite" im Kontext des Unternehmens bzw. der betrieblichen ERA-

---

[114] Vgl. Abels (2009b): S. 136ff.
[115] Vgl. Joas (2009): S.108f.

Einführung beziehen. Dabei spielt die soziale Beziehung der Betriebsparteien im Unternehmen eine nicht unbedeutende Rolle.

Nach Max Weber versteht man unter einer sozialen Beziehung ein aufeinander gegenseitig eingestelltes und dadurch orientiertes Sichtverhalten mehrerer (in diesem Fall: Management und Arbeitnehmervertretung).[116] Die soziale Beziehung ist also ein Ordnungsversuch, der späteres bzw. weiteres Handeln ermöglicht, weil sich die Handelnden immer wieder aufeinander einstellen.[117] Die Betriebsparteien orientieren also ihr Handeln aneinander und leiten daraus eine Reaktion ab, welche wiederum eine Reaktion der Gegenseite auslöst usw. Nach Parsons und Shils kann in einem solchen Fall von einer doppelten Kontingenz gesprochen werden.[118]

Ein Bestimmungsgrund des sozialen Handeln nach Weber ist die Tradition, also eingelebte Gewohnheiten, die den Handelnden bekannt sind. Weitere Motive sind: Zweckrationalität, das Erreichen eines bestimmten Zieles mit bestimmten Mitteln, Wertrationalität, das Erreichen eines bestimmten Zieles ohne Rücksicht auf entstehende Kosten sowie Handeln aus Affekt, spontan aus einer Situation heraus.[119]

Stabilität und Berechenbarkeit erleichtern soziales Handeln sowie eine gegenseitige Orientierung. Man weiß, was auf einen zukommt, wenn man so oder so handelt bzw. die eine oder die andere Entscheidung trifft. Werden diese Gewohnheiten bzw. Traditionen gebrochen, kann das Verhalten schnell zu Unstimmigkeiten oder zu Widerstand der Gegenseite führen. „Die Stabilität der Interessenlage beruht, ähnlich, darauf, dass, wer sein Handeln nicht an dem Interesse anderer orientiert – mit diesen nicht rechnet -, deren Widerstand herausfordert oder einen von ihm nicht gewollten und nicht vorausgesehenen Erfolg hat und also Gefahr läuft, an eigenem Interesse Schaden zu nehmen."[120]

Rollen

Soziales Handeln bildet außerdem die Grundlage für die Entstehung von Rollen bzw. Rollenbildern. Rollen bilden sich aus Positionen. Diese Positionen haben einen bestimmten Status, andere Positionen stellen also Erwartungen an die Position bzw. an den Träger einer Position. Menschen haben immer mehrere Positionen inne, so ist z.B. ein Betriebsratsmitglied, auch Kollege, Mitarbeiter im Unternehmen und/ oder Mitglied der

---

[116] Vgl. Weber (1921/22): S. 47ff.
[117] Vgl. Abels (2009b): S. 191ff.
[118] Vgl. Ebenda S. 108f.
[119] Vgl. Ebenda: S. 193f.
[120] Vgl. Weber (1921/22): S.53.

Gewerkschaft. Zu jeder Position bildet sich eine Rolle.[121]

Die über Jahre gewachsenen, vielleicht seit Jahrzehnten geltenden Rollenerwartungen besitzen eine Eigendynamik; man „richtet sich danach" bzw. wird den entsprechenden Rollenerwartungen gerecht. Individuen erwarten von bestimmten Rollen eine bestimmte Handlung, sie legen also ein soziales Muster an Handlungen fest, das unabhängig vom jeweiligen Rolleninhaber gesehen werden kann.[122] So erwartet die Geschäftsleitung in einem Unternehmen bei personellen Einzelmaßnahmen im Sinne des BetrVG grundsätzlich einen Konflikt mit dem Betriebsrat, während sich die Betriebsparteien in anderen Unternehmen in einem ähnlichen Fall kompromissbereit verhalten. Selbst bei einem Wechsel des Rolleninhabers erwarten andere Rollen ein bestimmtes Spektrum an Handlungen. So erwartet man von einem Betriebsrat grundsätzlich, dass er die Interessen der Arbeitnehmer vertritt, auch wenn nach einer Betriebsratswahl eine neue Arbeitnehmervertretung im Unternehmen vorhanden ist. Die Motivation der Rolleninhaber, sich innerhalb des gesellschaftlich Erwartbaren zu bewegen, wird, nach Parson, durch positive oder negative Sanktion der anderen Individuen erreicht.[123] [124]

Im Falle eines betrieblichen Konflikts, beispielsweise bei der Genehmigung von Überstunden für die Belegschaft, erwartet die Arbeitgeberseite eine gewisse Reaktion des Betriebsrates. Selbst wenn dieser die Überstunden im ersten Schritt grundsätzlich ablehnt, wird der Arbeitgeber nach einer gewissen Zeit darauf vorbereitet sein und entsprechende Maßnahmen, wie z.B. eine persönliche Aussprache vor dem Betriebsratsgremium zur Auslastungssituation, einleiten. Im Anschluss daran wird die Zustimmung des Betriebsrates erwartet, die regelmäßig folgt.

Es kann jedoch für den Inhaber einer Rolle auch zu einem Rollenkonflikt kommen. Man unterscheidet hier zwischen einem Intrarollenkonflikt, also einem Konflikt innerhalb einer bestimmten Rolle (z.B. Betriebsrat = Unterstützung von Leiharbeitnehmern in einem Betrieb, als potentielle Gefährdung der Stammbelegschaft des Unternehmens) und Interrollenkonflikten, also einem Konflikt unterschiedlicher Rollen eines Rolleninhabers (z.B. nicht freigestelltes Betriebsrat ist bei der ERA-Einführung mittätig und soll seinen eigenen Arbeitsplatz bewerten). Maßgeblich für solche Konflikte sind die Erwartungen, die

---

[121] Vgl. Abels (2009b): S.123ff.
[122] Homo Sociologicus von Dahrendorf
[123] Man erwartet von einem Betriebsratsmitglied eine andere Haltung zum Thema Equal Pay als von einem Arbeitgeber.
[124] Vgl. Abels (2009b): S.103ff.

mit einer bestimmten Position verbunden sind.

Die betriebliche Umsetzung eines neuen Tarifvertrages schafft eine neue, für die Unternehmen unbekannt Situation. Die Erwartungen der Betriebsparteien an das gemeinsame Projekt weichen von Standardprojekten im Unternehmen ab. Die Rollen in diesem umfangreichen Prozess werden, zumindest teilweise, neu ausgehandelt und interpretiert.

Eine Erklärung für den Aushandlungsprozess einer neuen Situation bietet der Ansatz des symbolischen Interaktionismus. Er geht davon aus, dass in definierten Situationen (z.B. im Verhältnis der Betriebsparteien) eine gemeinsame Bedeutung von Objekten, Handlungen und Symbolen ausgehandelt bzw. hergestellt wird. Diese Bedeutung wird von beiden Seiten getragen und spielt für folgende Verhaltensweisen eine wichtige Rolle.

Drei Annahmen fassen die Grundstruktur des symbolischen Interaktionismus zusammen:

1) Menschen handeln allen Dingen der Welt gegenüber entsprechend ihrer Bedeutung, die sie für sie besitzen,

2) diese Wahrnehmungen und Interpretationen gehen aus symbolischen Interaktionen hervor,

3) die so gewonnenen Erkenntnisse bzw. Interpretationen werden in weiteren Handlungen stetig korrigiert und reinterpretiert.[125]

Auf diese Art lernen Menschen, in diesem Fall Betriebsrat und Management, sich in der sozialen Realität zurecht zu finden und die Rolle zu spielen, die in diesem Umfeld erwartet werden.

Zur Erklärung solcher Handlungen stellt der „negotiated order – Ansatz" von Anselm Strauss diverse Aus- und Verhandlungsprozesse in den Mittelpunkt.[126]

Unterschiedliche Interessen, Machtverhältnisse, Aushandlungsprozesse selbst (=Interaktionen), die im Unternehmen herrschende Kultur der Zusammenarbeit (=historische Prozesse), sowie der rechtlich – institutionell vorgegebene Rahmen spielen eine wichtige Rolle.[127]

Der Verhandlungsprozess ist nicht beliebig sondern immer in einen bestimmten Kontext eingebettet. Kontext und Verhandlungsprozess bedingen sich gegenseitig, da das

---

[125] Vgl. Joas (2009): S. 111.
[126] Vgl. Wirth (2000): S. 45f.
[127] Vgl. Trinczek (2009).

Ergebnis der Verhandlungen immer in enger Verbindung zum Kontext steht. Dem Ergebnis eines Aushandlungsprozesses kann ein Konflikt der Akteure vorausgehen. Erst der gemeinsame Konsens, eingebettet in einen Kontext, kann als Ergebnis bezeichnet werden. Die Art und Weise des Konflikts ist von diversen Verhandlungskontexten abhängig, wie z.b. die Anzahl der handelnden Akteure, der Einsatz, der für beide Parteien auf dem Spiel steht, die Anzahl und Komplexität des zu verhandelnden Gegenstands, die Klarheit der Rechtmäßigkeitsgrenzen und natürlich die im System vorhandenen Machtverhältnisse.[128]

Macht

Macht ist nach Max Weber „ (…) jede Chance, innerhalb einer sozialen Beziehung, den eigenen Willen auch gegen Widerstreben durchzusetzen, gleichviel worauf diese Chance beruht."[129] Weber deutet mit diese Definition an, dass Macht nicht zwangsläufig auf Widerstand stoßen muss (Verwendung des Wortes: „auch"). Die unterschiedlichen Machtgrundlagen in einer sozialen Beziehung werden von Weber mit den Worten „gleichviel worauf diese Chance beruht" umschrieben. Da diese Machtgrundlagen sehr unterschiedlich sein können und nicht einer einheitlichen Regelung folgen, definiert Weber den Machtbegriff genauer: „Der Begriff Macht" ist soziologisch amorph. Alle denkbaren Qualitäten eines Menschen und alle denkbaren Konstellationen können jemanden in die Lage versetzten, seinen Willen in einer gegebenen Situation durchzusetzen."[130] Weber fügt an: „ Der soziologische Begriff der Herrschaft muss daher präziser sein und kann nur die Chance bedeuten: für einen Befehl Fügsamkeit zu finden."[131] Herrschaft wird somit als Teilmenge von Macht aufgefasst. Die Herrschaft wird als Verhältnis von Befehl und Gehorsam verstanden. Weber definiert drei unterschiedliche Formen von Herrschaft; die legale Herrschaft (z.B. Verfassung, Gesetze, Wahlen), die traditionelle Herrschaft (z.B. Kirche, Traditionen, Patriarchen) und die charismatische Herrschaft (z.B. Prophet, Held, Heiliger).

Diese unterschiedlichen Verhandlungsgrundlagen nehmen Einfluss auf den Kontext, der seinerseits wiederum die Verhandlungsgrundlagen beeinflusst, so dass von einer wechselseitigen Beeinflussung ausgegangen werden kann. Demnach leiten negotiated

---

[128] Vgl. Wirth (2000): S.47f.
[129] Vgl. Weber (1921/22).
[130] Ebenda.
[131] Ebenda.

orders das Handeln der Akteure an und reproduzieren es. Diese negotiated orders beeinflussen damit die Verhandlungsprozesse in der Zukunft. Es besteht also ein Zusammenhang zwischen Wandel und Kontinuität. Neue Aushandlungen und neue Strukturen basieren somit immer auf den Verhandlungsergebnissen der Vergangenheit. Der Wandel von Organisation geschieht jedoch nicht schnell und plötzlich, er ist vielmehr von Beständigkeit und Berechenbarkeit geprägt.[132]

Das soziale Gefüge zwischen den Betriebsparteien kann in Deutschland als ein relativ stabiles bezeichnet werden, allerdings unterliegen die aufgezeigten Rahmenbedingungen dem Wandel der Zeit[133]; so verlassen Entscheidungsträger im Management das Unternehmen, neue kommen hinzu, und auch der Betriebsrat muss sich alle vier Jahre zur Wahl stellen. Während Betriebsratsmitglieder im Unternehmen in der Regel heranwachsen und sozialisiert werden, also die spezifische Zusammenarbeit zwischen Arbeit und Kapital in ihrem Unternehmen kennenlernen, kommen neue Führungskräfte häufig von außen, so dass immer die Frage bleibt, ob sie ins Unternehmen passen. Das bestehende Verhältnis und die bestehenden Definitionen von Objekten, Handlungen und Symbolen werden so an nachfolgende Generationen weitergegeben (siehe oben: gegenseitige Reproduktion).

5. Abb.: Abhängigkeit der Betriebsparteien bei Aushandlungsprozessen

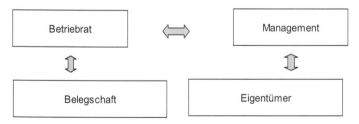

Quelle: Eigene Darstellung. In Anlehnung an: Wirth (2000).

Im Laufe des Aushandlungsprozesses zwischen Betriebsrat und Management entwickelt sich ein für beide Seiten geltender Standard an Arbeitsbedingungen, die sich gegenseitig beeinflussen. Dieser Standard ist häufig sehr komplex und für Außenstehende nur schwer

---

[132] Vgl. Wirth (2000): S. 49ff.
[133] Vgl. Trinczek (1989); S. 448.

zu verstehen. Änderungen dieser „political culture" sind zwar möglich, allerdings in der Regel nur mit einem großen Aufwand oder durch ein einschneidendes Erlebnis, wie z.b. einen Eigentümerwechsel.[134] Unter Kultur versteht man in diesem Zusammenhang das von Menschen (einer bestimmten Gruppe) geprägte Muster von Denkweisen, das Verstehen und Bewerten von Tatbeständen oder Sachverhalten. Wichtiges Instrument der Kultur ist die Kommunikation. Kultur ist ein gemeinsames Verständnis von Denken und Handeln. Sie liefert auch Kriterien, mit deren Hilfe Bedeutungen von Aussagen oder Handlungen anderer Menschen bewertet werden können.[135]

Die Struktur dieser „political culture" schränkt die Betriebsparteien in ihrem Spektrum an Verhandlungsstrategien ein. Jede Partei ist an ein fixes Gefüge von Regeln und Handlungsalternativen gebunden. Der Betriebsrat ist seinen Wählern verpflichtet und das Management den Eigentümern. Beide Gruppen verfolgen also vom Ansatz her unterschiedliche Interessen.[136] Dieser informelle Bereich an Normen und Regeln beeinflusst auch die Einführung eines neuen Tarifvertrages.

4.2 Der Betriebsrat – die verschiedenen Typen

Im ersten Schritt wird der Betriebsrat als Vertreter der Arbeitnehmer eines Betriebes dargestellt. Diese Untersuchung bezieht sich in ihrer Gesamtheit auf Kotthoff, der in seiner Dissertation aus dem Jahre 1979 und einer Überarbeitung aus dem Jahre 1981 verschiedene Typen von Betriebsräten in unterschiedlichen Unternehmen herausgearbeitet hat.[137] Mit Hilfe von Interviews mit den Betriebsräten und mit dem Management gelangte er zu Daten, die es ihm ermöglichten, unterschiedliche Typologien von Betriebsräten zu erstellen. In einer weiteren Untersuchung aus dem Jahr 1994 untersuchte er die Verteilung der zuvor erarbeiteten Typen.[138]

---

[134] Ebenda, S. 449f.
[135] Vgl. Joas (2007): S. 18f..
[136] Ebenda, S. 452.
[137] Vgl. Kotthoff (1981).
[138] Vgl. Kotthoff (1994).

13. Tab.: Übersicht Betriebsratstypologie

Merkmal	Der ignorierte BR	Der isolierte BR	BR als Organ der GF	BR als Ordnungsfaktor	Der respekierte standfeste BR	BR als kooperative Gegenmacht	Der klassenkämpferische BR
Häufigkeit	7%	20%	25%	40% aller Groß-betriebe	11%	in nur einem Betrieb	-
Größe des UN	Kleinbetriebe mit weniger als 150 AN	mittelgroße Betriebe mit 200 bis 600 AN	nicht festlegbar	Großbetriebe	bis 1.000 AN	Groß-betrieb mit 2.000 AN	Groß-betrieb mit über 10.000 AN
Art des UN	handwerkliches Produktions-unternehmen	Produktions-unternehmen	variabel	Produktions-unternehmen	Produktions-unternehmen	Produktions-unternehmen eines Konzerns	Produktions-unternehmen eines Konzerns
Eigentums-verhältnis	inhabergeführt	inhabergeführt	inhabergeführt	Kapitalgesellschaft	Kapitalgesellschaft	Kapitalgesellschaft	Kapitalgesellschaft
Qualifikation der AN	Facharbeiter	sehr gering	variabel	gering	Facharbeiter	60% ungelernte AN	unbekannt
Beteiligung des BR	findet nicht statt	wird umgangen	nicht erwünscht	formal ja, effektiv nein	ja	ja	ja
Bedrohung des BR	manchmal	ja	nein	nein	nein	nein	nein
Zusammen-arbeit mit der Gewerkschaft	findet nicht statt	findet nicht statt	findet nicht statt	soll durch den BR verhindert werden	findet statt	ja, über Vertrauens-leute	sehr stark

Quelle: Eigene Darstellung. Vgl. Kotthoff (1981).

Die von Kotthoff erarbeiteten Betriebsratstypologien lassen sich noch einmal in Gruppen zusammenfassen. Es existiert eine Gruppe von Betriebsräten, die vom Arbeitgeber und ggf. der Belegschaft nicht wahrgenommen werden; das Gremium spielt keine Rolle bei Entscheidungen im Unternehmen (ignorierter und isolierter Betriebrat). Der Betriebsrat als Ordnungsfaktor, sowie der Betriebsrat als Organ der Geschäftsführung können als Betriebsräte verstanden werden, die vom Arbeitgeber für die eigenen Zwecke eingesetzt werden. Eine echte Mitbestimmung in diesen Unternehmen findet also ebenfalls nicht statt. Nur in den Unternehmen mit einer respektierten, standfesten und kooperativen Arbeitnehmervertretung oder einem Betriebsrat als Gegenmacht und einer klassenkämpferischen Mitarbeitervertretung kann von einer echten Mitbestimmung gesprochen werden. Bei den drei letztgenannten Betriebsratstypen ist eine Steigerung des Anteils an der betrieblichen Mitbestimmung vom respektierten Betriebsrat über den Betriebsrat als Gegenmacht bis hin zum klassenkämpferischen Betriebsrat zu beobachten. Mögliche beeinflussende Unterscheidungskriterien sind neben der Größe des Unternehmens auch die Art der Eigentümerstruktur und die Qualifikation der Arbeitnehmer. Kotthoff konnte in seinen Untersuchungen jedoch nicht bestätigen, dass eine bestimmte Eigentümerstruktur kombiniert mit einer bestimmten Unternehmensgröße und einer bestimmten Qualifikation der Arbeitnehmer zu einem bestimmten Betriebsratstypus führt. Die individuellen Besonderheiten eines Unternehmens, die beispielsweise in der Historie oder im lokalen Arbeitsmarkt zu finden sind, sind neben den genannten wichtige Einflussfaktoren, um die Herausbildung einer Arbeitnehmervertretung zu verstehen.

4.3 Das Management – die verschiedenen Typen

Die hier vorgestellte Typologie des Managements beruht auf der Untersuchung von Trinczek aus dem Jahre 1993.[139] Trinczek führte Interviews nur mit Vertretern des Managements aus verschiedenen Betrieben, nicht mit Betriebsräten.

Trinczek geht von managerialen Orientierungsmustern aus, da er wie Kotthoff auch der Meinung ist, dass die reine Form einer Typologie nur selten in der Realität vorkommt. Meist handelt es sich um Annäherungen oder Überschneidungen mehrerer Orientierungsmuster. Diese Orientierungsmuster können als Handlungsalternativen des Managements verstanden werden, also als Werkzeuge. Die Nutzung des Werkzeugs ist jedoch von diversen Ausgangsvoraussetzungen und Neigungen abhängig.

---

[139] Vgl. Trinczek (1993); (2009).

14. Tab.: Übersicht Managementtypologie

Merkmal	Der Mitbe-stimmungsfeind	Der Patriach	Der Modernist	Der Macher	Der Partner	Der Vermittler
UN Größe	Klein- bis Mittelbetrieb	Klein- bis Mittelbetrieb	Mittelbetrieb	flexibel	Großkonzern	Großkonzern
Eigentums-verhältnisse	inhabergeführt	inhabergeführt	offen	flexibel	Kapital-gesellschaft	Kapital-gesellschaft
Anerkennung des BetrVG	nein	nein	ja, toleriert	ja, unveänderlicher Tatbestand	ja	ja
Anerkennung der Interessen der AN	nein	ja	ja	ja	ja	ja
Zusammenarbeit mit dem BR	nein	nein → wird als überflüssig angesehen	ja, obwohl er als überholt angesehen wird	ja	ja	ja
Beziehung zur Belegschaft	nein	enge Beziehung zu seinen AN	ja	offen	neutral	ja
Zusammenarbeit mit der Gewerkschaft	nein	Nein → wird als überflüssig angesehen	offen	ja	ja	ja
Sonstiges			hohes Qualifikations-niveau der AN	Zusammenarbeit mit dem BR = Machtspiel	Idealbild eines Managers i.S. BetrVG	sitzt wie der BR zwischen den Stühlen

Quelle: Eigene Darstellung. In Anlehnung an: Trinczek (1993).

Wie auch schon bei der Typologie der Betriebsräte nach Kotthoff, ist auch hier nicht ein bestimmtes Merkmal prägend für das vom Management gewählte Handlungsmuster. Als mitentscheidend kann jedoch mit hoher Wahrscheinlichkeit die persönliche Akzeptanz der Interessen der Arbeitnehmer und damit verbunden die Anerkennung des Betriebsrats durch das Management angesehen werden.

Anders als bei den Betriebsratstypologien nach Kotthoff können die managerialen Handlungsmuster nicht in Gruppen mit bestimmten Anteilen an einer betrieblichen Mitbestimmung eingeordnet werden. Hier ist vielmehr die persönliche Stellung/ Meinung des einzelnen Managers zur Arbeitnehmervertretung von Bedeutung. Erkennt der Manager die Interessen der Arbeitnehmer bzw. das Betriebsverfassungsgesetz in seiner alltäglichen Arbeit an, so wird er die Arbeit eines Betriebsrates zulassen. Wenn diese Anerkennung allerdings nicht gegeben ist, wird er versuchen, die Arbeit des Betriebsrates einzugrenzen oder zu verhindern.

4.4 Betriebsrat und Management

In der Realität treten Betriebsrat und Management nicht getrennt voneinander auf.[140] Die Zusammenarbeit der beiden Betriebsparteien ist, wie bereits beschrieben, von diversen Sachverhalten und dem jeweiligen Kontext abhängig.

Es ist wahrscheinlich, dass in der Realität Betriebsratstypen und manageriale Handlungsmuster nicht wahllos aufeinander treffen. Ein Management, das überwiegend patriarchalisch agiert, wird kaum einen Betriebsrat als kooperative Gegenmacht akzeptieren. Auch hier wird durch das soziale Gefüge bzw. den Kontext ein gewisses Maß an Regeln und Möglichkeiten vorgegeben. Ein Management, das den Einfluss der Gewerkschaft ablehnt, wird nicht freiwillig mit dieser über die Einführung und die Umsetzung des Entgeltrahmenabkommens verhandeln.

Die bereits vorgestellten Untersuchungen von Kotthoff und Trinczek gehen von unterschiedlichen Ebenen der Interaktionen aus. Kotthoff beschreibt in seinen Untersuchungen Typen von Betriebsräten, so wie er sie ermittelt hat. Trinczek dagegen spricht von Orientierungsmustern, d.h. von Mustern, an denen sich das Handeln der Akteure lediglich orientiert.

Wie bereits oben dargestellt, sind die Interaktionen zwischen den Betriebsparteien immer

---

[140] Es sei denn im Unternehmen ist aus diversen Gründen kein Betriebsrat vorhanden. Hier ist die Interaktion der beiden Gruppen gemeint.

vor dem Hintergrund eines bestimmten Kontextes bzw. sozialen Gefüges zu betrachten. Bosch, Ellguth, Schmidt und Trinczek haben in ihrer Studie zum Thema „Betriebliches Interessenhandeln – Zur politischen Kultur der Austauschbeziehungen zwischen Management und Betriebsrat in der westdeutschen Industrie" verschiedene Typologien von Interaktionsmustern zwischen den Betriebsparteien erarbeitet.[141]

Dem Aushandeln eines bestimmten Interaktionsmodus zwischen den Betriebsparteien kommt weiterhin eine entlastende Funktion zu. Jede Partei kann an den Reaktionen der Gegenseite eine mögliche Eskalation erkennen und entsprechende Maßnahmen ergreifen. Beide Seiten haben ein Interesse daran, dass die betriebliche Normalität erhalten bleibt, da das Bestehen einer „political culture" die tägliche Zusammenarbeit erleichtert und vereinfacht.[142] Wie bereits oben erwähnt, ist diese „political culture" keinesfalls statisch, sondern unterliegt im Laufe der Zeit Veränderungen; ein Eigentümerwechsel kann zu einem beträchtlichen Einschnitt führen, so wie Betriebsratswahlen Änderungen in der personellen Besetzung mit sich bringen können.

4.4.1 Das konfliktorische Interaktionsmuster[143]

Bei dem konfliktorischen Interaktionsmuster erkennen beide Seiten die Interessen der jeweils anderen an. Es wird nicht davon ausgegangen, dass es überschneidende Interessen gibt. Betriebsrat und Management suchen mittels eines Konfliktes einen Interessensausgleich, der ggf. durch einen Kompromiss erreicht werden kann. Der Betriebsrat ist die dominante Betriebspartei.

Zwischen Management und Betriebsrat finden regelmäßige Treffen statt, um Fragen und Probleme des Alltagsgeschäftes routiniert zu lösen bzw. zu besprechen.

Beide Seiten verfügen über Machtmittel, die sie zur Durchsetzung ihrer Interessen einsetzen (beispielsweise: Betriebsrat → Streiks; Management → Drohung von ökonomischen Sanktionen, z.B. Entlassungen).

Der Betriebsrat pflegt ein enges Verhältnis zur Belegschaft, da er seine Rolle als gewählter Interessensvertreter anerkennt.

---

[141] Vgl. Bosch et al. (1999).
[142] Vgl. Ebenda: S.31.
[143] Vgl. Ebenda: S. 56ff.

4.4.2 Das interessenbezogene Interaktionsmuster[144]

Die Divergenz der Interessen von Arbeit und Kapital wird auch beim interessenbezogenen Interaktionsmuster betont. Allerdings werden ebenso gemeinsame Interessen anerkannt. Ein Interessenausgleich wird häufig durch einen Kompromiss erreicht, es besteht lediglich eine Option auf einen Konflikt.

Der Interaktionsstil zwischen den beiden Betriebsparteien wird durch den Betriebsrat geprägt. Beide Betriebsparteien sind bereit, einen Konflikt außerhalb des Unternehmens auszutragen, z.b. in einer Schlichtungsstelle oder vor einem Arbeitsgericht. Weiterhin werden Streiks (seltener als oben) und ein geschickter Einsatz der Mitbestimmungsrechte auf Seiten der Arbeitnehmervertretung zur Durchsetzung der Interessen eingesetzt. Die Arbeitgebervertretung droht im Gegenzug mit ökonomischen Sanktionen und symbolischen Machtmitteln.

Das Verhältnis von Betriebsrat und Belegschaft ist im Falle eines Konflikts zwischen Arbeitnehmern und Arbeitgeber eng, ansonsten besteht ein eher pragmatisches Verhältnis.

4.4.3 Die integrationsorientierte Kooperation[145]

Bei der integrationsorientierten Kooperation werden ebenfalls die unterschiedlichen Interessen der Betriebsparteien anerkannt; allerdings liegt bei der Zusammenarbeit der Schwerpunkt auf den gemeinsamen Interessen in betrieblichen Aspekten. Betriebsrat und Management argumentieren sachlich und rational, um zu einem gemeinsamen Ergebnis zu gelangen.

Beide Seiten prägen den Interaktionsstil gleichermaßen.

Da Konflikte vermieden werden, sind auch die eingesetzten Machtmittel schwächer als bei beiden vorangestellten Interaktionsmustern. In schwierigen Fällen findet eine gemeinsame Anrufung einer externen Schiedsstelle statt, und beide Seiten drohen symbolisch mit einem verschärften Einsatz von Machtmitteln (z.B. Mitbestimmungsrechte). Entscheidungen des Tagesgeschäftes werden in gemeinsamen Verhandlungen getroffen, denen meist ein Vier-Augen-Gespräch zwischen Management und Betriebsratvorsitzendem vorangeht.

Eine enge Zusammenarbeit zwischen Betriebsrat und Belegschaft besteht nicht, es findet

---

[144] Vgl. Ebenda: S. 91ff.
[145] Vgl. Bosch et al. (1999): S. 91ff.

eher eine Stellvertreterpolitik des Betriebsrates statt.

Diese Interaktionsmuster bezeichnen Bosch et al. als das Interaktionsmuster, das in Deutschland am häufigsten zu finden ist.

4.4.4 Der harmonische Betriebspakt[146]

Beim harmonischen Betriebspakt stehen die gemeinsamen betrieblichen Interessen der beiden Parteien im Vordergrund. Unterschiedliche Interessen werden nur bei Randthemen, die also im betrieblichen Alltag eine untergeordnete Rolle spielen, angesprochen.

Bei Interessenskonflikten in der alltäglichen Zusammenarbeit findet eine vertrauensvolle Einigung zwischen Management und Betriebsratsvorsitzendem statt. Im Gegensatz zum konfliktorischen und interessensbezogenem Interaktionsmuster ist hier das Management die dominante Betriebspartei, die die Art und Weise der Zusammenarbeit vorgibt. Regelmäßige Termine finden nur bei Bedarf einer Betriebspartei statt. Häufiger kommt es zu sogenannten Vier-Augen-Gesprächen zwischen Management und Betriebsratsvorsitzendem, um Themen abzusprechen und die Mitbestimmung des Betriebsrates zu wahren. In Konfliktsituationen ist der Betriebsrat unterlegen und kann seine Macht lediglich durch den Hinweis auf seine rechtlichen Mitbestimmungsrecht demonstrieren.

Die Mitglieder des Betriebsrates pflegen keinen engen Kontakt zur Belegschaft. Nach der Wahl findet eine Stellvertreterpolitik statt, bei der das Kollektiv der Arbeitnehmer keine Mitsprache mehr hat.

Die Zusammenarbeit mit der Gewerkschaft oder dem Arbeitgeberverband kommt nur eingeschränkt vor.

4.4.5 Die patriarchalische Betriebsfamilie[147]

Die patriarchalische Betriebsfamilie ist durch eine scheinbare Interessenidentität der Betriebsparteien geprägt. Die Interessen der Belegschaft decken sich nämlich scheinbar mit den Interessen des Managements, frei nach dem Motto: „Was für das Unternehmen gut ist, ist auch für die Mitarbeiter gut." Die Dominanz des Management wird vom Betriebsrat anerkannt, da er lediglich in Konfliktsituationen an die hegemoniale Herrschaft

---

[146] Vgl. Ebenda: S.107ff.
[147] Vgl. Ebenda: S. 122ff.

des Managements appellieren kann. Häufig findet sich dieses Interaktionsmuster in eigentümergeführten Unternehmen.

Im Gegenzug zu den bisher dargestellten Handlungsmustern bilden Eigentümer bzw. Management und Belegschaft eine Einheit. Der Betriebsrat steht hier außen vor. Die Belegschaft wendet sich bei Problemen direkt an das Management.

Die Einheit des Unternehmens wird auch nach außen demonstriert. Eine Zusammenarbeit mit Verbänden findet daher nicht statt.

4.4.6 Das autoritär – hegemoniale Regime[148]

Das autoritär – hegemoniale Regime ist nicht mit der patriarchalischen Betriebsfamilie gleichzusetzen. Die Interessen der Arbeitnehmer werden vernachlässigt und nicht wahrgenommen. Absolutes Ziel ist die Durchsetzung der Interessen des Managements, das sich in einer Machtposition befindet, die durch den Betriebsrat nicht in Frage gestellt werden kann. Eine gemeinsame Kommunikation der beiden Betriebsparteien findet nicht statt. Konflikte gibt es nicht, da der Betriebsrat über zu wenig Macht verfügt, diese zu forcieren. Die Belegschaft spielt in der Politik des Managements praktisch keine Rolle. Auch der Betriebsrat hat keinen Kontakt zu seinen Wählern. Eine Zusammenarbeit mit Gewerkschaft oder Arbeitgeberverband findet nicht statt.

---

[148] Vgl. Ebenda: S. 138ff.

15. Tab.: Übersicht: Typologien der Interaktionsmuster nach Bosch et al.

	Konfliktorisches Interaktionsmuster	Interessenbezogenes Interaktionsmuster	Integrationsorientierte Kooperation	Harmonischer Betriebspakt	Patriarchalische Betriebsfamilie	Autoritär - hegemoniales Regime
Interessen	Unterschiedliche Interessen werden anerkannt	Gemeinsame und unterschiedliche Interessen werden an erkannt	Unterschiedl. Interessen werden anerkannt, gemeinsame hervorgehoben	Dominanz der gemeinsamen Interessen	Identität der Interessen von Management und BR	Vernachlässigung der Interessen der Belegschaft
Struktur. Interaktionsmodus	Konflikt mit einer Option auf Kompromiss	Kompromiss mit Option auf Konflikt	Argumentation und Sachzwang-schlichtung	Vertrauensvolle Einigung zwischen BR und Management	Akzeptierte Hegemonie des Managements	Unangetastete Hegemonie des Managements
Pace-Setter	Betriebsrat	Betriebsrat	Beide	Beide	Management	Management
Alltagskommunikation	regelmäßige Treffen von Gremien	regelmäßige Treffen von Gremien	Verhandlungen mit vorherigem 4-Augen Gespräch	4-Augen Gespräche, Termine nur nach Absprache	Geringe Kommunikation, selten 4-Augen Gespräche	Sehr geringe Kommunikation, selten 4-Augen Gespräche
eingesetzte Machtmittel	Streik, Öffentlichkeitsarbeit durch den BR, betriebsexterner konfliktlösungsstrategischer Einsatz der Mitbestimmung usw.	Streik, Öffentlichkeitsarbeit durch den BR, betriebsexterner konfliktlösungsstrategischer Mitbestimmung usw.	Anrufung externer Stellen als Schiedsstelle, Einsatz symbolischer Machtmittel von beiden Seiten	Hinweis des BR auf seine Mitbestimmungsrechte, Einsatz symbolischer Machtmittel von beiden Seiten	Appell an Moral und Gerechtigkeit durch den BR	Rigorose Durchsetzung der Politik des Managements
Rolle der Belegschaft	Enges Verhältnis zum Betriebsrat	Im Konflikt enger Bezug, sonst eher gering	Stellvertreterpolitik des BR	Stellvertreterpolitik des BR	Pakt zwischen Eigentümer und Belegschaft, Exklusion des BR	Exklusion der Belegschaft
Verhältnis zu Verbänden	BR → Gewerkschaft UN → AG-Verband	BR als verlängerter Arm der Gewerkschaft UN pragmatisches Verhältnis zum AG-Verband	Gebremste Kooperation auf beiden Seiten	Gebremste Kooperation auf beiden Seiten	Abschottung des Betriebs gegen Externe	Gewerkschaft und AG-Verband sind unbedeutend

Quelle: Eigene Darstellung. In Anlehnung an: Bosch et al. (1999): S. 54f.

5   Die Befragung der Betriebsparteien

Nachdem in den vorangegangenen Kapiteln die methodischen Grundlagen dargestellt und erörtert wurden, wird in den kommenden Abschnitten die Befragung als Basis der erhobenen Daten erläutert. Dabei werden zum einen die Systematik der Interviews (Kapitel 5), aber auch die Interviews selbst (Kapitel 6) beschrieben.

Der Schwerpunkt des Forschungsinteresses der vorliegenden Arbeit liegt auf den Interaktionsmodi der Betriebsparteien im Laufe der ERA-Einführung. Im Vordergrund steht dabei die Erfragung von sich verändernden Interaktionen zwischen den Betriebsparteien während des Prozesses der betrieblichen Einführung.

Dabei werden in einem ersten Schritt drei Stufen unterschieden:

a) der Interaktionsmodus vor der Einführung des neuen Tarifvertrages,

b) der Interaktionsmodus im Laufe des Prozesses: Es wird gefragt, ob sich die Zusammenarbeit zwischen Betriebsrat und Management gewandelt hat, und

c) der Interaktionsmodus nach Abschluss der betrieblichen Einführung.

Ein zweiter Schritt bildet die Auswertung der Fragestellung, welche Bedeutung die Interaktionsform der Betriebsparteien auf die Einführung und die Umsetzung des ERA besaß bzw. besitzt.

Um bei der Ermittlung der für die Interaktionsformen und die im Unternehmen vorherrschende „politische Kultur" der betrieblichen Austauschbeziehungen relevanten Sachverhalte nicht nur auf die Aussagen der jeweiligen Interviewpartner angewiesen zu sein, wurden darüber hinaus Gespräche mit den zuständigen Tarifvertragsparteien geführt. Diese sollten einen Überblick über die gesamte Situation in der befragten Region und der grundsätzlichen Strategie der Verbände geben.

Um die Vergleichbarkeit der Daten zu gewährleisten, wurde in allen Betrieben ein einheitlicher Interviewleitfaden[149] verwendet, der während der Interviews nur als Leitfaden, diente, so dass auf spezielle Unternehmensspezifika eingegangen werden konnte. Interessante Aspekte wurden im Laufe der Befragung weiter ergänzt.

---

[149] Siehe dazu im Anhang.

5.1 Methodische Vorgehensweise und Kurzbeschreibung der Untersuchungsbetriebe

Entsprechend den Vorüberlegungen sollten die betrieblichen Rahmenbedingungen, die relevant für den Interaktionsmodus während des Prozesses der ERA-Einführung sind, anhand mehrerer Interviews erfragt werden. Um die externen Beeinflussungen, z.B. durch unterschiedliche ERA-Tarifverträge oder Strategien der Tarifvertragsparteien zu minimieren, wurden alle Interviews im Umfeld des Arbeitgeberverbandes M+E Mitte sowie der IG Metall Bezirksdirektionen Koblenz und Neuwied geführt. Nach Aussage der IG Metall Koblenz wurde in 82 Unternehmen im befragten räumlichen Umfeld ERA eingeführt. Zum Zeitpunkt der Befragung befanden sich lediglich zwei Unternehmen noch in der Umsetzungsphase. Mit elf dieser Unternehmen sollte ein Interview stattfinden. Forschungskontakte bestanden zu diesen Unternehmen vorher nicht. Größtenteils besaßen die befragten Personen vorher keine Erfahrung mit dieser Art Befragung. Interviews sollten, soweit möglich, in jedem Unternehmen mit einem Mitglied des Betriebsrates (unabhängig, ob freigestelltes oder nicht freigestelltes Betriebsratsmitglied) und einem für die ERA-Einführung verantwortlichen Mitglied des Managements (meist der Personalleiter) stattfinden. Bei der Auswahl der Gesprächspartner wurde darauf geachtet, dass er zur Gruppe der jeweiligen Verhandlungsführer gehörte und Kontakt zur anderen Betriebspartei im Verlaufe des Einführungsprozesses hatte, denn nur so konnte ein größtmöglicher Einfluss, aber auch ein Überblick, über die im Unternehmem typischer Weise zu findenden Interaktionsmodi erfragt werden.

Einzelheiten zu den Interviews

Insgesamt wurden elf Unternehmen aufgesucht, drei Gespräche mit der IG Metall und ein weiteres Gespräch mit dem Arbeitgeberverband M+E Mitte geführt. In drei der befragten Unternehmen wurde lediglich ein Interview mit einem Betriebsrat oder einem Vertreter des Managements geführt, da die „Gegenseite" aus unterschiedlichen Gründen[150] nicht zu einem Gespräch bereit war. In einem Unternehmen wurden mit beiden Betriebsparteien Interviews geführt, jedoch bat die Arbeitgeberseite darum, die Daten nicht zu verwenden. Die geführten Interviews dauerten in der Regel zwischen 60 und 90 Minuten.

Die Anzahl der geführten Gespräche ist in der unten aufgeführten Tabelle ersichtlich:

---

[150] z.B. Ein Personalleiter schied im folgenden Monat in den Ruhestand aus und verzichtete aus dem genannten Grund.

16. Tab.: Anzahl der geführten Interviews

	Anzahl der Interviews
Management	9
Betriebsrat	10
Gesamt	19

Die befragten Unternehmen waren in diversen Sparten innerhalb der Metall- und Elektroindustrie ausgewählt worden, um ein möglichst breitgefächertes Befragungsergebnis zu erhalten. Eine Aufteilung der Unternehmen in Sparten ist aus folgender Tabelle entnehmen:

17. Tab.: Sparten der befragten Unternehmen

Sparte	Anzahl
Stahlherstellung/ Veredelung/ Metallverarbeitung	4
Spezialmaschinenbau	3
Automobilzulieferer	2
Elektroindustrie	1
Automobilindustrie direkt	1

Hinsichtlich der Betriebsgröße und der Art des Unternehmens (z.b. GmbH, AG, Familienunternehmen, Konzerntochter usw.) wurde versucht, so viele unterschiedliche Betriebe wie möglich in die Befragung mit einzubeziehen, um ein breites Spektrum an Kontextfaktoren zu erhalten.

Die europäische Kommission[151] unterscheidet KMU - Unternehmen anhand der Mitarbeiterzahl und dem Umsatz oder der Bilanzsumme. Da weder Umsatz noch die Bilanzsumme für die vorliegende Auswertung von Bedeutung sind, orientiert sich die Befragung lediglich an der Aufteilung der Mitarbeiterzahlen. Demnach beschäftigen Kleinstunternehmen weniger als zehn Mitarbeiter. Kein befragtes Unternehmen befindet sich in dieser Größenklasse. Auch kleine Unternehmen, d.h. Unternehmen mit weniger als 50 Beschäftigten, sind in der Befragung nicht vertreten. Laut europäischer Kommission beschäftigen mittlere Unternehmen bis zu 250 Arbeitnehmer. Unternehmen mit mehr als 250 Arbeitnehmern sind Großunternehmen.

Diese Aufteilung ist für die vorliegende Arbeit nicht hilfreich. Aus diesem Grund wurde die unten stehende Aufteilung gewählt, um einen genaueren Überblick über die Beschäftigten

---

[151] Vgl. Europäische Gemeinschaften (Stand: 07.10.2010)

in den befragten Unternehmen zu geben und relevante Größenklassen zu bilden. Da alle befragten Unternehmen mehr als 200 bzw. mehr als 300 Arbeitnehmer beschäftigen, wurde auf die Freistellungsgrenze nach Betriebsverfassungsgesetz von 200 Arbeitnehmern, als untere Grenze verzichtet.

18. Tab.: Anzahl der Beschäftigten in den Unternehmen

Beschäftigte	Anzahl der Unternehmen
Bis 300	2
301 bis 500	5
501 bis 1.000	-
1.001 bis 3.000	4
Mehr als 3.000	-
Gesamt	11

5.2 Anlage und Durchführung der Interviews

Die Interviews wurden mithilfe eines locker strukturierten Leitfadens geführt, in dem den Interviewpartnern die Möglichkeit einer längeren narrativen Gesprächsphase gegeben wurde. Neben einer kurzen Darstellung der aktuellen wirtschaftlichen Lage, galt das besondere Interesse dem Ablauf des ERA-Einführungsprozesses. Deshalb begannen die Gespräche mit der Erfragung der Zusammenarbeit der Betriebsparteien vor der ERA-Einführung und den alltäglichen Problemen und Routinen. Im Anschluss wurde der ERA-Prozess ausführlich thematisiert. Dieser Abschnitt nahm in den meisten Gesprächen den größten zeitlichen Rahmen in Anspruch. Im Anschluss daran folgte die Befragung des nachgelagerten Interaktionsmodus sowie die Auswirkungen der ERA-Einführung auf die Bewältigung der wirtschaftlichen Krise in den Jahren 2009/10.

Während des Gesprächs diente der Interviewleitfaden jedoch lediglich als Orientierungshilfe, von dem je nach Bedarf und Situation abgewichen wurde. Es wurde darauf geachtet, die wichtigen Dimensionen in allen Gesprächen zu erfragen; dazu gehörten u.a. die Definition und Anerkennung der jeweiligen Interessen, die „treibende Kraft" in der Zusammenarbeit, die Beziehung zur Belegschaft und zu den Interessensverbänden, sowie mögliche einsetzbare Machtmittel.

Die Interviewpartner wurden vor dem Gespräch per E-Mail über das Projekt informiert. Einige Tage später wurden sie telefonisch kontaktiert, um Fragen zu klären und ggf. schon einen Termin zu vereinbaren. Die Termine mit Management und Betriebsrat wurden unabhängig voneinander vereinbart und auch nicht in einer festen Reihenfolge gewählt.

Es lässt sich festhalten, dass das Interesse der Betriebsräte an der Befragung grundsätzlich größer war als das auf Seiten des Managements. Während die befragten Betriebsräte meist unmittelbar nach Kontaktaufnahme zu einem Gespräch bereit waren, verlangten die Vertreter des Managements genauere Hintergrundinformationen, beispielsweise in Form des Fragebogens.

Es wurde ein einheitlicher Leitfaden für beiden Interviewgruppen (Management und Betriebsrat) verwendet, um eine einheitliche Auswertungsbasis zu erlangen. Die Befragung fand im Zeitraum April bis September 2010 statt.

5.3 Aufbereitung des Datenmaterials

Alle Interviews wurden zunächst jeweils einzeln einer Aufbereitung unterzogen, die sich an der Chronologie des Fragebogens orientierte. Wurden in einem Unternehmen Interviews mit Management und Betriebsrat geführt, wurden sie zunächst unabhängig von einander analysiert und erst in einem zweiten Schritt zusammengeführt.

In diesem ersten Arbeitsschritt orientierte sich die Auswertung an der Übersicht der Typologien der Interaktionsmuster nach Bosch et al., welche die Grundlage der Auswertung bilden.

Die unterschiedlichen Definitionen der Interessen der Betriebsparteien, die Rolle der Belegschaft, die Form der Alltagskommunikation und eine mögliche Beeinflussung durch die Verbände sind Gesichtspunkte, deren Analyse die Befragung vor allem beschäftigt.

Die Auswertung erfolgt, wie bereits oben ausgeführt, in den drei Schritten: Interaktionsmodus vor, während und nach der ERA-Einführung.

Sinn und Zweck dieser ersten Analyse war die Datenaufbereitung für eine längs- und querschnittorientierte Folgeauswertung.

Für diese Folgeauswertung wurden die erhobenen Daten auf die zentralen Stellen der Interviews verdichtet, so dass eine allgemeine Aussage zu den Interaktionsmodi während der ERA-Einführung in diesem Tarifgebiet getroffen werden konnte.

6 Die Umsetzung des Entgeltrahmenabkommens im Tarifgebiet des VEM

Die Arbeit möchte die Bedeutung des ERA als Einschnitt in die Geschichte des Entgeltsystems der Metall und Elektroindustrie würdigen und durch Gespräche mit Vertretern einzelner Firmen belegen. Ein Darstellung dieser vor Ort geführten Gespräche soll in diesem Abschnitt der Arbeit erfolgen. Zum Verständnis seien folgende Überlegungen vorangestellt:

1.   Die Gespräche sollen einen Einblick in die drei Phasen geben, nämlich in die Zeit vor, während und nach der Einführung des ERA. Wenn auch Arbeitgeber und Arbeitnehmer ihre jeweilige Sicht der Dinge wiedergeben, so handelt es sich doch auch um Einschätzungen, also um subjektiv gefärbte Aussagen, wenn auch durch die Darstellung beider Seiten, unabhängig voneinder, eine „relative Objektivität" angenommen werden kann.

2.   Die Gespräche wurden am Ort des Unternehmens und auch mit dem Einverständnis der Beteiligten geführt. Die Bedeutung dieses Schrittes lässt sich schon alleine daraus entnehmen, dass einmal eine Auswahl getroffen wurde, also nur Betriebe von einer bestimmter Größe an befragt wurden. Zum anderen muss sofort erklärt werden, dass nur in einem Teil der Unternehmen beide Seiten, also Arbeitgebervertretung und Arbeitnehmerseite zu einem Gespräch bereit waren. Es ist nicht Aufgabe dieser Arbeit, die Motive für die Zurückhaltung oder Verweigerung zu erörtern, wenn auch die Brisanz beachtet werden muss, die grundsätzlich darin besteht, Einblicke in innere Vorgänge eines Betriebes zu gewähren.

3.   Zur Wiedergabe der Gespräche im Zusammenhang der Arbeit ist zu erklären, dass auch darin ein Problem steckt, das nicht vernachlässigt werden darf. Es handelt sich nicht um die wortwörtliche Aufzeichnung, sondern eine auch subjektiv gefärbte Wiedergabe, die auf Aufzeichnung mithilfe eines Tonträgers oder einer von der Verfasserin selbst getätigten handschriftlichen Mitschrift beruht.

4.   Zu berücksichtigen wären im einzelnen die Gesichtspunkte, ob das Gespräch mit jeweils einer einzelnen Person oder mit mehreren Vertretern einer Gruppe geführt wurde. Im letzten Fall wären die Beiträge aufzuschlüsseln nach den Personen, die das Wort ergriffen haben. Nicht unbedeutend dürfte das Geschlecht der jeweiligen Gesprächspartner sein, ob männliche oder weibliche Vertreter oder eine gemischte Gruppe das Gespräch geführt haben.

5. Wenn auch diese Gesichtspunkte eventuell die folgenden Ausführungen relativieren, so machen sie sie aber nicht wertlos, sondern helfen sie einzuordnen.

In diesem Abschnitt der Arbeit werden die Interviews analysiert und ausgewertet. Die befragten Unternehmen und Personen werden anonymisiert, so dass keine Rückschlüsse auf das einzelne Unternehmen bzw. den einzelnen Gesprächspartner möglich ist. Um zu einem späteren Zeitpunkt eine Zuordnung zu gewährleisten, werden die Unternehmen nummeriert (z.B U01), der Gesprächspartner im Management/ Personalabteilung in diesem Unternehmen wird durch einen großen Buchstaben gekennzeichnet (z.b. U01A), wogegen der Betriebsrat durch einen kleinen Buchstaben identifiziert wird (z.B. U01a). Der Auswertung der Interviewdaten wird eine kurze Unternehmensdarstellung vorgeschaltet. Inhaltlich orientiert sich die Datenanalyse am verwendeten Interviewleitfaden und den drei Phasen der ERA-Einführung.

6.1 Befunde der Interessensverbände

Mit der IG Metall wurden drei voneinander unabhängige Gespräche geführt; jeweils eins mit den beiden zuständigen Verwaltungsstellen des Befragungsgebiets sowie ein weiteres mit Vertretern der IG Metall in Frankfurt selbst.

Mit dem Arbeitgeberverband wurde nur ein Gespräch geführt, da der VEM selbstständig mit der IG Metall für den Abschluss der Tarifverträge verantwortlich ist.

Die Interviews mit den Verbänden erfolgen nicht nach der gleichen Auswertungssystematik wie die Gespräche mit den Unternehmensvertretern, da die Verbände lediglich einen allgemeinen Überblick über die Interaktionsmuster während der ERA-Einführung geben können. Einen genauen Einblick in die Unternehmen haben sie nicht immer; so wurden der VEM als zuständiger Arbeitgeberverband, aber auch die IG Metall nicht in jedem befragten Unternehmen bei der Einführung des neuen Tarifvertrages zu Rate gezogen. In einigen Unternehmen erfolgte die Umsetzung ohne Zutun der Verbände, so dass keine Einflussnahme möglich war.

6.1.1 Der Arbeitgeberverband VEM

Im Arbeitgeberverband VEM sind 84 Unternehmen mit insgesamt über 28.000 Mitarbeitern organisiert.[152] Das Gespräch wurde mit zwei Assessoren des Verbandes geführt, die Mitgliedsfirmen in Rechtsfragen beraten und Unternehmen bei arbeitsgerichtlichen Verfahren vertreten. Im Gespräch wurde die Frage diskutiert: „Hat sich durch ERA die Zusammenarbeit der Betriebsparteien verändert?".

Beide Befragten geben an, dass es schwierig ist, eine allgemeingültige Aussage zu dieser Frage zu geben. Die Zusammenarbeit zwischen den Betriebsparteien ist sehr stark von den handelnden Personen und der Historie geprägt. „Im Grunde ist es ganz schwierig, eine allgemeingültige Aussage zu treffen. In jedem Unternehmen gehen die Uhren anders." „Es gibt kein Querschnittsmuster." Der Großteil der Betriebsparteien in der Region arbeitet gut miteinander, dies hat sich durch ERA nicht wesentlich verändert. Nur wenige Unternehmen haben nach der Erfahrung des VEM Schwierigkeiten in der Zusammenarbeit der Betriebsparteien; die Gründe dafür sind sehr unterschiedlich. „Es gibt die, das ist wahrscheinlich der Großteil, die arbeiten gut miteinander. Das ist dann wahrscheinlich so ein Geben und Nehmen, da werden schon mal Schaugefechte geführt, aber jeder bekommt was. Das hat sich aber durch ERA nicht geändert. Dann gibt es die, die kommen richtig gut mit ihrem Betriebsrat klar, weil sie vielleicht betriebsratsorientiert sind, und dann gibt es die, die kommen gar nicht mit ihrem Betriebsrat klar, aus welchen Gründen auch immer."

Die Einführung des ERA zeigt deutlich, so einer der Befragten, wie die Zusammenarbeit der Betriebsparteien wirklich geprägt ist. In keinem anderen Projekt waren die Arbeitnehmervertretung und das Management gezwungen, sich so lange und intensiv miteinander zu beschäftigen. Basis der Zusammenarbeit ist ein komplexes Regelwerk, welches die Tarifvertragsparteien ohne Kenntnis der Situation im Unternehmen abgeschlossen haben. „Ich würde sagen, am Beispiel ERA dokumentiert und bewahrheitet sich, wie der Umgang der Betriebsparteien überhaupt ist, weil sie verpflichtet sind, miteinander zu arbeiten. (...) Aber hier waren die Betriebsparteien wirklich gezwungen, sich mit einem Regelwerk, das nicht unkompliziert ist, sich über einen langen Zeitraum auseinanderzusetzen. Und da glaube ich, ist auch dem ein oder anderen Beteiligten, was den Umgang miteinander betrifft, das ein oder andere Licht aufgegangen."

Die Vertreter des Arbeitgeberverbandes haben nach ihrem Befinden weiterhin die Erfahrung gemacht, dass die Einführung des ERA dort ruhiger und reibungsloser

---

[152] Vgl. VEM (Stand: 09.10.2010)

durchgeführt werden konnte, wo der Betriebsrat auf die Unterstützung der IG Metall verzichtete. Dies führen die beiden Befragten, auf den ERA - Abschluss im Tarifgebiet zurück. Zu einem späten Zeitpunkt während den Verhandlungen des neuen Tarifvertrages hat die IG Metall feststellen müssen, dass sie als „Verlierer" aus den Verhandlungen gehen wird. Aus diesem Grund hat die IG Metall versucht, so die befragten Juristen, den ungünstigen Tarifabschluss auf der betrieblichen Ebene zu verbessern.

„Dort wo die IG Metall nicht den Fuß in der Tür hatte, wo sie zum Teil vom Betriebsrat ganz bewusst draußen gelassen worden ist, so nach dem Motto: Bei dem Prozess wollen wir euch nicht dabei haben, ging es reibungslos und problemlos. Dort wo die IG Metall mit am Tisch saß, war es zäh und zum Teil unerquicklich. Das hat aber zu tun mit dem Ergebnis der ERA - Tarifverhandlungen speziell bei uns im Tarifgebiet. Das ist in anderen Tarifgebieten durchaus anders. Die IG Metall hat am Ende, also am Ergebnis, und zwar zu einem sehr späten Zeitpunkt festgestellt, dass sie, ich will nicht sagen als Verlierer, als Tarifpartei, aber sie hat gesagt: Na, es hätte auch besser ausgehen können. Und sie hat versucht, und zwar massiv versucht, dort, wo sie mit am Tisch gesessen hat, auf tariflicher Ebene das nachzuholen, was ihr auf übertariflicher Ebene nicht gelungen ist. Also, das, was sie mit ERA erreichen wollte, als Tarifpartei haben sie bei uns nicht erreicht. Im Gegenteil."

Strategie des Arbeitgeberverbandes war eine 1:1 - Umsetzung des neuen Tarifvertrages in den Unternehmen. „Ja natürlich. Das ist ja Sinn und Zweck der Geschichte." Dazu gehörte in erster Linie die richtige Eingruppierung der Arbeitnehmer. Entgeltverluste wurden durch die tarifliche Bestandssicherung abgefangen. Die Eingruppierung der Arbeitnehmer ist wichtig, um in der späteren tariflichen Praxis (z.B. bei Einstellungen oder Versetzungen) ein gemeinsames Verständnis vom Wert der Stelle zu haben. Für den Fall, dass Arbeitnehmer nach ERA weniger Geld verdient hätten als vor ERA, wurde in den meisten Fällen ein verbesserter betrieblicher Bestandsschutz in Form einer übertariflichen Zulage eingeführt. Kein Unternehmen habe ein Interesse daran, so der Arbeitgeberverband, seine Arbeitnehmer schlechter zu bezahlen als vorher, da so auch die Motivation verloren gehe.

Ziel der IG Metall war nach Einschätzung der Befragten, eine Regel- oder Formelüberführung in den Unternehmen durchzusetzen, um die Entgeltsicherung der Mitglieder zu gewährleisten. „Mit Formel- oder Regelüberführung, das war das primäre Ziel der IG Metall und damit mit klaren Worten am Tarifvertrag vorbei." Bei dieser Umsetzungsstrategie werden die alten Fehler unmittelbar in das neue System übertragen, von dieser Umsetzung hat der Arbeitgeberverband von Beginn an abgeraten.

Die Anzahl der Arbeitnehmer spielt keine entscheidende Rolle bei der Einführung des ERA in den Unternehmen. Lediglich in einigen mittelgroßen Betrieben war der Umsetzungsprozess über einen längeren Zeitraum von Schwierigkeiten geprägt. Hier wurden starke Konflikte ausgetragen, die später vor einem Arbeitsgericht eskalierten. Lösungen wurden letztlich immer auf der betrieblichen Ebene, beispielsweise durch einen Mediator, gefunden.

„Aber was es nicht gegeben hat, waren Große (Anm: Unternehmen), wo es über lange Zeit eigentlich, die das sauber gemacht haben, begleitet von Problemen. Die hatten wir eigentlich nicht, das waren eher die Mittelgroßen, wo die Betriebsparteien gesagt haben, jetzt wollen wir mal wissen, wo der Hammer hängt, und prozessieren auf Teufel komm raus."

Die Freistellung eines Betriebsrates spielt bei der Einführung keine Rolle, da bei Großprojekten das Betriebsverfassungsgesetz eine obligatorische Freistellung des Betriebsrates vorsieht. Dies ist auch von der Amtswahrnehmung des Einzelnen abhängig.

Typische Verlierer des ERA sind nach Aussage der Befragten Angestellte und Meister. Diese Berufsgruppen sind nicht das Mitgliederklientel der IG Metall und wurden daher bei den Verhandlungen vernachlässigt. Als problematisch in der Umsetzung sehen die Befragten den Wertschätzungsverlust der Mitarbeiter an. Mitarbeiter, die vorher in einer hohen Lohngruppe waren, fallen nun ggf. in eine niedrigere Entgeltgruppe. Verbunden ist damit häufig das Gefühl, weniger wert zu sein, und das, obwohl man u.U. viele Jahre im Unternehmen tätig war. „Ich hatte das Gefühl, den Leuten ging es weniger um das Geld, sondern um ihre angekratzte Ehre, um ihre Reputation."

Grundsätzlich ist die ERA - Einführung im befragten Tarifgebiet ohne größere Zwischenfälle abgelaufen. Streiks oder Demonstrationen sind nicht bekannt. Lediglich in einem Unternehmen hat der Betriebsrat eine Betriebsversammlung über mehrere Tage nicht beendet. „Es hätte schlimmer kommen können." Jedoch schätzen beide das Drohpotential der Betriebsräte bei einer Nichteinigung sehr hoch ein; so haben einige Arbeitnehmervertreter der Arbeitgeberseite vorgerechnet, welche Kosten durch Arbeitgerichtverfahren im Falle einer Nichteinigung auf den Arbeitgeber zukommen. Dieses Drohpotential wird von beiden Befragten als höher eingeschätzt als eine Demonstration. „Wie gesagt, das Drohpotential war viel höher. Mit einem Streik bewirken sie doch auch nichts. Da laufen sie einmal einen Tag auf den Hof und halten Transparente hoch, aber das hat ja keinen langfristigen Charakter. Wenn sie bei einer Eingruppierung was bewegen wollen, dann müssen sie ein wirkliches Drohpotential aufweisen können, und das war ja wirklich auch vorhanden. Wie gesagt die Kosten für das Unternehmen und die unangenehmen Begleitumstände die auf das Unternehmen und seine Belegschaft zugekommen wären."

6.1.2 Die IG Metall[153]

Nach Aussage der IG Metall war das zuletzt gültige Tarifwerk veraltet und überholt, da sich das Anforderungsprofil an die Arbeitnehmer und die Tätigkeiten verändert hatten (geringere Belastungen, neue Technologien usw.). „Die alte Welt war überholt und veraltet." Weiterhin wurden Frauen im alten Tarifwerks geringer entlohnt, da sie als weniger körperlich belastbar angesehen wurden, im alten Tarifvertrag wurden körperliche Belastungen gesondert entlohnt. Das altes Entgeltsystem war außerdem für die Arbeitnehmer weniger durchlässig, so dass ein Aufsteigen in höhere Entgeltgruppen oder ein Wechsel von einer Lohn- in eine Gehaltsgruppe erschwert wurde. „Außerdem war das alte System für die Kollegen nicht durchlässig, eine höhere Eingruppierung war grundsätzlich nur schwer möglich. Mit ERA haben wir das jetzt alles."

Mit dem neuen Tarifvertrag ist diese Durchlässigkeit und eine Gleichbehandlung der Geschlechter gegeben. Zwar sieht ERA Zwischenstufen vor, diese müssen zuvor betrieblich zwischen Betriebsrat und Arbeitgeber vereinbart werden, um den Arbeitnehmern und auch den Vertretern des Managements mehr Flexibilität und Anreize zu geben. „Durch die Zwischenstufen ist der Sprung in die nächste E-Gruppe nicht so hoch. Damit wird nicht nur die Motivation und Flexibilität der Kollegen erhöht, sondern auch die Produktivität."

Mit ERA wurden vier unterschiedliche Entgeltlinien (K/ T/ M/ L) vereinheitlicht.

Da die Trennung zwischen Arbeitern und Angestellten durch ERA aufgehoben wurde, musste die durchschnittliche Leistungszulage einheitlich gestaltet werden. Daher sind 3% aus der L-Linie in die Grundentgeltlinie eingeflossen. Zukünftig sind dadurch mind. 10% in Durchschnitt als Leistungszulage auszuzahlen. Inklusive weiterer 2,79% aus dem ERA - Anpassungsfonds[154] führt dies zu einer Entgeltsteigerung von 5,79% für die Arbeitnehmer.

Eine richtige ERA - Eingruppierung der Arbeitsplätze führt zu 70-80% ERA - Unterschreiter und lediglich 30-20% ERA – Überschreiter.

Eine Formel- oder Regelüberführung ist seitens der IG Metall als nicht systemfremd

---

[153] Zunächst wurde je ein Gespräch mit Vertretern der örtlichen IG Metall Verwaltungsstellen geführt; die Gespräche wurden zusammengefasst. Anschließend wurde ein Gespräch mit zwei Vertretern der IG Metall in Frankfurt geführt. Dieses Gespräch wird gesondert wiedergegeben.

[154] 2,79% ist die Kostenneutralitätsgrenze, die seit 2002 bis 2006 aus den so genannten Strukturkomponenten entstanden sind.

anzusehen. Voraussetzung dazu ist, dass die Arbeitnehmer bereits vor ERA richtig eingruppiert waren.

Die betriebliche ERA - Einführung und der Verlauf der Verhandlungen der Betriebsparteien waren in großem Maße von den betriebsindividuellen Spezifikationen abhängig. Wichtig in diesem Zusammenhang ist die Frage, welche Verantwortung der Arbeitgeber bei möglichen Fehleingruppierungen der Arbeitnehmer zu tragen hat (z.b. höhere Eingruppierungen bei Sekretärinnen, wenn deren Vorgesetzte aufsteigen). „Die Frage ist doch: Wer trägt die Verantwortung für die gelaufenen Fehleingruppierungen? Und das ist in der Regel doch der Arbeitgeber." Dies könnte u.U. bei ERA zu einer Kostenexplosion führen. Um dies zu vermeiden, hatten die Arbeitgeber seit Abschluss des ERA - Tarifvertrages im Jahr 2002 ausreichend Zeit, mögliche Fehleingruppierungen zu berichtigen. „Der Arbeitgeber hat lange genug Zeit, um etwas gegen die Fehler der Vergangenheit zu tun."

Zielsetzung des Arbeitgeberverbandes war nach Aussage der IG Metall eine 1:1 - Umsetzung des ERA in den Unternehmen. Mit dieser Strategie hätte der Arbeitgeber keine Verantwortung für Fehleingruppierungen getragen, diese wären alleine den Arbeitnehmern zur Last gefallen. Eine alleinige technokratische Umsetzung des neuen Tarifvertrages sei nicht Idee der Tarifvertragsparteien gewesen, vielmehr müsse ERA an die individuelle Situation in den Unternehmen angepasst werden. So kam es während der Umsetzungsphase immer wieder zu Entgeltabsicherungen für die Arbeitnehmer, so dass niemand als ERA - Verlierer bezeichnet werden kann. „Niemand hat durch ERA weniger Geld in der Tasche."

Grundsätzlich ist die Zusammenarbeit der Betriebsparteien, so die IG Metall, positiv verlaufen, wenn dies auch vor ERA der Fall gewesen ist.

Durch die ERA - Einführung wurde die Ordnungsfunktion des Tarifvertrages wieder hergestellt, was zu einer Stärkung des Flächentarifvertrages allgemein führte. „Durch ERA wurde die Ordnungsfunktion wiederhergestellt; damit ist auch der Flächentarifvertrag gestärkt worden.", „ERA ist für alle Betriebe, die unterhalb des Tarifs waren, gut eingeführt, wenn sie jetzt beim Tarif landen. Für alle Betriebe, die ein deutlich höheres Lohnniveau in der Vergangenheit hatten, war ERA nicht möglich. Die Einführung des ERA war mit Schwierigkeiten verbunden. Daher waren Besserregelungen nötig.", „Die IG Metall hat richtig gut verhandelt, weil die IG Metall nicht für eine Klientel verhandelt hat. Ein Tarifvertrag ist immer ein Verhandlungsergebnis von zwei Tarifvertragsparteien. (...) Die IG Metall konnte eben nicht nur für die großen Betriebe das Niveau definieren, dann hätte man die Kleinen nicht dahin bekommen, und so musste man einen

Mittelweg finden."

Gespräch mit Vertretern der IG Metall Bezirksverwaltung in Frankfurt

Die Zusammenarbeit der Betriebsparteien wurde durch ERA dort erschwert, wo auch vor Einführung des neuen Tarifvertrages Schwierigkeiten bestanden. Als Ursache dafür ist besonders die Auslegung des ERA durch den Arbeitgeberverband zu sehen, da diese auf die betriebliche Ebene übertragen wurde. „Grund dafür ist die Auslegung des Tarifvertrages durch den Arbeitgeberverband."

Weiterhin sind die Rahmenbedingungen der ERA-Einführung eine ganz entscheidendende Größe für die Zusammenarbeit der Betriebsparteien, was nicht vernachlässigt werden dürfe.

Die regionalen Unterschiede des ERA (Thüringen, Niedersachsen, Baden-Württemberg usw.) sind vor allem in den unterschiedlichen Standpunkten der Verbände zu suchen. Der Vertreter der IG Metall erläuterte, dass in Baden-Württemberg der Arbeitgeberverband eine „Kampfansage" gemacht und diese in die Unternehmen getragen hatte. Südwestmetall hätte errechnet, dass durch die ERA-Einführung eine Einsparung von bis zu 15% der Personalkosten möglich wäre. Diese Rechnung sei teilweise in die anderen Bezirke mit übertragen worden, so z.B. auch nach M+E Mitte. „Irgendjemand in Südwestmetall hat errechnet, dass man mit ERA 15% der Personalkosten sparen kann. Das haben die anderen natürlich auch mitbekommen."

In diesem Zusammenhang stellt sich auch die Frage der Definition der tariflichen Kostenneutralität von 2,79%. Für die IG Metall sei eine Steigerung der Entgeltkosten um 2,79% kostenneutral, so wie es im ERA vereinbart sei, während Arbeitgeber oder auch deren Interessenverbände teilweise mit einer Kostenneutralität von 0,0% rechnen würden. „Im Tarifvertrag steht ja auch drin, dass kostenneutral eine Steigerung von 2,79% ist. Aber manche haben das dann plötzlich anders gesehen, und dann stehen Sie als IG Metall erst mal ziemlich ratlos da."

Die Kostenfrage könnte relativ leicht mit der Eingruppierung der Mitarbeiter gelöst werden; werden alle Mitarbeiter entsprechend gering eingruppiert, besteht die Möglichkeit für den Arbeitgeber, das Entgeltniveau im Unternehmen zu senken.

Eine weitere wichtige Rahmenbedingung, die bei der betrieblichen Einführung zu berücksichtigen sei, ist nach der Aussage der IG Metall die Nichtakzeptanz des ERA durch den Arbeitgeberverband M+E Mitte. Dies sei notwendig zu wissen, um die Einführung des

ERA in diesem Bezirk zu verstehen. „Die wollten den Tarifvertrag nicht."

Unterschiede lassen sich auch in den Ergebnissen der Verhandlungen der Tarifvertragsparteien und der tariflichen Umsetzung erkennen. Hier kann ein Zusammenhang zwischen dem Auftreten von Schwierigkeiten und dem Zeitpunkt der ERA - Umsetzung erkannt werden. „Je früher ERA eingeführt wurde, desto besser lief es. Schwierigkeiten traten erst mit der Zeit auf."

Demnach verlief die Aushandlung des ERA bis 2004 relativ friedlich. Im Jahr 2005 kam es zur Unterschrift des ERA in Baden-Württemberg und zur Aussage des Arbeitgeberverbandes Südwestmetall, dass mit ERA ein Kosteneinsparpotential von 15% erreicht werden könnte. Ab 2006 traten in den Unternehmen die ersten Konflikte zwischen den Betriebsparteien auf.

Als wichtiger Faktor bei der betrieblichen Umsetzung sei weiterhin die Anzahl der Mitarbeiter im Unternehmen anzusehen, die sich ausschließlich mit dem neuen Tarifvertrag beschäftigen, so die Befragten. Es sei erschreckend gewesen, festzustellen, dass es nicht mehr viele Tarifspezialisten in den Unternehmen gebe, und das Management kenne sich teilweise noch weniger damit aus als die Betriebsräte. Da in den Unternehmen teilweise auch keine Arbeitsplatzbeschreibungen vorhanden waren bzw. diese zunächst erstellt werden mussten, hätte es keine gemeinsame technische Basis zur Einführung des ERA gegeben. „Es war einfach niemand mehr in den Unternehmen, der sich damit auskannte, der wusste, wie ein Arbeitsplatz beschrieben wird oder wie er dann eingruppiert wird. Da gab es niemanden mehr."

Die Befragten geben zu bedenken, dass die IG Metall zu technisch vorgegangen wäre bzw. ihre Mitglieder zu technisch auf die gemeinsame Zusammenarbeit zwischen den Betriebsparteien vorbereitet hätte. Man sei davon ausgegangen, dass sich beide Seiten an einen Tisch setzten und gemeinsam eine Stellenbeschreibung erarbeiten würden, dies sei in der Realität meist nicht der Fall gewesen. Die tariflichen Niveaubeispiele wurden unterschiedlich zu Rate gezogen; während sie für die Gewerkschaft lediglich ein Hilfsmittel gewesen wären, wären die Arbeitgeber davon ausgegangen, 85% der Stellen im Unternehmen damit abbilden zu können. „Wir haben unsere Leute, glaube ich, einfach auch nicht immer gut vorbereitet. Wir sind wirklich davon ausgegangen, dass man sich gemeinsam hinsetzt und das macht. Auf die Spielchen der Arbeitgeber waren unsere Leute nicht immer vorbereitet."

Grundsätzlich gehen die Befragten davon aus, dass der Flächentarifvertrag durch ERA gestärkt wurde.

Für die betriebliche Umsetzung haben die wirtschaftliche Situation, die Fachkenntnis der Personen und die Mitnahme bzw. Information der Arbeitnehmer eine wichtige Rolle gespielt. Die Wertschätzung der Belegschaft sei durch ERA verbessert worden, da ERA von allen Personen im Unternehmen getragen werde.

6.2 Befunde der Unternehmen

Zunächst werden die Interviews mit den Betriebsparteien unabhängig voneinander ausgewertet. Ziel dieser Auswertung ist es, die einzelnen Interaktionsmodi vor, während und nach ERA herauszufinden. Anschließend werden die getrennten Ergebnisse aus den Interviews mit Betriebsräten und Management in einem Unternehmen zu einem Unternehmensergebnis verdichtet.

6.2.1 Unternehmen U01

Unternehmen U01 ist ein Tochterunternehmen eines Stahlherstellers. Insgesamt werden an mehreren Standorten über 2.000 Mitarbeiter beschäftigt. ERA wurde in U01 zum 01.01.2009 eingeführt.

Auswertung des Gesprächs mit Vertretern des Managements (U01A)[155]

Die Zusammenarbeit zwischen den Betriebsparteien wird vor der ERA-Einführung als sehr gut beschrieben, sie sei besonders durch die Montanmitbestimmung positiv beeinflusst. Im Unternehmen U01 gibt es einen Arbeitsdirektor, der von Vertretern des Managements und des Betriebsrates gemeinsam gewählt wird.

Die unterschiedlichen Interessen von Arbeitgebern und Arbeitnehmern werden aus Sicht der Arbeitgebervertretung von beiden Seiten anerkannt. Bei unterschiedlichen Meinungen kommt es in der Regel zu einem Kompromiss. „Letztlich ist das Ziel immer identisch, wir streiten uns nur über den Weg dorthin." Die Befragten geben an, dass die Personalabteilung für Verhandlungen häufig Lösungsvorschläge vorbereitet, die dann im Betriebsratsgremium besprochen werden. Teilweise werden Informationen zunächst zurückgehalten, um in den Abschlussverhandlungen etwas dazugeben zu können. Die

---

[155] Das Gespräch wurde mit zwei Mitarbeitern einer Unterabteilung des Bereichs Personal geführt; sie ist für den Abschluss von Betriebsvereinbarungen, strategischen Entscheidungen und die ERA-Einführung verantwortlich. Beide Gesprächspartner sind schon lange im Unternehmen und haben an der Umsetzung des neuen Tarifwerkes mitgewirkt.

Ursache dieses Vorgehens ist nach Meinung der Befragten darin zu finden, dass der Betriebsrat sich bei Verhandlungen gegenüber seinen Wählern rechtfertigen muss; dafür zeigen beide Verständnis. „Wir als Arbeitswirtschaft erarbeiten einen Vorschlag. Da wir jedoch wissen, dass dieser nicht ohne Verhandlungen angenommen wird, bleiben wir bei unserem Lösungsvorschlag immer etwas hinter unserem Ziel zurück, um eine gute Verhandlungsbasis zu haben. Eigentlich ist das schade." Machtmittel werden nach Aussage der Vertreter der Personalabteilung nur selten eingesetzt, während es häufig in einem Konfliktfall zu Kompensationsgeschäften kommt, um für beide Seiten einen Ausgleich zu schaffen. Der Gang nach außen, d.h. zu einer Schiedsstelle, ist bisher noch nicht vorkommen.

Grundsätzlich wird von allen Betriebsparteien großer Wert auf eine offene Kommunikation und eine vertrauensvolle Zusammenarbeit gelegt. Weiterhin finden regelmäßige Treffen zwischen Betriebsrat und Management statt, wichtige Entscheidungen werden in einem Vier-Augen-Gespräch vorbereitet. Die Vertreter des Managements bezeichnen den Betriebsrat teilweise als Co-Manager. Der Betriebsratsvorsitzende wird von den Befragten als „Mann, der es auch schon mal schafft, ein ganzes Unternehmen lahm zu legen" bezeichnet. Die beiden Betriebsratsvorsitzenden an den Standorten werden als Persönlichkeiten von den Mitarbeitern der Personalabteilung, aber auch vom Management akzeptiert. „Herr S. schlägt mit dem Säbel zu und macht alles kurz und klein, Herr E. ist eher mit dem Florett unterwegs. Er sticht einmal zu, trifft aber dann ins Herz.".

Die Belegschaft wird nicht einseitig beeinflusst. Aufgrund des in der Vergangenheit erwachsenen Anspruchsdenkens der Mitarbeiter in Unternehmen U01 sei dies nach Aussage der Befragten auch nicht möglich.

Der Kontakt zu den Verbänden wird als gut beschrieben. Gute Kontakte bestehen auch von Arbeitgeberseite zur IG Metall, da beide Betriebsratsvorsitzende der Standorte Bevollmächtigte der IG Metall sind. Die IG Metall ist seit mehreren Jahren im Unternehmen vertreten, was man akzeptiere. In der Vergangenheit sei man aber auch immer gut ohne die Gewerkschaft ausgekommen. Der Arbeitgeberverband wird bei juristischen Schwierigkeiten hinzugezogen.

Die Beziehung zwischen Management und Betriebsrat vor ERA unterlag keinen Spannungen oder schwierigen politischen Entscheidungen. Die wirtschaftliche Situation des Unternehmens vor der Einführung des neuen Tarifvertrages war sehr gut, was u.a. auch an einer sehr guten Auslastung der Produktion ersichtlich gewesen wäre.

Das Interaktionsmuster aus Sicht des Managements ist vor der ERA-Einführung von folgenden Punkten gekennzeichnet: gegenseitige Anerkennung der unterschiedlichen Interessen, Verhandlungen auf Augenhöhe, Kompromiss bei unterschiedlichen Meinungen (Herstellung einer Win-Win-Situation durch Kompensationsgeschäfte), regelmäßige Treffen zwischen den Betriebsparteien, keine einseitige Beeinflussung der Belegschaft, gute Zusammenarbeit mit den Verbänden. Der Interaktionsmodus vor ERA kann damit aus Sicht des Managements als eine interessenbezogene Kooperation bezeichnet werden.

Auch während der ERA - Einführung hat sich die Zusammenarbeit der Betriebsparteien nicht wesentlich verändert. Gemeinsames Ziel der Gruppen sei eine für das Unternehmen gute Umsetzung des neuen Tarifvertrages gewesen.

Ziel der Arbeitgeberseite war eine möglichst nahe Eingruppierung der Mitarbeiter am Tarifvertrag; damit sollte jedoch kein Sparprogramm umgesetzt werden. Aufgrund der guten wirtschaftlichen Situation sollte das eingesparte Entgelt in einem nächsten Schritt in Form von Zulagen wieder an die Mitarbeiter fließen. „Beim U01 wurde schon immer gut bezahlt."

Zu berücksichtigen hatten die ERA umsetzenden Personen außerdem die Vorgabe der Geschäftsführung, keine Unruhe im Unternehmen aufkommen zu lassen. Diese Basis war auch dem Betriebsrat bekannt, jedoch versuchte er zu keinem Zeitpunkt im Einführungsprozess die Personaler damit zu erpressen.

Ausgangslage war eine zu hohe Eingruppierung der angestellten Mitarbeiter aufgrund eines veralteten Systems, das zudem für die Bankenbranche gedacht war.[156] Die gewerblichen Mitarbeiter waren tendenziell zu gering eingruppiert.

Nach Ansicht der befragten Personaler bestand das Ziel des Betriebsrates zunächst in einer Regelüberführung, die man jedoch nicht mitgetragen hätte. „Darauf haben wir uns nicht eingelassen. Das hätte nur Schwierigkeiten im Nachgang gegeben."

Teilweise veraltete Arbeitsplatzbeschreibungen waren vor der ERA-Einführung ausschließlich für die gewerblichen Mitarbeiter vorhanden. Aus diesem Grund waren alle Vorgesetzten aufgefordert, neue Arbeitsplatzbeschreibungen als Grundlage zur späteren Eingruppierung anzufertigen.

Zunächst war es gemeinsames Ziel der Betriebsparteien, diese

---

[156] Die damalige Entgeltsystematik wurde von einer Tochtergesellschaft der Commerzbank entwickelt und diente zunächst der Entlohnung von Führungskräften. U01 hat diese Systematik erweitert und auch für den Tarifbereich genutzt. Basis war der Tarifvertrag der M+E Industrie.

Arbeitsplatzbeschreibungen gemeinsam den tariflichen Entgeltgruppen zuzuordnen. Dieses Vorhaben scheiterte jedoch an den unterschiedlichen Zielsetzungen. Das Scheitern der gemeinsamen Eingruppierung der Arbeitsplatzbeschreibungen war nach Aussage der Befragten der Tiefpunkt der ERA – Einführung. Hier sei ein „Knistern" zu hören gewesen. Die möglicherweise von einer Person beeinflusste Zusammenarbeit wurde hier über einen längeren Zeitraum als wenig positiv beschrieben. „Nachdem diese Person dann nicht mehr im Projekt miteinbezogen war, lief es wesentlich besser."

Um einen Kompromiss zu finden, wurden die Arbeitsplatzbeschreibungen für den kleineren Standort seitens des Arbeitgebers geliefert und mögliche Zulagen errechnet. Diese Strategie wurde auf den größeren Standort übertragen. Mit diesem Vorgehen und dem so erreichten Vorschlag zeigte sich der Betriebsrat einverstanden, so dass die Zusammenarbeit wieder als positiv wahrgenommen wurde.

Grundsätzlich wird das ERA-Ergebnis seitens der befragten Personen als gut bezeichnet. Die Eingruppierungen orientieren sich sehr stark am Tarifvertrag, was für zukünftige Personalentscheidungen wichtig ist. Außerdem habe man ein in einem Haustarifvertrag fixiertes Zulagensystem geschaffen, das von beiden Tarifvertragsparteien akzeptiert wurde, und auch weil es nicht mehr als gestrichen werden kann.[157]

Als wichtig beschrieben wird auch, dass aufgrund der ERA-Einführung alle Mitarbeiter eine jährliche Leistungsbeurteilung erhalten (=Leistungsentgelt).

Die Kostenneutralität von 2,79% wurde auch seitens des Arbeitgebers akzeptiert und umgesetzt, obwohl dieser Prozentsatz nicht ganz ausgeschöpft wurde.

An Schulungen des Arbeitgeberverbandes haben die betroffenen Mitarbeiter der Personalabteilung teilgenommen, um auch in den Erfahrungsaustausch mit anderen Unternehmen treten zu können.

Die ERA-Einführungsstrategie des Arbeitgeberverbandes bezeichnen beide als eine Art „Überfallstrategie", der man nicht gefolgt sei, auch um die Zusammenarbeit mit dem Betriebsrat nicht zu gefährden.

Auch während der ERA - Einführung zeichnet sich eine interessenbezogene Kooperation ab. Beide Betriebsparteien sind an einer für beide Seiten tragbaren Umsetzung des Tarifvertrages interessiert. Es wird versucht, einen Kompromiss zu finden, was auch durch

---

[157] Die Zulagen wurden in einem Haustarifvertrag fixiert, dem ebenfalls die Tarifvertragsparteien zugestimmt haben.

eine enge Zusammenarbeit erreicht wird.

Die Zusammenarbeit der Betriebsparteien habe sich durch ERA noch einmal verbessert. ERA habe auch den gegenseitigen Respekt voreinander verstärkt, so die Meinung der befragten Vertreter der Personalabteilung. Der Betriebsrat habe insbesondere den Weg zu den Angestellten gefunden, was sich in der aktuellen Situation als vorteilhaft erwies. [158]

Da das Unternehmen Teil eines weltweit tätigen Konzerns ist, besteht seitens der Konzernmutter der Wunsch, diverse Funktionen zu zentralisieren (z.B. Vertrieb, Logistik usw.); gemeinsam mit dem Betriebsrat versucht das Management des Unternehmens, diese Funktionen am Standort zu erhalten. „Herr S. würde es sogar schaffen, mit allen Mitarbeitern zur Zentrale zu fahren und dort zu demonstrieren. Wenn da nur ein paar Angestellte rumlaufen, interessiert das keinen, Herr S. würde aber die gesamte Zentrale lahm legen."

Auswertung des Gesprächs mit Vertretern des Betriebsrates (U01a)[159]

Die Zusammenarbeit zwischen Betriebsrat und Management vor Einführung des ERA wird von beiden befragten Betriebsräten als gut beschrieben. Sie führen dies auf einen gemeinsamen Personalvorstand zurück, der ebenfalls gemeinsam von Management und Betriebsrat gewählt wird.

„Gut, das liegt auch in der Kultur hier bei uns. (...) Man kann annehmen, dass, wenn man gemeinsam den Menschen aussucht, der einen begleiten soll, dass man dann auch eine gute Zusammenarbeit leisten will. Das war aber schon immer hier so."

Auch eine Konfliktlösung vor einem Arbeitsgericht oder einer Schiedsstelle ist nicht bekannt. Bei verhärteten Fronten wird eine Lösung in einem gemeinsamen Gespräch der Betriebsparteien mit dem Arbeitsdirektor gesucht und gefunden. Nahezu alle Sachverhalte, die den Betriebsrat oder die Belegschaft mitbetreffen, werden vorab von der Personalabteilung mit dem Betriebsrat besprochen. Es finden regelmäßige Treffen zwischen Management und Betriebsrat statt; weiterhin suchen Teamleiter die Zusammenarbeit des Betriebsrates in Problemsituationen. „Und auch Teamleiter usw. wenn die Probleme haben, was ins Gremium gehört, kommen die zunächst einmal hierhin und sagen: Hier ich hab ein Problem, wie kann ich das machen?"

---

[158] Der Mutterkonzern des Unternehmens versuchte strategische Entscheidungen und Unternehmensteile zu zentralisieren, womit auch der Verlust von Arbeitsplätzen am Standort verbunden ist.

[159] Das Gespräch wurde mit zwei freigestellten Betriebsratsmitgliedern geführt. Beide Gesprächspartner gehören schon seit mehreren Wahlperioden zum Gremium; bei den Befragten handelt es sich zum einen um den Vorsitzenden des Betriebsrates am Standort und um ein freigestelltes Betriebsratsmitglied, das u.a. im ERA - Ausschuss tätig ist.

Die unterschiedlichen Interessen von Arbeitgebern und Arbeitnehmern werden von beiden Seiten anerkannt und akzeptiert. Die befragten Betriebsratsmitglieder geben an, dass es vom Sachverhalt abhängig ist, welche Seite als Pace-Setter auftritt. Eine pauschale Aussage dazu ist nicht möglich. Man lege auch von Seiten des Betriebsrates großen Wert auf eine vertrauensvolle Zusammenarbeit, wie sie das Betriebsverfassungsgesetz vorsieht. Der Betriebsrat selbst beschreibt sich als Co-Management; um diesen Sachverhalt zu verdeutlichen, wurde im Jahr 2002 eine Broschüre veröffentlicht, die die Arbeit des Betriebsrates in der vorangegangenen Wahlperiode beschrieb. Die IG Metall war damals mit diesem Begriff nicht einverstanden, so die Aussage der Befragten. Man vermutete Kumpanei mit der Arbeitgeberseite, heute hat sich die Einstellung dazu verändert.

Über 85% der Arbeitnehmer von U01 sind in der Gewerkschaft organisiert, darunter befindet sich seit der ERA-Einführung auch eine hohe Anzahl von Angestellten, die vor der Einführung des neuen Tarifvertrages keinen Kontakt zur Gewerkschaft hatten. Diese große Zahl an IG Metall-Mitgliedern wird seitens des Betriebsrats zur Interessendurchsetzung in Konfliktfällen genutzt. „(...) Hier bei uns sind das 2.400 Mitarbeiter.", unterstreicht Betriebsrat B. auf die Frage nach genutzten Machtmitteln.

Die Zusammenarbeit mit den Verbänden bezeichnen die befragten Personen als sehr gut. Zwar bestehen enge persönliche Kontakte zur örtlichen IG Metall, grundsätzlich wird die eigene Arbeit jedoch als so stark bezeichnet, dass man auf deren Unterstützung häufig verzichten könne. „Ja, die Zusammenarbeit mit der IG Metall ist gut, das kann man so sehen. Obwohl wir selten die IG Metall hier sehen. Das ist nicht abwertend gemeint. Wir arbeiten gut zusammen, sehr gut sogar, aber wir sind so stark, da wir vieles auch selbst hinbekommen."

Die Zusammenarbeit zwischen Betriebsrat und Management kann vor der ERA - Einführung aufgrund der Aussagen der befragten Betriebsräte als interessenbezogene Kooperation verstanden werden. Lediglich die Beziehung zur Gewerkschaft weicht von diesem Interaktionsmuster ab. Der Betriebsrat sieht sich nicht als verlängerten Arm der Gewerkschaft im Unternehmen, sondern als eigenständigen Arbeitnehmervertreter, der selbständig agieren kann. Dieses Verhältnis weist eine Tendenz zur integrationsorientieren Kooperation auf.

Die wirtschaftliche Situation des Unternehmens vor der ERA - Einführung wird als gut beschrieben. Aufgrund einer Mitarbeiterbeteiligung ist die wirtschaftliche Lage des Unternehmens für jeden einzelnen Arbeitnehmer erkennbar. „Auch die schlechten Jahre sind bei uns nicht rot."

Hauptanliegen des Betriebsrates bei der Umsetzung des neuen Tarifvertrages war das Erhalten der Entgeltsumme im Unternehmen, plus eine Steigerung von 2,79%, wie es ERA vorsieht; eine Minusrunde für die Mitarbeiter sollte vermieden werden. „Die Hauptstrategie war, dass wir keine Minusrunde fahren, dass wir genau mit dem Andenken rauskommen, das ERA vorsah.(...) Und das war unsere Hauptstrategie zu sagen: gut wir verteilen um, wir verteilen neu, wir verteilen anders, aber wir verteilen das, was wir zu verteilen haben, nämlich das, was wir jetzt haben, plus 2,79%."

Die Steigerung der vorhandenen Entgeltsumme um den genannten Prozentsatz wurde als Kostenneutralität von der Arbeitgeberseite anerkannt und akzeptiert. Strategie des Arbeitgeberverbandes war es, nach Einschätzung der Befragten, ERA so kostengünstig wie möglich in den Unternehmen umzusetzen, wogegen die IG Metall versuchen wollte, ERA so teuer wie möglich einzuführen.

Da Herr S. auch Mitglied der Tarifkommission ist, hat er sehr schnell gesehen, dass eine 1:1 - Übertragung von ERA auf U01 zu Schwierigkeiten führen würde. Hauptgrund dafür ist, dass U01 seine Mitarbeiter immer gut, d.h. über dem Tarif bezahlt habe. Aus diesem Grund habe man ganz bewusst die im Tarifvertrag vorgesehene Strukturkomponente einbehalten und zurückgestellt, um zu einem späteren Zeitpunkt ausreichend Geld zur Verfügung zu haben. „Also, ich habe in der Kommission sofort gesehen, was wenn man ERA überträgt auf uns, was das für ein Problem geben wird. Wir waren weit weg vom Tarif (Anm. höher als der Tarif), weit, weit weg vom Tarif."

Arbeitsplatzbeschreibungen waren vor der ERA - Einführung nur bedingt im Unternehmen vorhanden. Sie mussten teilweise neu erstellt oder überarbeitet werden. Seitens des Betriebsrates wurde großer Wert auf ihre genaue Erstellung gelegt. Jede Gelegenheit wurde genutzt, um den Mitarbeitern ihre Bedeutung nahe zu bringen. Aus diesem Grund, und auch weil den Betriebsratsmitgliedern viele Arbeitsplätze im Unternehmen bekannt waren, sei man am Ende sehr sicher gewesen, dass die vorliegenden Beschreibungen den Arbeitsplätzen entsprach.

Geplant war zunächst eine gemeinsame Eingruppierung der Arbeitsplatzbeschreibungen durch den Arbeitgeber und den Betriebsrat. Dies sei jedoch aufgrund des hohen

Aufwandes nicht möglich gewesen, so dass man sich darauf geeinigt habe, dass der Arbeitgeber die Eingruppierung alleine durchführt und das Ergebnis dem Betriebsrat präsentiert.

Im Angestelltenbereich kam es nach der neuen Eingruppierung zu einer hohen Anzahl an ERA-Verlierern. Durch eine verbesserte Absicherung habe jedoch kein Mitarbeiter wirklich Geld verloren. In den Verhandlungen mit der Arbeitgeberseite ist es dem Betriebsrat gelungen, Entgelte tariflich abzusichern, so dass diese vom Arbeitgeber nicht in Form einer freiwilligen tariflichen Zulage gekürzt werden können. Insgesamt gab es ein ziemlich ausgeglichenes Verhältnis an Gewinnern und Verlierern (60/40).

Über den gesamten ERA - Einführungszeitraum wird die Zusammenarbeit zwischen Betriebsrat und Management als gut beschrieben. Es sei nicht zu Differenzen gekommen, die nicht lösbar gewesen wären.

Die Zusammenarbeit zwischen Betriebsrat und Management kann auch während der ERA-Einführung als interessenbezogene Kooperation verstanden werden. Betriebsrat und Arbeitgeber versuchen gemeinsam eine für das Unternehmen tragbaren Lösung zu finden. Es wird jedoch auch während der ERA - Einführung deutlich, dass der Betriebsrat die Einflussnahme der Gewerkschaft im Unternehmen beschränkt. Es werden eigene Wege beschritten, um die im Unternehmen vorhandenen Entgelte zu sichern.

Nach der ERA-Einführung hat sich an der Art und Weise der Zusammenarbeit der Betriebsparteien nichts geändert. „Kein Unterschied erkennbar." Es finden weiterhin regelmäßige Treffen, auch zum Thema ERA, statt. Der Betriebsrat geht davon aus, dass das neue Tarifsystem in den kommenden Jahren wieder beginnen wird zu wachsen, so dass neuer Wildwuchs entsteht. Aufgrund von ERA wurde seitens der Tarifvertragsparteien ein transparentes Entgeltsystem geschaffen, das die Arbeit des Betriebsrates auch bei Neueinstellungen oder Umgruppierungen vereinfache.

Zusammenführung der Ergebnisse von Management und Betriebsrat

Bei den Aussagen der Vertreter von Betriebsrat und Management über die Zusammenarbeit der Betriebsparteien vor der ERA - Einführung sind keine nennenswerten Abweichungen zu erkennen.

Beide Parteien berichten von einer vertrauensvollen Zusammenarbeit, die von offener Kommunikation insgesamt und regelmäßigen Treffen im Besonderen geprägt ist. Die Vertreter der befragten Personalabteilung geben an, den Betriebsrat in allen relevanten Entscheidungen frühzeitig zu informieren, dieses Vorgehen wird vom Betriebsrat bestätigt. Eine Abweichung ist in den vom Betriebsrat eingesetzten Machtmitteln zu verzeichnen. Während der Betriebsrat angibt, die Belegschaft in Konfliktsituation zu aktivieren, wird seitens der Personalabteilung der Weg zum Personalvorstand und dabei vorbei an der Personalabteilung angegeben. Auf die Beziehung zwischen den Betriebsparteien hat dies jedoch keine Auswirkungen.

Die Zusammenarbeit wird seitens der Personalverantwortlichen teilweise als Co-Management bezeichnet; diese Einschätzung wird von den befragten Betriebsräten bestätigt.

Die Zusammenarbeit bzw. der Kontakt zu den Verbänden werden von den Befragten tendenziell unterschiedlich gesehen. Der Kontakt zur Gewerkschaft wird von den Personalern als gut angesehen. Der Betriebsrat verneint dieses Urteil nicht, legt jedoch großen Wert auf die Eigenständigkeit des Betriebsrates im Unternehmen, obwohl personelle Verknüpfungen bestehen.

Die Aussagen der Betriebsparteien sind auch im Zeitraum der ERA - Einführung deckungsgleich. Lediglich der Zeitpunkt des Scheiterns der gemeinsamen Eingruppierung der Arbeitsplatzbeschreibungen wird unterschiedlich gewertet. Während dies als Tiefpunkt des Einführungsprozesses von der Personalabteilung gewertet wird, wird dies von den Betriebsräten im Gespräch nur kurz berührt. Beide Seiten sind sich auch darin einig, dass die Zusammenarbeit nach einer gemeinsamen Kompromissfindung wieder positiv verlaufen ist. Beide sind an einer guten ERA - Einführung interessiert und arbeiten auf dieses gemeinsame Ziel hin. Dass dabei die Strategien unterschiedlich gewählt werden, wird von allen Beteiligten akzeptiert und anerkannt. Auch die Geschäftsführung bzw. in diesem Fall die Vorstandsführung legt großen Wert auf eine gute Umsetzung des neuen Tarifwerks. Dieser Sachverhalt wird durch die Anweisung an die operative Umsetzung deutlich, keine Unruhe im Unternehmen aufkommen zu lassen.

Dieser Gesamteindruck ändert sich auch nach der Einführung des Entgeltrahmenabkommens im Unternehmen nicht. Beide Parteien beschreiben die Zusammenarbeit weiter als positiv für sich und für das Unternehmen. Änderungen zur

Zusammenarbeit vor ERA ergeben sich nicht. Der Zugang zu den angestellten Bereichen im Unternehmen ist für den Betriebsrat aufgrund ERA einfacher geworden, welches bei den durch die Konzernmutter geplanten Zentralisierungen mit einem Arbeitsplatzabbau vor Ort hilfreich sein kann. Dieser Tatbestand wird auch von den befragten Unternehmensvertretern anerkannt und nicht negativ gewertet.

19. Tab.: Übersicht Interaktionsmuster in Unternehmen U01

	Vor ERA	Während ERA	Nach ERA
Management	Interessenbezogene Kooperation	Interessenbezogene Kooperation	Interessenbezogene Kooperation
Betriebsrat	Interessenbezogene Kooperation mit Tendenz zur integrationsorientierten Kooperation	Interessenbezogene Kooperation mit Tendenz zur integrationsorientierten Kooperation	Interessenbezogene Kooperation mit Tendenz zur integrationsorientierten Kooperation
Gesamteindruck	Interessenbezogene Kooperation	Interessenbezogene Kooperation	Interessenbezogene Kooperation

6.2.2 Unternehmen U02

Unternehmen U02 wurde Anfang des 20. Jahrhundert gegründet. Die Unternehmensgruppe entwickelt, produziert an mehreren Standorten und vertreibt weltweit Maschinen.

Die ERA-Einführung wurde bereits mehrmals verschoben. Zum Zeitpunkt der Befragung befindet sich das Unternehmen im Einführungsprozess; der Tarifvertrag soll am 01.04.2011 eingeführt sein[160], es sind ca. 650 Arbeitnehmer am Standort beschäftigt. Aufgrund der Vorarbeit aus der vorangegangenen geplanten Einführung befindet sich der Prozess in der Endphase.

Auswertung des Gesprächs mit Vertretern des Managements (U02A)[161]

Die Zusammenarbeit vor der ERA wird seitens der Personalabteilung bzw. des Managements grundsätzlich als kooperativ bezeichnet. Zwar sei man nicht in allen Punkten immer gleicher Meinung, jedoch sei es Ziel der Zusammenarbeit, einen Kompromiss zu finden, mit dem beide Seiten zufrieden sind. Die unterschiedlichen

---

[160] Nach Rücksprache mit der befragten Betriebsrätin am 21.07.2011 hat das Unternehmen ERA zum vorgesehen Zeitpunkt eingeführt.
[161] Gesprächspartner war der Personalleiter des Unternehmens. Er verließ das Unternehmen im Herbst 2010.

Interessen von Arbeitgeber und Betriebsrat werden nach Auffassung des Personalleiters von beiden Seiten anerkannt. „Die Arbeit ist kooperativ. In der Sache sind wir zum Teil unterschiedlicher Auffassung, aber ich kenne Schlimmeres. Hier ist noch ein Miteinander und ein gemeinsames Ziel, sprich der Erhalt der Arbeitsplätze."

Pace-Setter ist in U02A der Arbeitgeber, der seine Auffassung mit der Aussage begründet, dass letztlich auch der Betriebsrat vom Arbeitgeber bezahlt werde. „Der Arbeitgeber ist immer in der stärkeren Position. Vom Grundsatz her, unterem Strich, bezahlt auch der Arbeitgeber den Betriebsrat."

Trotz der angespannten wirtschaftlichen Situation hält das Unternehmen an der ERA-Einführung fest. Es sei wichtig, die tarifvertragliche Regelung umzusetzen, nicht nur, weil der Tarifvertrag dies verlangt, sondern auch, um auch nach der Krise mit anderen Arbeitgebern um die qualifizierten Arbeitskräfte am lokalen Arbeitsmarkt konkurrieren zu können. Im Mittelpunkt der Zusammenarbeit der Betriebsparteien steht jedoch aktuell die Sicherung der Arbeitsplätze im Unternehmen; aus diesem Grund hat sich die Einführung immer wieder verschoben.

Machtmittel werden in der Zusammenarbeit üblicherweise nicht eingesetzt, da man vielmehr auf Kompensationsgeschäfte setzt. In seltenen Fällen versucht der Betriebsrat die Personalabteilung zu umgehen, indem er den direkten Kontakt zum Vorstand sucht. Diese Vorgehen wird seitens des Vorstandes jedoch abgelehnt. „Also, wenn ich beim Hänschen nicht erfolgreich bin, dann geh ich zum Hans. Und das macht der Betriebsrat hier und da auch. Der Vorstand geht da ganz selten drauf ein. Wir ziehen arbeitgeberseitig an einem Strang und lassen uns nicht auseinanderbringen."

Die Belegschaft unterliegt keiner Beeinflussung, vielmehr versuchen Arbeitnehmervertretung und Arbeitgeber die entsprechenden Argumente gleichermaßen zu platzieren.

Beide Betriebsparteien arbeiten je nach Themenstellung mit den Interessenverbänden zusammen. Der Personalleiter betont jedoch, dass der Betriebsrat nicht dem Diktat der Gewerkschaft unterliegt. „Unser Betriebsrat macht nicht alles, was die IG Metall will, also die haben durchaus ihre eigene Meinung."

Das Interaktionsmuster der Zusammenarbeit ist seitens des Managements bzw. der Personalabteilung von folgenden Schwerpunkten geprägt:

a) Suche nach einem für beide Seiten tragbaren Kompromiss in Konfliktsituationen,

b) regelmäßige Treffen der Betriebsparteien und Vier – Augen – Gespräche,

c) eingeschränkte Zusammenarbeit mit den Verbänden. Damit kann die Zusammenarbeit der Betriebsparteien vor ERA als interessenbezogene Kooperation bezeichnet werden.

Das Unternehmen befindet sich gerade im vierten Anlauf zur Umsetzung des neuen Tarifvertrages. Ursprünglich war geplant, ERA zum frühestmöglichen Zeitpunkt im Unternehmen einzuführen. Aufgrund der Verhandlungen und der Einführung eines Haustarifvertrages wurde ERA auf den 01.01.2010 verschoben. Die Umsetzung des ERA war zu diesem Zeitpunkt nach Aussage des Personalleiters sehr weit fortgeschritten; da alle Planstellen bereits identifiziert und zu 90% eingruppiert waren. Die Eingruppierungen wurden den Mitarbeitern vorab mündlich mitgeteilt, während eine schriftliche Mitteilung an die Mitarbeiter aufgrund der grundlegenden Umstrukturierung im Unternehmen unterblieb. Man einigte sich mit dem Betriebsrat darauf, die Einführung zu verschieben, um die Mitarbeiter nicht zusätzlich zu verunsichern. Da die Abwicklung der Umstrukturierung und der damit verbundene Mitarbeiterabbau sehr zeitaufwendig und schwierig sind bzw. waren, wurde ERA dann wiederum auf den 01.07.2010 verschoben. Da zum Zeitpunkt der Befragung bereits absehbar war, dass auch dieser Termin nicht eingehalten werden konnte, wurde die Umsetzung auf den 01.10.2010 verlegt. Nach aktuellen Informationen soll eine Umsetzung nun zum 01.04.2011 stattgefunden haben. „Dann haben der Betriebsrat und wir uns Gedanken gemacht; macht es überhaupt Sinn in einer solchen Restrukturierung den verbleibenden Mitarbeitern jetzt die ERA Eingruppierung mitzuteilen, während die anderen sich im Ablauf der Kündigungsfrist befinden? Dann fragen die ja, wir bekommen jetzt ja nicht mal mehr das. Wir wollten diese Unruhe nicht, wir gemeinsam, und dann haben wir das gelassen."

Planstellen waren vor ERA im Unternehmen nicht einheitlich beschrieben und identifiziert. Die Stellenbeschreibung lag in der Hand der Abteilungen. Zwar lag die Beschreibung der Stellen für die ERA - Einführung weiterhin in der Hand der Abteilungsvorgesetzten, allerdings wurden nun einheitliche Regelungen und ein einheitlicher Sprachgebrauch zur Vorgabe gemacht, um im weiteren Verlauf eine ordnungsgemäße Eingruppierung gewährleisten zu können. Grundlage der Stellenbeschreibungen waren die tariflichen Niveaubeispiele. „Wir haben dieses Wording aus den Niveaubeispielen aufgegriffen, (…), d.h wir haben uns schon an dem Tarifvertrag und den Niveaubeispielen orientiert."

Unterstützung seitens der Interessenverbände fand nach Aussage des Personalleiters nur in einem geringen Maße statt. Die Betriebsräte nahmen an einer eintägigen Schulung der IG Metall teil, während sich die Verantwortlichen in der Personalabteilung das Fachwissen größtenteils für sich individuell aneigneten. Teilweise fanden sogar gemeinsame Schulungen der Betriebsparteien beim Arbeitgeberverband statt.

Nachdem die Stellenbeschreibungen seitens der Personalabteilung eingruppiert waren, wurden diese ohne Eingruppierung an den Betriebsrat weitergegeben. Als dieser seinerseits eine Eingruppierung vorgenommen hatte, wurden die divergierenden Ergebnisse der Betriebsparteien verhandelt. Konnte keine Einigung erzielt werden, wurde der entsprechende Vorgesetzte mit in die Verhandlungen miteinbezogen, so dass letztlich ein gemeinsames Ergebnis zustande kam. „Ja, dann haben wir den Meister mit dazu genommen und mit denen die Gespräch geführt. (…) Letztendlich hat man dann immer eine Lösung gefunden, aber nicht so, dass wir immer nachgegeben haben."

Das Management verfolgt trotz einer schlechten wirtschaftlichen Lage keine Strategie der Kostensenkung mit der Einführung des neuen Tarifvertrages. Vielmehr soll eine Entgeltgerechtigkeit im Unternehmen hergestellt und Falscheingruppierungen korrigiert werden.

Die tarifliche Kostenneutralität von 2,79% wurde von beiden Seiten anerkannt.

Eine vom Betriebsrat vorgeschlagene Regelüberführung hat das Management abgelehnt.

Auch während des noch nicht abgeschlossenen ERA - Einführungsprozesses kann von einer interessenbezogenen Kooperation als Interaktionsmodus aus Sicht des Managements ausgegangen werden. Beide Seiten versuchen, einen gemeinsamen Kompromiss zu finden, um die Arbeitsplätze der Arbeitnehmer zu sichern und der Umsetzung der tariflichen Erfordernisse gerecht zu werden. Der Personalleiter des Unternehmens betont, dass die Betriebsparteien in den letzten Jahren verstärkt zu einer Zusammenarbeit gezwungen wurden, die beide Seiten näher zueinander gebracht hat (fünfmal wurden in neun Jahren Sozialpläne mit Interessensausgleich erstellt). Diese eingespielte Zusammenarbeit kommt dabei auch der Einführung von ERA zugute.

Da ERA aktuell im Unternehmen noch nicht eingeführt und abgeschlossen ist, können keine Aussagen zu einer Zusammenarbeit nach ERA getroffen werden. Aus den Aussagen des befragten Personalleiters geht jedoch hervor, dass aus seiner Sicht nicht mit einer

Verhaltensänderung der Betriebsparteien zu rechnen ist.

Auswertung des Gesprächs mit Vertretern des Betriebsrates (U02a) [162]

Die Zusammenarbeit der Betriebsparteien vor und während des ERA - Einführungsprozesses wird seitens der befragten Betriebsrätin als sehr konstruktiv und gut beschrieben. Aufgrund der Situation, in der sich das Unternehmen aktuell befindet, sei keine andere Form des Vorgehens der Betriebsparteien zielführend. Streitigkeiten ergeben sich aus der Sache, nicht aber aus persönlichen Gründen. Die unterschiedlichen Interessen werden von beiden Seiten anerkannt. Regelmäßige Treffen zwischen Betriebsrat und Management bzw. Personalabteilung finden statt, ebenso Vier – Augen – Gespräche.

Sie beschreibt sich und den Betriebsrat im Gesamten als nicht IG Metall - linientreu. Man mache sich eigene Gedanken und laufe nicht jedem politischen Aufruf hinterher. Die Gewerkschaft werde nur bei schwierigen Sachverhalten, wie bei der Verhandlung eines Sozialplanes, hinzugezogen.

Grundsätzliches Ziel der ERA - Einführung seitens des Betriebsrates war eine möglichst nahe Eingruppierung der Stellen im Unternehmen am Tarifvertrag. Das gleiche Ziel verfolgte nach Ansicht der Befragten auch die Arbeitgeberseite. Dazu sei ein offener und ehrlicher Umgang miteinander notwendig, der auch stattgefunden habe, so dass es letztlich zu einer Quergerechtigkeit bei den Eingruppierungen gekommen sei.

Die Kostenneutralität von 2,79% wird auch seitens des Betriebsrates akzeptiert, wobei keine Aussage getroffen werden kann, ob diese auch wirklich erreicht werde bzw. mit den bisher vorgenommenen Eingruppierungen erreicht wurde.

Als nicht freigestelltes Betriebsratsmitglied fehlt der Befragten u.U. der direkte Kontakt zur Personalabteilung und die Zeit, sich mit Sachverhalten genauer zu beschäftigen.

Sie geht nicht davon aus, dass sich die Zusammenarbeit nach ERA verändern wird.

Die befragte Betriebsrätin stellt die gemeinsamen Interessen und die Zusammenarbeit mit dem Management bzw. der Personalabteilung in den Fokus des Gesprächs. Es wird immer wieder beschrieben, wie die Betriebsparteien nach einer für beide Seiten tragbaren Lösung suchen. Dieses Vorgehen ist unabhängig vom Status der ERA - Einführung.

---

[162] Das Gespräch wurde mit einer nicht freigestellten Betriebsrätin des Unternehmens geführt. Sie ist Mitglied des ERA - Ausschusses und kennt daher die Vorgehensweise und Situation des Unternehmens.

Zusammenführung der Ergebnisse von Management und Betriebsrat

Die befragten Personen des Unternehmens betonen unabhängig voneinander eine interessenbezogene Kooperation während des gesamten ERA - Prozesses. Die Anerkennung der gemeinsamen Interessen und die Suche nach einem Kompromiss stehen im Vordergrund der Zusammenarbeit der Betriebsparteien. Ursache für die starke Suche nach einem gemeinsamen Ergebnis ist die schlechte wirtschaftliche Situation des Unternehmens und die damit verbundenen stetigen Personalanpassungsmaßnahmen. Von einer veränderten Zusammenarbeit nach ERA gehen beide Betriebsparteien nicht aus.

20. Tab.: Übersicht Interaktionsmuster in Unternehmen U02

	Vor ERA	Während ERA	Nach ERA
Management	Interessenbezogene Kooperation	Interessenbezogene Kooperation	offen
Betriebsrat	Interessenbezogene Kooperation	Interessenbezogene Kooperation	offen
Gesamteindruck	Interessenbezogene Kooperation	Interessenbezogene Kooperation	offen

6.2.3 Unternehmen U03

Unternehmen U03 ist Teil eines Automobilzulieferer. Am befragten Standort befinden sich eine große Produktionsstätte sowie ein Innovationscenter.

ERA wurde nach einer zweimaligen Verschiebung zum 01.01.2008 im Unternehmen eingeführt.

Auswertung des Gesprächs mit Vertretern des Managements (U03A)[163]

Das Betriebsratsgremium wurde im Mai 2010 von den Arbeitnehmern im Unternehmen neu gewählt (Betriebsratswahl). Von den vier freigestellten Betriebsratsmitgliedern, befindet sich lediglich ein Mitglied, das auch während der letzten Wahlperiode freigestellt war.

Der befragte Personalreferent bezeichnet diesen Wechsel als „Revolution der Belegschaft" gegen den alten Betriebsrat. Begründet wird dieser „Aufstand" u.a. mit ERA; die Wähler

---

[163] Das Gespräch wurde mit zwei Vertretern der Personalabteilung geführt; es nahmen der zuständige Personalreferent und der damalige Personalleiter teil. Der Personalleiter verließ das Unternehmen kurz nach der Befragung in den Ruhestand.

verlangten eine Überprüfung der ERA – Einführung, dies war jedoch nicht alleiniges Argument. „Ich würde das eher als Revolution bezeichnen, man kann das auch als Generationenwechsel sehen. Aber wenn man das richtig betrachtet, ist es eigentlich eine Revolution, ein Aufstand, wegen ERA gewesen."

Die Zusammenarbeit zwischen den Betriebsparteien vor ERA wird von den Personalern als kooperativ und unabhängig von Personen beschrieben. Eine Strategie der Nichtakzeptanz wurde seitens der Unternehmensleitung in der Vergangenheit nicht praktiziert, die Zusammenarbeit mit der Arbeitnehmervertretung sei notwendig. Insbesondere bei der Einführung neuer (oder unangenehmer) Sachverhalte, wie z.B. eines neuen Schichtsystems, sei der Betriebsrat wichtig, um die Stimmungen im Unternehmen zu bündeln. „Von der politischen Seite, also vom Unternehmen aus, ist es in der Vergangenheit immer Usus gewesen, auch mit dem Betriebsrat kooperativ zusammenzuarbeiten, unabhängig von den Personen."

Regelmäßige Treffen zwischen den Betriebsparteien finden statt; von ihnen kann nach Aussage der Befragten keine als regelmäßiger Pace-Setter angesehen werden, dies sei vielmehr von der Situation und dem Sachverhalt abhängig; gleiches kann für den Einsatz und die Höhe von Machtmitteln gesagt werden. Grundsätzlich wird eine Win-Win-Situation für die Betriebsparteien mit Hilfe sogenannter Kompensationsgeschäfte angestrebt. In der Vergangenheit wurden zur Erreichung dieses Zieles mit dem Betriebsratsvorsitzenden Vier-Augen-Gespräche geführt, in denen es hauptsächlich darum ging, einen möglichen Kompromiss abzuklären. Als problematisch beschreiben die Personaler, dass der bisherige Betriebsratsvorsitzende im Laufe der Zeit an Einfluss auf das Gremium verloren hat. „...so, und als Vorsitzender des Betriebsrates muss ich dann ja versuchen die ganzen Fraktionen, die im Betriebsrat sind, auch hinter mich zu bekommen. Und wenn die Person des Vorsitzenden nicht ganz so stark ist, ich denke, das ist hier ein Spezifikum, das hat in der Vergangenheit etwas gelitten, dass die Person so ein bisschen verloren hat an Unterstützung in ihrer Fraktion."

Aufgrund eines Führungskräftewechsels im Zeitraum der letzten 15 Jahre war es seitens der Unternehmensleitung nicht möglich gewesen, einen positiven Einfluss auf die Zusammensetzung des Betriebsrates zu nehmen. Insbesonders ausländische Investoren, denen das deutsche System der Interessensvertretung fremd oder unbekannt ist, verfolgen keine Strategie der Einflussnahme auf die Entwicklung und Zusammensetzung des Betriebsrates im Unternehmen. „...so, ich komme jetzt aus der ganz alten Zeit, ich meine, ich bin ein paar Tage da, da war das eine sehr gute kooperative Zusammenarbeit, da hat man das im kleinen Zimmer, nun lass uns mal die Fronten ausgleichen, und dann geh du mal raus und dann sondieren wir mal aus und dann kommen wir wieder zusammen. In kleiner Runde dealt man das im Grunde so aus, im positiven Sinne. Und dann hat sich das durch einen Generationenwechsel, dann durch neue Führungskräfte am Standort hat sich das abgebaut. Und heute vielleicht so ein Problem, dass die erfahrene Reife fehlt, dieses Instrument Senior zu nutzen."

Bis zur aktuellen Betriebsratswahl im Mai 2010 war die Zusammenarbeit zwischen betrieblicher und überbetrieblicher Interessenvertretung eher gering, was sich mit der Wahl und Zusammensetzung der neuen Arbeitnehmervertretung änderte. „Die IG Metall war vorher draußen, die IG Metall hat hier dem Betriebsrat immer vorgeworfen, fast bis zum Mai 2010, dass sie hier keinen Zugriff hat, dass der Organisationsgrad zu gering war. Das hat sich dann jetzt geändert, so dass der Betriebsrat dann jetzt mehr IG Metall - gesteuert sein wird. Wir merken das jetzt an den Diskussionen."

Die Zusammenarbeit vor der Einführung und Umsetzung des neuen Tarifvertrages kann als interessenbezogene Kooperation bezeichnet werden. Die gemeinsamen Interessen zur Sicherung des Standortes und der Arbeitsplätze werden zwar anerkannt, die divergierenden Interessen geraten jedoch nicht in den Hintergrund.

Es finden regelmäßige Treffen statt, ggf. mit Vorabgesprächen. Bei der Kompromissfindung werden Machtmittel, wie Verweigerung von Überstunden, eingesetzt, die in Ausmaß und Durchsetzung von der Thematik des zu verhandelnden Sachverhaltes abhängig sind.

Der Betriebsrat sollte seitens der Arbeitgeberseite zu Beginn der ERA - Umsetzung eingebunden werden; dabei sollte er zwar Informationen erhalten, selbst jedoch noch nicht aktiv werden. Strategie der Personalabteilung war das Aufstellen eines Projektplanes, in dem der Betriebsrat zu gegebener Zeit einen aktiven Part übernehmen sollte. Dieses Vorgehen wurde als zu spät seitens des Betriebsrates moniert. Wunsch des Betriebsrates war es, so der Personalreferent, bereits bei der Erstellung der Arbeitsplatzbeschreibungen beteiligt zu werden, was nicht als Aufgabe des Betriebsrates aufgenommen wurde. „Der Betriebsrat hätte sich gewünscht, aktiv bei der Erstellung der Arbeitsplatzbeschreibungen dabei zu sein, das ist nicht Aufgabe des Betriebsrates, das ist auch unsinnig, aber die mussten sich auch erst mal in das Thema einfinden. Von daher war eine Spannung da, weil sie dachten, na, die machen hier was, ohne uns einzubinden, die werfen uns Bröckchen hin, aber nehmen uns nicht wirklich mit."

Auf diese Weise entstanden Spannungen zwischen den Betriebsparteien, die auf innerbetrieblicher Ebene nicht mehr zu lösen waren. Gemeinsam mit einem externen Mediator wurden diese Meinungsverschiedenheiten aufgegriffen und eine Lösung erarbeitet. Die Zusammenarbeit für die weitere ERA – Umsetzung wurde in einer Betriebsvereinbarung geregelt, die für beide Seiten bindend war. Während sich die Arbeitgeberseite an diese Vereinbarung gehalten hat, forderte der Betriebsrat weitere Zugeständnisse ein, die ihm teilweise auch gewährt wurden. Zwar wurde die Belegschaft nicht gegen den Arbeitgeber mobilisiert, dennoch war es selbstständiges Interesse des Betriebsrates, so die befragten Arbeitgebervertreter, den Tarifvertrag für die Mitarbeiter so günstig wie möglich umzusetzen. Dass der Wille der Belegschaft trotzdem nicht ausreichend Berücksichtigung fand, zeigte sich an der hohen Zahl von Widersprüchen, nämlich über 500, die die Mitarbeiter erhoben. „Der Betriebsrat hat viele Zugeständnisse bekommen, die uns zum Teil auch weh getan haben, die wir zum Teil auch nur Zähne knirschend akzeptiert haben. (…) Also, wir haben relativ zugegeben und haben nachher im Endeffekt relativ wenig rausbekommen, d.h.unterm Strich haben wir doch sehr viele Widersprüche bekommen."

Dieser Tatbestand war für die Verantwortlichen in der Personalabteilung besonders bitter, da die gemachten Zugeständnisse keine Berücksichtigung im Verhalten der Arbeitnehmervertretung fanden. Während die Arbeitgeberseite, nach eigenen Angaben, weiterhin auf der Suche nach einem Konsens war, standen auf der Arbeitnehmerseite ausschließlich negative Punkte im Fokus; Zugeständnisse wurden als selbstverständlich hingenommen und außer Acht gelassen. Der Personalleiter macht dies von der Person des Verhandlungsführers des Betriebsrates abhängig. Dieser habe nicht das Ganze gesehen, sondern immer nur einzelne Punkte der Vereinbarung. Es wurde seitens der Arbeitnehmervertretung nicht gesehen, welche Konsequenzen die Umsetzung für die Mitarbeiter des Unternehmens hatte. „Es lag sicherlich auch an einer Person, die nicht in der Lage war, eine Win-Win-Situation herzustellen, eigentlich wollte er nur gewinnen."

Da das Unternehmen bereits vor mehreren Jahren einen Standortsicherungsvertrag zur Erhaltung der Arbeitsplätze vereinbart hatte, wurde in der abgeschlossenen Betriebsvereinbarung zur ERA – Einführung eine Kostenneutralität von 0,0% vereinbart, d.h. die Entgeltsumme im Unternehmen vor ERA sollte identisch mit der Entgeltsumme nach ERA sein. Eine Steigerung um 2,79% war in U03 nicht vorgesehen. Der von der Belegschaft angesparte ERA - Fonds wurde an die Mitarbeiter ausgezahlt.

Zwei Wochen vor dem vereinbarten Einführungstermin schlug der Betriebsrat eine Formelüberführung zur Umsetzung vor. Dies wurde seitens des Arbeitgebers abgelehnt. Das Unternehmen ließ die Konflikte der ERA – Einführung und der 500 Widersprüche zur Eingruppierung der Arbeitnehmer in ein Einigungsstellenverfahren eskalieren.

Persönliche Unstimmigkeiten zwischen den beteiligten Personen wurden, nach Aussage der Personalabteilung, nach der Einführung des Tarifvertrages im Unternehmen in einem Gespräch geklärt.

Die Zusammenarbeit der Betriebsparteien während der ERA - Einführung war aus Sicht der befragten Personalverantwortlichen sehr stark von unterschiedlichen Meinungen und Strategien geprägt. Erst durch die Eskalation der Konflikte konnten Lösungen gefunden werden. Der Betriebsrat wurde seitens der IG Metall instrumentalisiert (Beispiel: Formelüberführung im letzten Moment), um gewerkschaftliche Interessen durchzusetzen. Zwar ist das Verhalten der Belegschaft, die den Betriebsrat in U03 für seine vermeintlich schlechte Arbeit anfeindet, untypisch für ein konfliktorisches Interaktionsmuster, in seiner Gesamtheit kann dennoch davon ausgegangen werden.

Die Zusammenarbeit der Betriebsparteien nach ERA hat sich wieder normalisiert, so das Gefühl der Befragten, und ist auf das „Vor-ERA-Niveau" zurückgekehrt. Verändert hat sich allerdings die Einflussnahme der Gewerkschaft auf den Betriebsrat im Unternehmen. Die Begründung für diese Veränderung, ist jedoch nicht nur in ERA, sondern auch im personellen Wechsel nach der Betriebsratswahl zu finden.

Auswertung des Gesprächs mit Vertretern des Betriebsrates (U03a)[164]

Die Zusammenarbeit vor ERA wird von den anwesenden Betriebsräten als gut beschrieben. Monatlich finden gemeinsame Treffen mit der Personalabteilung bzw. dem Management statt, in denen die anstehenden Sachverhalte oder Problemstellungen besprochen werden. Die Konfliktlösung wurde bisher überwiegend im Unternehmen gesucht, eine Einigungsstelle wurde nach dem Kenntnisstand der Betriebsräte bisher nicht beansprucht. Schwierigkeiten bereitet den Betriebsräten die immer weiter fortschreitende Globalisierung des Unternehmens. Entscheidungsträger sitzen teilweise nicht mehr am Standort, oder das Management vor Ort muss die Entscheidungen vor dem Management

---

[164] Am Interview nahmen alle freigestellten Betriebsratsmitglieder teil. Hauptgesprächspartner war der Betriebsratsvorsitzende.

in den USA rechtfertigen. Damit werden Entscheidungen verlangsamt und erschwert. Während der Betriebsrat vor Ort entscheidungsfähig ist, ist das Management es oft nicht mehr. „Wir sind hier direkt vor Ort entscheidungsfähig, das Management muss u.U. erst immer nochmals Rücksprache halten oder nachfragen. Das ist sehr lästig."

Als Beispiel führen die anwesenden Betriebsräte an, dass sich der Standort aktuell von einem Produktions- zu einem Entwicklungsstandort entwickelt; damit sind hohe Einstellungen im Ingenieurbereich verbunden. Einstellungen im Unternehmen können nur mit Zustimmung der Konzernmutter in den USA vorgenommen werden.

Bei wichtigen Verhandlungen wurden bzw. werden die freigestellten Betriebsräte in der Regel mit einer bestimmten Zielsetzung seitens der gesamten Arbeitnehmervertretung mit der Verhandlung beauftragt.

Die unterschiedlichen Interessen von Arbeitgeber und Arbeitnehmern werden von beiden Seiten anerkannt.

Veränderungen oder Verhandlungsergebnisse werden bzw. wurden der Belegschaft in gemeinsamen Veranstaltungen von beiden Betriebsparteien vorgestellt; eine einseitige Beeinflussung findet somit nach Aussage der Betriebsräte nicht statt.

Die Zusammenarbeit mit den Interessenverbänden erfolgt bei Bedarf. Zwar informiert sich der Betriebsrat bei der IG Metall bzw. fordert Hilfestellung an, die endgültige Entscheidung behält sich das Betriebsratsgremium allerdings selbst vor.

Vor der Einführung von ERA wurde am Unternehmen ein Standortsicherungsvertrag zwischen den Betriebsparteien vereinbart. Die im Tarifvertrag vereinbarte Kostenneutralität von 2,79% wurde auf 1,5% gesenkt. Weiterhin wurden ca. 1 Mio. €, die von den Arbeitnehmern bereits im ERA - Fonds angespart waren, zur Sicherung der Arbeitsplätze im Unternehmen verwendet.

Die Zusammenarbeit der Betriebsparteien vor der Einführung des neuen Tarifvertrages kann aus Sicht des Betriebsrates als interessenbezogene Kooperation verstanden werden. Zwar werden die divergierenden Interessen anerkannt, allerdings wird innerhalb des Unternehmens nach einer Konfliktlösung in Form eines Kompromisses gesucht. Die Belegschaft unterliegt keiner einseitigen Beeinflussung einer Betriebspartei. Die Zusammenarbeit mit der Gewerkschaft wird nur in schwierigen Situationen gesucht, eine unabhängige Entscheidung behält sich der Betriebsrat vor.

Die bis dahin seitens des Betriebsrates als gut empfundene Zusammenarbeit wurde während des ERA - Prozesses gestört. Beide Betriebsparteien suchten für die Umsetzung des Tarifwerkes Unterstützung von außen. Der Betriebsrat beauftragte die TBS gGmbH[165]. Die Einführung von ERA begann aus Sicht des Betriebsrates zunächst sehr schleppend und zäh. Informationen wurden nur unzureichend weitergegeben. Dies änderte sich erst nach einer Aufforderung des Betriebsrates.

Der Arbeitgeber beauftragte einen jungen Personalreferenten mit wenig Berufserfahrung mit der Umsetzung des Tarifvertrages im Unternehmen. „Er war einfach zur falschen Zeit am falschen Ort und hatte ERA dann am Back." Der Betriebsratsvorsitzende begründet dies damit, dass sich weder die Personalleitung noch die erfahrenen Mitarbeiter sprichwörtlich in die Nesseln setzen wollten. Grundsätzlich hatte man das Gefühl, dass die Personalabteilung bei der ERA - Einführung schlecht vorbereitet war und ohne Konzept vorging. „Wir waren deutlich besser geschult und hatten uns Hilfe von außen geholt."

Deutlich wurde dies bei der Erstellung der Stellenbeschreibungen; hier versuchte der Berater der Arbeitgeberseite, die analytische und summarische Arbeitsbewertung zu vermischen, so dass das Endergebnis ungefähr dem gewünschten Ergebnis entsprach.

Strategie der Arbeitgeberseite war nach Auffassung der befragten Betriebsräte eine ERA - Einführung ohne Mehrkosten (kostenneutral = 0%). Ziel des Betriebsrates dagegen war eine an ERA weitgehend angelehnte Ersteingruppierung ohne Beachtung des Kostenfaktors.

Bei der Erstellung der Arbeitsplatzbeschreibungen kam es zum ersten Konflikt: Während der Betriebsrat versuchte, die Arbeitsaufgabe ohne Berücksichtigung des Mitarbeiters vorzunehmen, kam es seitens des Arbeitgebers bereits zu Vermischungen des Arbeitsplatzes mit dem entsprechenden Mitarbeiter. Letztlich dienten die tariflichen Niveaubeispiele als Orientierung. „Die Arbeitsaufgabe ist Grundlage für die Eingruppierung der Arbeitnehmer."

Die Arbeitsplatzbeschreibungen selbst wurden vom Arbeitgeber bzw. dem entsprechenden Vorgesetzten erstellt.

Der Betriebsrat beschreibt diese Zeit mit dem folgenden Zitat: „Es war Krieg!" Der Betriebsrat sah sich gezwungen, die ERA - Verhandlungen abzubrechen, so dass der

---

[165] Technologische Beratungsstelle Rheinland-Pfalz: Die TBS ist eine Beratungsstelle, die Betriebsräte in Fragen der Arbeitsorganisation, von Umstrukturierungen in Betrieben, Beschäftigungssicherung oder Entlohnungsgrundsätzen usw. berät und unterstützt.

Einführungsprozess ein halbes Jahr ins Stocken geriet. Erst ein vom Arbeitgeber eingeschalteter Mediator brachte die Betriebsparteien wieder an einen Tisch. Die Bearbeitung und Verhandlung der Arbeitsplatzbeschreibungen dauerte ca. 3 Monate. U.a. waren, nach Meinung des Betriebsrates, die Vorgesetzten seitens des Managements angehalten, die Stellen nach unten zu bewerten bzw. deutlich auf die Kostenneutralität innerhalb der Abteilungen zu achten. Letztlich kam es zu einer Einigung bei der Mehrheit der Arbeitsplatzbeschreibungen. Der Bereich der Produktion wurde mit einer einheitlichen Masterarbeitsplatzbeschreibung abgeschlossen.

Wie im Unternehmen üblich, wurde die Belegschaft auf einer gemeinsamen Informationsveranstaltung über die Verhandlungsergebnisse informiert.

Ungefähr 530 Mitarbeiter legten einen Widerspruch zur geplanten Ersteingruppierung ein. Ursache dafür war nach Meinung der Befragten das Gefühl der persönlichen Abwertung der individuellen Arbeitsleistung. Es stellte sich heraus, dass 65% der Mitarbeiter ERA - Unterschreiter waren, also durch ERA gewonnen hätten und lediglich 35% der Mitarbeiter ERA - Überschreiter waren. Die im Standortsicherungsvertrag vereinbarte Kostenneutralität von 1,5% konnte somit nicht erreicht werden. Es kam wiederum zu einem Konflikt mit dem Arbeitgeber. Der Betriebsrat fühlte sich in dieser Zeit sehr stark von der Gewerkschaft unter Druck gesetzt, da der Interessenverband versuchte, eine Formelüberführung im Unternehmen durchzusetzen. Dieses Vorhaben wurde seitens des Arbeitgebers abgelehnt. Nach Meinung der Arbeitnehmervertretung versuchte der Arbeitgeber sehr deutlich, sogenannte „Altlasten" zu reduzieren, was mit einer Formelüberführung nicht möglich gewesen wäre.

Grundsätzlich sieht sich der Betriebsrat nicht als Verlierer der ERA - Einführung; man hatte nicht nur einen Gegner, sondern zwei, nämlich den Arbeitgeber und die Belegschaft. Vorteilhaft dagegen war, das vorhandene Konzept und die Bereitschaft, es umzusetzen. Man wollte u.a. E1 - Arbeitsplätze im Unternehmen verhindern und hat dies auch durchsetzen können.

Machtmittel in diesem Fall war das Untersagen von Workshops. Die amerikanische Unternehmensführung legte großen Wert auf Workshops im Unternehmen, der Betriebsrat hätte diesen nicht zugestimmt. Ein weiteres Druckmittel war die Bereitschaft, die ERA - Einführung abzubrechen, einen Einspruch im Namen des Betriebsrates einzulegen und diesen bis zum Arbeitsgericht durchzuziehen. Das Druckmittel auf Seiten des Arbeitgebers war die Kostenneutralität, auf welche von Arbeitnehmervertretungsseite nicht eingegangen wurde, da man eine saubere Ersteingruppierung haben wollte. „Schließlich muss das Ganze die nächsten Jahre halten!"

Während der ERA - Einführung beschreibt der Betriebsrat ein konfliktorisches Interaktionsmuster. Die unterschiedlichen Interessen der Betriebsparteien stehen im Vordergrund der Verhandlungen und der Zusammenarbeit. Machtmittel wie der strategische Einsatz von Mitbestimmungsrechten werden genutzt, um Interessen durchzusetzen. Die Zusammenarbeit mit der Gewerkschaft wird verstärkt eingesetzt.

Die Zusammenarbeit der Betriebsparteien hat sich nach ERA wieder normalisiert und ist zu den „alten" Formen zurückgekehrt. Maßgeblich dafür ist, nach Aussage der Betriebsräte, dass kein Entscheidungsträger mehr im Unternehmen ist. Der Betriebsrat hat weiterhin den Eindruck, dass ERA für das Unternehmen nun ein abgeschlossener Prozess ist, da es bisher keine Änderungen in den Eingruppierungen bei Aufgabenveränderungen gegeben hat. Vorteilhaft sind die nun vorliegenden Arbeitsplatzbeschreibungen, die bei vielen Entscheidungen eine Diskussionsgrundlage bilden und für mehr Transparenz im Unternehmen sorgen.

Zusammenführung der Ergebnisse von Management und Betriebsrat

Die Zusammenarbeit der Betriebsparteien vor und nach der ERA - Einführung wird von beiden Seiten als gut und kooperativ gesehen. Die divergierenden Interessen der Betriebsparteien werden in einem für beide tragbaren Kompromiss zusammengeführt. In regelmäßigen Vorabtreffen oder Vier-Augen-Gesprächen werden die Grenzen ausgelotet, innerhalb derer dann letztlich die Verhandlungspartner agieren können. Keine Seite fühlt sich als Pace-Setter, vielmehr ist die Stärke der Betriebspartei von der Argumentationsbasis und den möglichen Machtmitteln abhängig. Diskussionen erfolgen sachlich und unabhängig von Personen.

Die Probleme und Konflikte während der ERA - Einführung wurden aufgearbeitet und spielten in der aktuellen Zusammenarbeit nur noch eine untergeordnete Rolle.

Während der ERA - Einführung im Unternehmen änderte sich die Zusammenarbeit der Betriebsparteien deutlich. Ausgangslage dafür waren stark voneinander abweichende Interessen und das Nichtfinden einer gemeinsamen Lösung. Das Androhen und die

Umsetzung von Machtmitteln prägten den Umgangston. Der Konflikt eskalierte schließlich in einem Einigungsstellenverfahren und wurde abschließend in einer gemeinsamen Meditation gelöst.

21. Tab.: Übersicht Interaktionsmuster in Unternehmen U03

	Vor ERA	Während ERA	Nach ERA
Management	Interessenbezogene Kooperation	Konfliktorisches Interaktionsmuster	Interessensbezogene Kooperation
Betriebsrat	Interessenbezogene Kooperation	Konfliktorisches Interaktionsmuster	Interessensbezogene Kooperation
Gesamteindruck	Interessenbezogene Kooperation	Konfliktorisches Interaktionsmuster	Interessensbezogene Kooperation

6.2.4 Unternehmen U04

Das Werk am befragten Standort wurde vor ca. 50 Jahren gegründet und gehört zu einem internationalen Unternehmen, das unterschiedliche Industriezweige mit seinen Produkten beliefert. Am Standort sind ca. 1.200 Arbeitnehmer tätig.

Auswertung des Gesprächs mit Vertretern des Managements (U04A)

Wahrscheinlich aufgrund eines Generationswechsels (der Personalleiter von U04 ging kurz nach der Befragung in den Ruhestand) war die Personalabteilung nicht zu einem Interview im Rahmen dieses Forschungsvorhabens bereit.

Auswertung des Gesprächs mit Vertretern des Betriebsrates (U04a)[166]

Der Betriebsratsvorsitzende bezeichnet die Zusammenarbeit der Betriebsparteien vor der ERA – Einführung als sehr gut. In Verhandlungen mit der Geschäftsleitung wurden viele übertarifliche Leistungen für die Belegschaft des Unternehmens erreicht, um ein positives Arbeitsklima am Standort zu erreichen. „Wir haben hier in der Tat eine sehr gute Zusammenarbeit. Wir haben hier auch sehr viele übertarifliche Leistungen, die wir wirklich in gemeinsamen Gesprächen und Verhandlungen vereinbart haben, um ein relativ gutes Klima am Standort zu halten."

Grundsätzlich finden monatliche Treffen zwischen den Betriebsparteien statt, dazu besteht ein fast täglicher Kontakt zwischen dem Betriebsratsvorsitzenden und den Verantwortlichen der Personalabteilung, abhängig von der Problemstellung.

---

[166] Das Gespräch wurde mit dem Vorsitzenden des Betriebsrates geführt.

Als größten Erfolg vor der Umsetzung des ERA bezeichnet der Betriebsratsvorsitzende das Projekt „Familie und Beruf". Ziel des Projektes war die Einführung von Betriebskindergartenplätzen im örtlichen Kindergarten. Die Verantwortung des Projektes lag beim Betriebsrat, der die Verhandlungen mit der örtlichen Behörde und dem Kindergarten selbstständig führte.

Der strategische Einsatz von Überstunden wird als eingesetztes Machtmittel beschrieben. „Arbeitszeit, definitiv." Ziel der Betriebsratsarbeit ist es, übertarifliche Leistungen für die Belegschaft zu erreichen, z.b. unbefristete Übernahme von Auszubildenden anstelle einer befristeten Übernahme von zwölf Monaten. „Ja, selbstverständlich. Wenn ich sage Übernahme, dann meine ich festes Arbeitsverhältnis. Ja, wir wollen ja besser sein als der Tarifvertrag!" Wichtig für die Zusammenarbeit zwischen den Betriebsparteien ist der Erfolg des Standortes. Den Parteien im Unternehmen ist deutlich bewusst, dass sie sich mit anderen Standorten des Unternehmens in einer Konkurrenzsituation befinden. „Nur wenn der Standort nach vorne kommt, kann ich als Betriebsrat auch Forderungen stellen." Während der Amtszeit des Befragten wurden innerbetriebliche Problem nicht vor der Schiedsstelle oder dem Arbeitsgericht verhandelt. „...also, andere Betriebsräte laufen zum Arbeitsgericht, da waren wir noch nie, oder zur Einigungsstelle. Das haben wir hier noch nie gehabt, also das Unternehmen ist jetzt 46 Jahre alt, und das gab es noch nie. In erster Linie steht der Standort ganz vorne."

Die Zusammenarbeit mit der örtlichen IG Metall wird als „ausgezeichnet" beschrieben, auch weil das U04 den höchsten Organisationsgrad in der Gegend aufweisen kann. „Wir haben den besten Organisationsgrad (im Prinzip) der Verwaltungsstelle. (…) Der Bevollmächtigte der IG Metall ist unser Konzernbeauftragter, der ist bei uns im Aufsichtsrat, also, wir haben einen sehr guten Draht und eine enge Verbindung."

Die Zusammenarbeit der Betriebsparteien vor ERA wird als integrationsorientierte Kooperation beschrieben. Zwar werden die unterschiedlichen Interessen der Betriebsparteien anerkannt, der Erfolg des Standortes steht jedoch im Mittelpunkt der Zusammenarbeit. Verhandlungen werden mittels sachlicher Argumente geführt.

U04 war das erste Unternehmen im örtlichen IG Bezirk, das ERA um- und eingesetzt hat. Der Betriebsratsvorsitzende beschreibt es mit den Worten „es war ganz, ganz schlimm, und wir sind voll auf die Schnauze geflogen".

Als Grundproblem der ERA - Umsetzung bezeichnet er das hohe Entgeltniveau im Unternehmen. Um Arbeitnehmer von anderen Arbeitgebern der Region abzuwerben, wurden die Arbeitnehmer eine Entgeltstufe höher eingruppiert als vom Tarif vorgesehen. „Also, wir hatten ja immer eine recht gute Bezahlung. 1964 ist das Werk hier gebaut worden, damals wollte man gute Walzer haben. Das einzige Walzwerk lag gegenüber auf der anderen Rheinseite, und dann haben die im Prinzip, ich sag mal, einen Euro mehr auf den Tisch gelegt." Zwar verlief der gesamte Einführungsprozess unter Einbeziehung des Betriebsrates (Erstellung der Arbeitsplatzbeschreibungen, Eingruppierung der Mitarbeiter); dennoch war die Strategie des Arbeitgebers aus Sicht des Betriebsrates, die Gunst der Stunde zu nutzen, und die Entgelte der Mitarbeiter auf das ERA - Niveau zu drücken. „...und dann war halt eben der Tarifvertrag da und der Arbeitgeber hat, ich sag mal, die Gunst der Stunde genutzt." Gemeinsam mit der TBS gGmbH[167] gelang es dem Betriebsrat, weitere 60 Arbeitsplätze nach oben zu gruppieren. „...und dann kam die Eingruppierung. Bei der Eingruppierung ist uns dann auch gelungen, nochmal 60 Plätze hochzuholen." Die Eingruppierung bei allen Arbeitsplätzen erfolgte möglichst nah an den tariflichen Niveaubeispielen.

Die Situation im Unternehmen veränderte sich allerdings, als die Arbeitnehmer von ihren neuen Eingruppierungen erfuhren. Die hohe Eingruppierung vor ERA und das Anpassen der Entgelte an den neuen Tarifvertrag lösten Wut und Verzweiflung im Unternehmen aus. Über drei Monate wurden seitens des Betriebsrates von früh morgens bis spät abends die Widersprüche der Arbeitnehmer bearbeitet. „Und dann kamen wir hier zurück und dann hatten wir drei Monate Stress gehabt, ich hab drei Monate nicht geschlafen, meinen Kollegen hier ging es genauso, wir saßen von morgens sechs bis abends zehn Uhr und haben für die Leute die Einsprüche gemacht. Ich kann froh sein, weil, wir waren ja beteiligt, das muss ich auch ganz ehrlich sagen, wir haben alles nach dem Text richtig gemacht. Aber wir haben trotzdem, von dem, wo wir herkommen, erheblich verloren. (…) Im Nachhinein können wir wirklich froh sein, dass wir die Kollegen nicht verloren haben", beschreibt der Betriebsrat die Situation. Die Stimmung im Unternehmen sank innerhalb weniger Tage auf ein Tief, ebenfalls die Bereitschaft der Arbeitnehmer, Mehrarbeit zu leisten, um den Erfolg des Unternehmens weiterhin zu treiben. „Und irgendwann, ich kann den Inhalt nicht mehr genau sagen, haben wir dann einen Aushang gemacht. Ich wusste irgendwann nicht mehr weiter, den Aushang hab ich dann Nachts bei mir zu Hause am PC geschrieben, am nächsten Tag vom Betriebsrat genehmigen lassen, also, auf diese ganze Stimmung hier hin, was alles kaputt gemacht ist. Wir haben das wirklich gegen die Wand gefahren."

In einem Vier-Augen-Gespräch zwischen Betriebsratsvorsitzendem und Geschäftsführung

---

[167] Technologische Beratungsstellung Rheinland-Pfalz. Wurde auch seitens der Betriebsräte in U03 als Beratungsstelle genutzt.

wurde nach einer Lösung gesucht. Es wurde vereinbart, dass die laufenden Widerspruchsverfahren weiterhin durchgeführt wurden. Anschließend wurden alle Arbeitnehmer eine Entgeltgruppe höher eingruppiert, als vom Tarifvertrag vorgesehen. Auf diese Weise wurde das Vertrauen der Belegschaft zurückgewonnen. „...und dann liefen die Einsprüche und dann haben wir gesagt, okay, wir lassen die Einsprüche laufen, wenn da welche hochgruppiert werden, dann ist das in Ordnung, und wenn aber vom Einspruch her nichts mehr zu machen ist, dann lassen wir das so, und nach dem Ergebnis der Einsprüche holen wir alle eine Entgeltgruppe höher, also, so wie das früher im Prinzip war."

Zwar waren sich die Betriebsparteien bei der ERA - Einführung während des gesamten Prozesses einig, da beide Seiten sich eng an die Vorgaben des Tarifwerks gehalten hatten. Allerdings ließ die Reaktion der Belegschaft beide Seite die Vorgehensweise überdenken. „Ja, ehrlich. Die waren enttäuscht. Da findet man gar keinen Ausdruck für." Die kostenneutrale Einführung von 2,79% hat U04 auf diese Weise weit überschritten.

Die Zusammenarbeit während der ERA - Einführung weist das identische Interaktionsmuster wie vor der Umsetzung des Tarifvertrages auf. Das Interesse des Standortes steht im Vordergrund der Zusammenarbeit, was insbesondere durch die abschließende Höhergruppierung aller Arbeitnehmer deutlich wird.

Nach der problematischen ERA - Einführung im Unternehmen ist die Zusammenarbeit der Betriebsparteien wieder auf das „Vor-ERA-Niveau" zurückgekehrt. „Also, nach ERA ist in Bezug auf die Zusammenarbeit alles wieder, wie es war. Ich habe ERA aus meinem Kopf gelöscht."

Zusammenführung der Ergebnisse von Management und Betriebsrat

Eine Gesprächszusammenführung kann an dieser Stelle nicht durchgeführt werden, da kein Gespräch mit Vertretern der Arbeitgeberseite stattfinden konnte.

22. Tab.: Übersicht Interaktionsmuster in Unternehmen U04

	Vor ERA	Während ERA	Nach ERA
Management	-	-	-
Betriebsrat	Integrationsorientierte Kooperation	Integrationsorientierte Kooperation	Integrationsorientierte Kooperation
Gesamteindruck	-	-	-

6.2.5 Unternehmen U05

U05 ist ein weltweit tätiger Spezialmaschinenbau. Seit einigen Jahren gehört das Unternehmen zu einer Private - Equity-Gruppe. Aktuell sind rund 2.000 Mitarbeiter für das Unternehmen beschäftigt.

Auswertung des Gesprächs mit Vertretern des Managements (U05A) [168]

Der Personalleiter des Unternehmens bezeichnet die Zusammenarbeit der Betriebsparteien als sehr vertrauensvoll und harmonisch, begründet dies vor allem mit der Stabilität des Unternehmens in den letzten Jahren. Weiterhin kennen sich die Betriebsparteien (hier der Personalleiter und der Betriebsratsvorsitzende) bereits seit mehreren Jahren sehr gut, da beide Personen ungefähr zum selben Zeitpunkt in ihre heutigen Funktionen gekommen sind, so dass sie auf eine „lange gemeinsame Zeit" zurückblicken können. „Wir haben ein paar größere Dinge durchgestanden, und von daher ist das eigentlich eine sehr enge Zusammenarbeit." Politische Taktik gibt es in der täglichen Kommunikation daher nicht. Oftmals wird in Vier-Augen-Gesprächen der Standpunkt des Anderen erfragt, um eine Win-Win-Situation für beide Seiten herzustellen. „Der Betriebsratsvorsitzende und ich, Vier-Augen in der Regel, teilweise offiziell, auch inoffiziell, also man redet auch über Dinge, die noch gar nicht offiziell sind, um mal zu gucken: Kann der andere sich bewegen, will er sich bewegen, wie ist überhaupt die Lage insgesamt und und und." Der Kontakt ist ungezwungen, kleinere Problemstellungen werden teilweise über den „kleinen Dienstweg" gelöst, während wichtige Entscheidungen, wie beispielsweise Einstellungen, den formalen Weg nehmen. ERA wurde im Unternehmen zum 01.11.2007 eingeführt.

Die Zusammenarbeit vor der Einführung des neuen Tarifvertrages kann, aus Sicht des Management, als intergrationsorientierte Kooperation bezeichnet werden. Die gemeinsamen Interessen stehen im Vordergrund der Zusammenarbeit, ohne die unterschiedlichen Standpunkte der Betriebsparteien zu vernachlässigen. Weder die Arbeitnehmervertretung noch das Management können als grundlegende Pace-Setter angesehen werden; vielmehr entscheidet der Sachverhalt über die Stärke der Positionen im Unternehmen. In Vier-Augen-Gesprächen werden die Positionen der Gegenseite erfragt, um in einer kollektiven Verhandlung mit dem Betriebsratsgremium oder der

---

[168] Das Gespräch wurde mit dem Personalleiter des Unternehmens geführt.

Geschäftsführung vorbereitet zu sein.

Der befragte Personalleiter gibt an, dass es Zielsetzung des Managements bereits zu Beginn der Einführung gewesen ist, den Betriebsrat miteinzubeziehen; dennoch sollte die tarifliche Kostenneutralität von 2,79% nicht überschritten werden. ERA war als gemeinsames Projekt der Betriebsparteien geplant und wurde auch so umgesetzt. „Wie sind wir das Projekt dann angegangen: Wir haben uns wirklich auf die Fahne geschrieben, wir machen das gemeinsam. Das war klarer Wunsch sowohl von der Geschäftsführung als auch dann vom Betriebsrat. Das ist gängige Praxis bei uns, und das unterscheidet uns auch vielleicht auch von anderen Unternehmen."

Während im gewerblichen Bereich Arbeitsplatzbeschreibungen vorhanden waren, mussten sie im Angestelltenbereich neu erstellt werden. Die Arbeitsplatzbeschreibungen der gewerblichen Mitarbeiter stammten aus einem älteren Projekt, in dem die Entgeltstruktur im Bereich der Produktion des Unternehmens bereits überarbeitet wurde. Zum damaligen Zeitpunkt (1990er Jahre) wurde die Struktur der Entgelte überarbeitet, da eine Schieflage entstanden war, die als nicht weiter tragbar bezeichnet wurde. „Der Hintergrund war, dass die Struktur gerade in der Fabrik nicht mehr gestimmt hat. Das sind klassische Altlasten, wie sie jetzt bei ERA bei vielen auf den Tisch gekommen sind. Das Spiel hatten wir eigentlich in den 1990er schon mal einmal gespielt. Das war ein gewisser Vorteil, denn wir hatten Struktur, und an diese Struktur haben wir uns im Großen und Ganzen auch gehalten." Besonderheiten, die damals bereits ausgehandelt wurden, konnten in ERA übertragen werden, z.B. Zwischenlohngruppen. Arbeitsplatzbeschreibungen für den Bereich der Angestellten wurden gemeinsam von einem Vertreter der Personalabteilung und einem freigestellten Betriebsratsmitglied unter Einbeziehung der betroffenen Arbeitnehmer erstellt. „Wir haben eine Mitarbeiterin dafür eingestellt, die frisch von der Uni kam, ein halbes Jahr eingearbeitet wurde und dann die Aufgabe hatte, mit einem freigestellten Betriebsratsmitglied die Aufgabenbeschreibungen zu machen." Im Anschluss daran wurden Eingruppierungsvorschläge von beiden Seiten erarbeitet, die dann in einer paritätischen Kommission diskutiert wurden. Größere Unstimmigkeiten gab es aufgrund der Vorgehensweise dabei nicht. „Und wir haben gesagt, wir wollen nicht, dass sich auf beiden Seiten irgendwelche Hürden aufbauen: Denn das ist ja bei Konflikten immer so, irgendwann sind die Hürden so groß, und dann kommen Sie nicht mehr drüber. Und wir haben dann eine Kommission gebildet, die sich eigentlich nur um die Eingruppierungen gekümmert hat."

Schulungen vom Arbeitgeberverband wurden zu Beginn der ERA - Thematik einige Führungskräfte in Anspruch genommen, während der ERA - Umsetzung im Unternehmen wurden keine externen Schulungen durchgeführt. Der Betriebsrat besuchte einige Tage eine Schulung der TBS gGmbH[169].

Konfliktpunkte der Einführung des neuen Tarifvertrages waren, nach Aussage des Personalleiters, die Eingruppierung von Hochschulabsoventen und die Verrechnung des vorhandenen Leistungsentgeltes im Akkordbereich. Dies waren die Tiefpunkte der Verhandlungen, „ERA hätte kippen können", so der Befragte. Nach heftigen Diskussionen wurden die Verhandlungen zu diesen Fragestellungen abgebrochen und auf einen späteren Zeitpunkt verschoben. Zu einem späteren Zeitpunkt konnten sich die Betriebsparteien auf einen Kompromiss einlassen, der für beide Seiten eine Win-Win-Situation darstellte, so dass die Zusammenarbeit wieder reibungslos funktionieren konnte.

Auch während der ERA - Einführung ist die Zusammenarbeit der Betriebsparteien aus Sicht des Managements von der Hervorhebung der gemeinsamen Interessen gekennzeichnet. Dies wird deutlich in der direkten Einbeziehung des Betriebsrates in den Einführungsprozess; alles wird gemeinsam in einer paritätischen Kommission besprochen und umgesetzt. Meinungsverschiedenheiten werden sachlich diskutiert, so dass ein Kompromiss gefunden werden kann.

Die Zusammenarbeit nach der ERA - Umsetzung ist mit der Zusammenarbeit der Betriebsparteien vor ERA gleichzusetzen. Nach Aussage des Personalleiters hat sich diese durch ERA weiter verfestigt. Von einer Änderung durch ERA kann daher nicht ausgegangen werden. „Ich sag mal, Stand heute, ERA funktioniert, ERA wird auch gelebt, wir haben nicht mehr geändert, ab und zu kommt nochmals ein kleines Problemchen auf, das dann gelöst wird; also es ist für uns ein Normalfall. Was jetzt die heutige Beziehung zum Betriebsrat angeht, wie gesagt, ERA hat uns noch enger zusammengeschweißt, d.h. nicht, dass wir jetzt Hand in Hand durch den Betrieb laufen. Wir haben immer noch heftige Diskussionen an manchen Stellen."

Auswertung des Gesprächs mit Vertretern des Betriebsrates (U05a)[170]

Vor der Einführung des neuen Tarifvertrages ist die Zusammenarbeit der Betriebsparteien

---

[169] Technologische Beratungsstelle Rheinland-Pfalz. Wurde auch seitens der Betriebsräte in U03 und U04 als Beratungsstelle genutzt.
[170] Das Gespräch fand mit dem Vorsitzendem des Betriebsrates statt.

durch eine offene und vertrauensvolle Basis geprägt, so das freigestellte Betriebsratsmitglied. „Gute Zusammenarbeit. Die ist gekennzeichnet, sag ich mal, durch eine offene und vertrauensvolle Zusammenarbeit, ja." Die unterschiedlichen Interessen der Betriebsparteien werden auf beiden Seiten respektiert. Wöchentlich finden Gespräche zur Klärung von Sachfragen zwischen Betriebsrat und Personalabteilung statt. Teilweise werden dazu im Vorfeld bereits Vier-Augen-Gespräche geführt, um die grundsätzliche Sichtweise des Gegenübers zu erfragen. Entscheidungen seitens des Betriebsrates werden ausschließlich im Gremium getroffen. „In erster Linie der Personalchef mit mir. Ja, ein Vier-Augen-Gespräch. Ich nehm` das dann mit ins Gremium, und die Entscheidung wird im Gremium getroffen." Keine Seite kann aus Sicht des Betriebsrates als Pace-Setter angesehen werden; vielmehr werden zum Wohlergehen des Unternehmens beide Seiten benötigt. „Wir brauchen uns beide zum Wohl des Unternehmens und der Beschäftigten. Ich würde es nicht so sagen, dass eine Seite stärker oder schwächer ist. Es gibt bei dem ein oder anderen Punkt, da gewinnt der mal und bei dem anderen Punkt der andere." Der größte Erfolg vor ERA für die Arbeitnehmervertretung war die Einführung einer Vereinbarung zur Flexibilisierung der Arbeitszeit, in der eine Beteiligung der Arbeitnehmer am Unternehmensgewinn enthalten ist. Die Zusammenarbeit mit den Interessensverbänden wird vom Befragten als „gelassen" angesehen. Zwar stimmte man der IG Metall in 98% aller Fälle zu, dennoch werden Entscheidungen im Unternehmen unabhängig von der Meinung der Gewerkschaft getroffen. „Das seh` ich gelassen. Ich sag mal, in 98% der Fälle sind wir schon einer Meinung mit der IG Metall. Aber es kommt auch vor, dass wir unterschiedlicher Auffassung sind, und dann äußern wir das auch und vertreten das auch."

Die Zusammenarbeit der Betriebsparteien vor ERA kann als integrationsorientierte Kooperation bezeichnet werden. Die betrieblichen Interessen haben Vorrang vor den divergierenden Interessen der Betriebsparteien. Konflikte werden mit sachlichen Argumenten zu Gunsten der betrieblichen Situation gelöst, ohne dabei die unterschiedlichen Zielsetzungen der Parteien aus den Augen zu verlieren. Zwar arbeiten beide Seiten mit den Verbänden zusammen; meist werden diese jedoch nur in Konfliktsituationen oder bei konkreten Fragestellungen hinzugerufen.

ERA wurde im Unternehmen während einer wirtschaftlich sehr guten Zeit eingeführt, so die Aussage des Betriebsrates. „Wir haben früh eingeführt und wir haben das in einer Hochboom-Phase, in der wir auch Leute eingestellt haben, haben wir ERA eingeführt. Die konjunkturellen Bedingungen waren gut." Der gesamte Einführungsprozess wurde von paritätisch besetzten Arbeitsgruppen unterstützt und begleitet, so dass der Betriebsrat bereits zu Beginn des Projektes mit einbezogen wurde. „Es stand fest, es steht vor der Brust, wir müssen das jetzt angehen, und dann haben wir uns darauf geeinigt, dass wir uns um das Projekt ERA kümmern. Dann haben wir Arbeitsgruppen gegründet; von vornrein war klar, dass wir diese ganzen Arbeitsgruppen paritätisch besetzten und versuchen es einzuführen."

Im Unternehmen wurde bereits einige Jahre vor ERA eine neue Eingruppierungssystematik im gewerblichen Arbeitnehmerbereich eingeführt, so dass Arbeitplatzbeschreibungen vorhanden waren und die Betriebsparteien Erfahrung mit dem Umgang eines solchen Projektes hatten. Zielsetzung des Betriebsrates war es, Entgeltverluste für die Arbeitnehmer zu vermeiden und eine gerechte Entlohnung im Unternehmen einzuführen. Arbeitplatzbeschreibungen für den Angestelltenbereich wurden innerhalb der paritätischen Kommission erstellt. Auf beiden Seiten wurden Eingruppierungsvorschläge erstellt, die dann diskutiert wurden. Große Streitfälle gab es hier allerdings nicht. „Die vorrangige Strategie von uns war, auf jeden Fall Einkommensverluste zu verhindern. Aber auch unter dem Gesichtspunkt, eine gerechte Entlohnung hier im Unternehmen einzuführen. Es war für uns auch nicht so ganz ein neues Thema, wir hatten schon einmal ein paar Jahre zuvor, bereits eine neue Entlohnung eingeführt und von daher waren unsere Arbeitsplätze im gewerblichen Bereich beschrieben und eingruppiert."

Während des gesamten Einführungsprozesses gab es lediglich eine Thematik, bei der sich die Betriebsparteien nicht einig waren. Im Unternehmen gab es eine individuelle Leistungszulage im Akkordbereich. Dieser Entgeltbestandteil wurde von ERA nicht abgedeckt, da es eine unternehmensspezifische Besonderheit darstellte. „Also, für so ein komplexes Thema, und ein Thema, wo es wirklich um Geld geht für das Unternehmen, und wo es ums Geld der Kollegen in erster Linie geht, ging es recht reibungslos. Wir hatten eine massive Auseinandersetzung gehabt, da ging es aber um ein Problem, was der Tarifvertrag nicht abdeckt."

Zwar gab es zu diesem Punkt eine heftige Auseinandersetzung, so der Betriebsratsvorsitzende, die jedoch in klärenden Gesprächen aus der Welt geschafft werden konnte. „Wir konnten uns gar nicht erklären, wo geht das Geld verloren, bis wir darauf kamen, wir haben hier eine Spezialität, die der Tarifvertrag ja gar nicht kennt. Das ist uns dann aufgefallen, das haben wir dann der Geschäftsführung mitgeteilt und wie das dann aufkam, gab es nochmal ein bisschen Ärger. Dann war Gott sei Dank Wochenende und am Montag haben wir uns dann wieder hingesetzt und vernünftig geredet. Aber ich sag mal, da drang nichts nach außen, das ist geklärt worden." Er gibt an, dass es während der Einführungsphase sicherlich auch Streit gab, die Unstimmigkeiten konnten jedoch immer zum Wohle der Arbeitnehmer und des Betriebes gelöst werden.

Die Basis für die gute Zusammenarbeit im Unternehmen ist, so der befragte Betriebsrat, der Respekt voreinander. „Das ist da die Voraussetzung für eine gute Zusammenarbeit, dass man den Gegenüber respektiert, seine Meinung ja auch irgendwo wertschätzt und reflektiert. Warum denkt der so und nicht so? Und für mich ist die andere Seite nicht der Gegner, die machen da einen anderen Job wie ich, und ich glaube, das sehen sie bei mir genauso."

Die Zusammenarbeit der Betriebsparteien während der ERA - Einführung ist einem harmonischen Betriebspakt sehr nahe. Die betriebliche Umsetzung des neuen Tarifvertrages steht im Vordergrund der Zusammenarbeit. Beide Betriebsparteien verfolgen, nach Aussage des Betriebsratsvorsitzenden, das Ziel einer ordnungsgemäßen Umsetzung im Unternehmen. Der Betriebsratsvorsitzende pflegt eine enge Zusammenarbeit mit dem Management, betont jedoch, keine Entscheidungen ohne die Zustimmung des Gremiums zu treffen. Nur die Auseinandersetzung der Betriebsparteien bei der Frage der Verrechnung der Leistungszulage im Akkordbereich bei der ERA-Einführung spaltete die verhandelnden Personen. Diese Meinungsverschiedenheit war so schwerwiegend für beide Seiten, dass die Betriebsräte die Verhandlungen sogar abbrachen und auf einen neuen Anfang einige Tage später drängten. An diesem Konflikt wird deutlich, dass die Arbeitnehmervertretung durchaus in der Lage ist, die Interessen der Arbeitnehmer durchzusetzen bzw. ein gewisses Drohpotential aufzubauen. Aus diesem Grund, kann auch während der ERA - Einführung von einer integrationsorientierten Kooperation als dem dominanten Interaktionsmodus ausgegangen werden.

Die Zusammenarbeit der Betriebsparteien nach der ERA - Einführung ist geprägt von der Bewältigung der Wirtschaftskrise im Unternehmen. Da sich auch während des Einführungsprozesses das Verhalten der Parteien im Unternehmen nicht wesentlich verändert hat, kann diese gleichgesetzt werden mit der Zeit vor ERA.

Der Betriebsratsvorsitzende begründet die gute Zusammenarbeit mit dem Personalleiter auch damit, dass beide ungefähr eine gleich lange Betriebszugehörigkeit haben, beide zum gleichen Zeitpunkt in die Funktionen gekommen und im gleichen Alter sind. Die gleichwertige Lebenssituation und Erfahrung seien eine gute Ausgangsbasis für eine gute Zusammenarbeit. „Ich kann dem Personalleiter oder dem Geschäftsführer einmal die Nase aus dem Gesicht ziehen vor der Belegschaft, das gelingt mir einmal. Das nächste Mal passt der auf, wann er mich erwischen kann. Wenn wir das machen, Nasenziehen, dann machen wir das unter vier Augen, und dann hoffen wir, dass ein Wochenende dazwischen ist, oder wir sehen uns mal drei Tage nicht und dann geht das auch wieder weiter. Dann ist das auch wieder vergessen, das bringt die Arbeit, das Leben, einfach mit sich, dass nicht nur Friede-Freude-Eierkuchen ist."

Zusammenführung der Ergebnisse von Management und Betriebsrat

Die Zusammenarbeit der Betriebsparteien in U05 ist vor, während und nach ERA von einem vertrauensvollen und offenen Umgang geprägt. Die Arbeitgeberseite bindet die Arbeitnehmervertretung in alle Themenstellungen direkt ein, so dass Probleme gemeinsam gelöst werden können. Basis für dieses Vorgehen ist die persönliche Beziehung der beiden Protagonisten: Betriebsratsvorsitzender und Personalleiter können beide eine lange Betriebszugehörigkeit zurückblicken und arbeiten daher schon mehrere Jahre miteinander. Sie vertrauen sich und können auch in Streitigkeiten offen miteinander sprechen, ohne nachtragend zu sein. In Vier-Augen-Gesprächen wird versucht zu erkunden, wie weit sich der Gegenüber auf das eigene Vorgehen einlassen kann und auf welchem Wege ein Kompromiss gefunden werden kann; dabei werden jedoch keine Entscheidungen ohne die Zustimmung des Betriebsratsgremiums getroffen. Gemeinsamkeiten stehen im Mittelpunkt der täglichen Arbeit, ohne dass die eigenen Interessen vernachlässigt werden.

23. Tab.: Übersicht Interaktionsmuster in Unternehmen U05

	Vor ERA	Während ERA	Nach ERA
Management	Integrationsorientierte Kooperation	Integrationsorientierte Kooperation	Integrationsorientierte Kooperation
Betriebsrat	Integrationsorientierte Kooperation	Integrationsorientierte Kooperation	Integrationsorientierte Kooperation
Gesamteindruck	Integrationsorientierte Kooperation	Integrationsorientierte Kooperation	Integrationsorientierte Kooperation

6.2.6 Unternehmen U06

U06 wurde zu Beginn der 1900er Jahre als Familienunternehmen gegründet, Anteile des Unternehmens wurden gegen 2000 an ein Private Equtiy - Haus verkauft. Am befragten Standort sind ca. 500 Arbeitnehmer beschäftigt.

Auswertung des Gesprächs mit Vertretern des Managements (U06A)

Auf Seiten des Management wurde eine Befragung leider abgelehnt, so dass keine Daten vorhanden sind und eine Zusammenführung der Gesprächsergebnisse der Betriebsparteien nicht möglich ist.

Auswertung des Gesprächs mit Vertretern des Betriebsrates (U06a)[171]

Ansprechpartner des Betriebsrates vor Ort ist grundsätzlich die Werksleitung des Standortes. Aufgrund der Dezentralisierung des Unternehmens kann es allerdings vorkommen, dass Entscheidungen der Werksleitung mit den Entscheidungsträgern am Hauptsitz in NRW abgesprochen werden müssen. Die Zusammenarbeit der Betriebsparteien vor Ort beschreibt der Befragte vor ERA als sehr gut. Sie ist geprägt durch eine offene Kommunikation und offene Türen auf beiden Seiten. Beide Seiten respektieren die Ansichten und Meinungen des Anderen. Dennoch ist man bestrebt, einen Kompromiss zu erreichen, der für beide Seiten eine Win-Win-Situation darstellt. Viele mitbestimmungsrelevante Entscheidungen werden im Vorfeld der abschließenden Verhandlung in einem Vier-Augen-Gespräch zwischen der Werksleitung und dem Betriebsratsvorsitzenden geklärt, um Konflikte nicht aufkeimen zu lassen und so schnell wie möglich zu beheben. „Die Türen sind bei uns immer offen. Wenn Probleme anstehen, lösen wir diese gemeinsam, meist schon im Vorfeld."

Der Organisationsgrad der Arbeitnehmer am Standort liegt bei nahezu 90%, dieser Sachverhalt bildet das größte Machtmittel des Betriebsrates. Eine Mitarbeitermobilisierung gegen die Werksleitung wird jedoch in den meisten Fällen nicht angestrebt. Aufgrund des hohen gewerkschaftlichen Organisationsgrades spielt die Belegschaft in der Arbeit des Betriebsrates eine wichtige Rolle. „Die Belegschaft vertraut uns.", so die Aussage des Betriebsratsvorsitzenden. Zu Beginn der Amtsübernahme des Befragten war das Verhältnis der gewerblichen Mitarbeiter zum Betriebsrat besser als das der Angestellten; dies hat sich jedoch positiv verändert. Ursachen dafür sieht er in der Einführung von ERA und in dem während der Wirtschaftskrise verhandelten Sozialplan. „Auch die Angestellten haben gemerkt, dass man einem Betriebsrat vertrauen kann." Das Machtmittel des Arbeitgebers bei der Interessendurchsetzung sind die Angst der Arbeitnehmer vor einem möglichen Arbeitsplatzverlust und die Drohung, Arbeitsplätze ins Ausland zu verlagern. „Um den Arbeitsplatz nicht zu verlieren, sind viele bereit, auf einiges zu verzichten."

---

[171] Das Gespräch fand mit dem Vorsitzenden des Betriebsrates statt.

Die Zusammenarbeit der Betriebsparteien vor ERA ist aus Sicht der Arbeitnehmervertretung einer integrationsorientierten Kooperation zuzuordnen. Beide Seiten erkennen die unterschiedlichen Interessen an, suchen jedoch nach einem Kompromiss, der für beide Seiten tragbar ist. Es gibt keinen einheitlichen Pace-Setter, der die Zusammenarbeit besonders prägt. Im Vorfeld der kollektiven Verhandlungen im Betriebsratsgremium finden Vier-Augen-Gespräche statt, die Konflikte bereits im Vorfeld lösen sollen. Symbolische Machtmittel wie das Drohen der Arbeitsplatzverlegung auf Arbeitgeberseite und das Verweigern von Überstunden auf Arbeitnehmerseite dienen der Durchsetzung der eigenen Interessen.

Strategische Entscheidungen der ERA-Umsetzung auf Seiten des Arbeitgebers wurden während des Prozesses in der Zentrale des Unternehmens in NRW getroffen. Strategie des Arbeitgebers war nach Einschätzung des Betriebsratsvorsitzenden eine möglichst nahe Eingruppierung der Mitarbeiter am Tarifvertrag sowie die Vermeidung von Z-(Zwischen) Stufen. Zielsetzung des Betriebsrates dagegen war die Umsetzung einer gerechten Entlohnung für die Arbeitnehmer, die Gleichbehandlung von Männern und Frauen, die Vermeidung von Austritten aus der Gewerkschaft sowie die Vermeidung von Entgeltverlusten allgemein. Alle Entscheidungen oder Verhandlungsergebnisse mit dem Betriebsrat musste die Werksleitung mit dem Management in der Zentrale abstimmen.

Die Mitglieder des Betriebsrates wurden durch Schulungen der IG Metall und der TBS gGmbH auf ERA vorbereitet. Die Arbeitgeberseite stand im Austausch mit dem Arbeitgeberverband. Von Seiten des Betriebsrates wurde im Vorfeld der Umsetzung des Tarifvertrages eine umfangreiche Bestandsaufnahme durchgeführt; erarbeitet wurden Arbeitsplatzbeschreibungen und deren Ersteingruppierungen sowie Schattenrechnungen zur Kostenprüfung. Arbeitsplatzbeschreibungen waren im Unternehmen vor ERA nicht vorhanden und mussten neu erstellt werden. Nach deren Fertigstellung wurden Ersteingruppierungsvorschläge von beiden Seiten ausgearbeitet, die dann in mehreren Terminen verhandelt wurden. Auf Wunsch des Betriebsrates fanden diese Verhandlungen ohne die Anwesenheit der beteiligten Mitarbeiter der Zentrale statt. Zwischen dem Betriebsrat und den Mitarbeitern aus NRW kam es während des gesamten ERA – Prozesses immer wieder zu Konflikten, so dass eine gemeinsame Verhandlung der Entgelte der Arbeitnehmer nicht zielführend gewesen wäre.

Ein wichtiges Argument des Betriebsrates zum Ausschluss der Vertreter der Zentrale war deren Unkenntnis der Arbeitsplätze vor Ort und die sich daraus ergebende Unfähigkeit, Aussagen treffen können. „Die kennen die Arbeitsplätze bei uns doch auch gar nicht. Warum sollten die also dabei sein. Unser Ansprechpartner ist hier am Standort. Da haben wir durchgesetzt, dass die nicht dabei sind. Das wäre ganz schwierig geworden." Aus der paritätischen Kommission, die gebildet wurde, wurden die Mitarbeiter aus NRW ebenfalls auf Wunsch des Betriebsrates ausgeschlossen; anwesend waren hier die Vertreter der Werksleitung, der Betriebsrat, der Mitarbeiter selbst und sein zuständiger direkter Vorgesetzter.

Zielsetzung der Zentrale in NRW war u.a. eine einheitliche Eingruppierung aller Mitarbeiter an allen Standorten. So sollten beispielsweise alle Werkzeugmacher im gesamten Unternehmen einheitlich eingruppiert werden. Der Betriebsrat lehnte dies mit der Begründung ab, dass nicht alle Werkzeugmacher die gleiche Arbeit ausüben, so dass auch die Entgeltgruppe verschieden sein könnte. „Die Zentrale wollte z.B. alle Werkszeugmacher an allen Standorten in die gleiche E-Stufe eingruppieren. Dabei konnten die noch nicht mal sagen, ob die alle das gleiche machen." Zur Orientierung der Vorgesetzten bei der Eingruppierung der Arbeitnehmer wurde von der Zentrale ein einheitlicher Katalog ausgehändigt.

Der Betriebsrat ist aus Sicht des befragten Betriebsratsmitgliedes die treibende Kraft der Umsetzung des ERA gewesen; deutlich wird dies an der hohen Anzahl Aushänge zur Information und Betriebsversammlungen, die zu diesem Thema organisiert wurden. „Wir haben die Kollegen immer wieder über Aushänge informiert und sie auf dem Laufenden gehalten."

Der Arbeitgeber versucht die ERA - Umsetzung negativ zu besetzen, um die Akzeptanz der Belegschaft für seine Entscheidungen zu erhöhen. Es wurde, so der Betriebsratsvorsitzende, immer wieder von Seiten der Werksleitung versucht, eine mögliche Schuld der ERA - Umsetzung am Standort den Interessenverbänden zuzuordnen, da diese ERA erarbeitet und gewollt haben. Während des gesamten Prozesses erfuhr der Betriebsrat am befragten Standort starke Unterstützung der IG Metall - Verwaltungsstelle vor Ort. „Die IG Metall hat uns immer wieder helfen können."

Die tarifliche Kostenneutralität von 2,79% wurde vom Arbeitgeber akzeptiert, aber letztlich nicht erreicht. Es wurde lediglich eine Steigerung der vorhandenen Entgeltsumme von 2,1% am Standort erzielt, so dass der Restbetrag an die Belegschaft während einer Kurzarbeitsphase ausgezahlt werden konnte. „Den Rest haben wir dann während der

Kurzarbeit auszahlen können, und haben damit die Entgeltverluste der Kollegen etwas aufgefangen."

Als Vorteil der ERA - Einführung nennt der befragte Betriebsrat die intensive Beschäftigung mit der Fertigungsstruktur und den Arbeitsplätzen im Unternehmen. Auch die von der Zentrale nicht gewollten Z-Stufen wurden am Standort auf Druck des Betriebsrates eingeführt, um mögliche Umgruppierungen zu vereinfachen.[172]

Grundsätzlich wird die ERA - Einführung im Unternehmen seitens des Betriebsrates positiv bewertet, was auch ebenfalls durch die gute Zusammenarbeit der Betriebsparteien vor Ort möglich war. Der Betriebsratsvorsitzende ist davon überzeugt, dass die gute Zusammenarbeit vor ERA mitentscheidend für den erfolgreichen ERA – Prozess gewesen ist.

Der Einführungsprozess ist ebenfalls aus Sicht des Betriebsrates durch eine integrationsorientierte Kooperation der beiden Betriebsparteien gekennzeichnet. Beide Seiten arbeiten an einer ERA - Einführung, die für alle Beteiligten tragbar ist. Zu diesem Zweck wird die Zentrale aus entscheidenden Verhandlungen ausgeschlossen, um individuelle Absprachen verfolgen zu können. Die betrieblichen Interessen stehen im Vordergrund der Zusammenarbeit.

Nach der Einführung von ERA hat sich die Zusammenarbeit der Betriebsparteien weiter verbessert. Nach Aussage des Betriebsrates hat die Werksleitung ihr Vertrauen in den Betriebsrat weiter ausbauen können, so dass das folgende Projekt, wie die Verhandlung des Sozialplans schnell und positiv verlaufen konnte.

Zusammenführung der Ergebnisse von Management und Betriebsrat

Eine Zusammenführung der Gesprächsergebnisse der Betriebsparteien ist aufgrund fehlender Gesprächsergebnisse seitens des Managements nicht möglich.

---

[172] Entgeltsprünge sind nicht so hoch, so dass eine Umgruppierung in eine höhere Entgeltgruppe schneller und mit geringeren Kosten umgesetzt werden kann.

24. Tab.: Übersicht Interaktionsmuster in Unternehmen U06

	Vor ERA	Während ERA	Nach ERA
Management	-	-	-
Betriebsrat	Integrationsorientierte Kooperation	Integrationsorientierte Kooperation	Integrationsorientierte Kooperation
Gesamteindruck	-	-	-

6.2.7 Unternehmen U07

U07 ist ein Unternehmen der Metallveredelung. Am befragten Standort arbeiten ca. 160 Produktionsmitarbeiter und 50 Angestellte.

Auswertung des Gesprächs mit Vertretern des Managements (U07A)[173]

Die befragte Personalreferentin arbeitete zum Zeitpunkt der Berfragung erst seit gut einem halben Jahr im Unternehmen und konnte daher nur recht pauschale Aussagen zur Zusammenarbeit der Betriebsparteien im Unternehmen vor ERA machen. Aussagen zur Einführung des ERA können ebenso nur auf Basis der augenblicklichen Erfahrungen gemacht werden. Neben der Personalreferentin wurde Ende 2008 ein Personalleiter im Unternehmen eingestellt; bis zu diesem Zeitpunkt bestand die Personalabteilung lediglich aus einer Entgeltabrechnung. Die ERA - Einführung im Unternehmen wurde aus diesem Grund von einer Controllerin und dem damaligen Finanzleiter durchgeführt.

ERA wurde zum 01.01.2009 umgesetzt. Jedoch ist der Einführungsprozess bis heute nicht vollständig abgeschlossen. Die Vertreter der Arbeitgeberseite gruppierten die Mitarbeiter viel zu niedrig und losgelöst von allen tariflichen Niveaubeispielen ein. „Das waren eben Finanzer, Personaler gab es im Unternehmen nicht. Die haben sich damit gar nicht wirklich beschäftigt." Im Gegenzug gruppiert der Betriebsrat die Mitarbeiter des Unternehmens viel zu hoch und ebenfalls ohne Bezugnahme zu den Niveaubeispielen ein. „Da waren Entgeltabrechner teilweise in der E9, wir haben nur elf Entgeltstufen." Entscheidende Verhandlungen zur Einführung und Eingruppierung der Arbeitnehmer fanden im Unternehmen nicht statt. Vielmehr wurden die Eingruppierungen der Arbeitgeberseite zum 01.01.2009 umgesetzt. Dies hatte zur Folge, dass ein Großteil der Arbeitnehmer Widersprüche einlegte und das Unternehmen seit diesem Zeitpunkt monatliche Rückstellungen bilden muss, um die Ansprüche der Arbeitnehmer ausbezahlen zu können. Aufgrund dieser Widersprüche befindet sich das Unternehmen aktuell in einem

---

[173] Das Gespräch wurde mit einer Personalreferentin geführt. Der Personalleiter war zum Zeitpunkt der Befragung erkrankt.

Schwebezustand, so dass ERA nochmals neu aufgerollt werden muss. „Wir machen das jetzt einfach nochmal. Das ist eine Aufgabe, die wir jetzt machen müssen." Die Vorgesetzten wurden aufgefordert, ihre Mitarbeiter anhand von tariflichen Niveaubeispielen unabhängig von der letztmaligen Eingruppierung einzustufen. Das Ergebnis dieser Eingruppierung lag zum Zeitpunkt der Befragung dem Betriebsrat zur Entscheidung vor. Aufgrund der vom Betriebsrat angesetzten Sommerpause war zu erwarten, dass sich die Entscheidung des bis Ende September 2010 verzögerte. Die tarifliche Kostenneutralität von 2,79% wurde von beiden Seiten akzeptiert und eingehalten.

Die Zusammenarbeit der Betriebsparteien während der ERA - Einführung mittels eines Interaktionsmodus zu beschreiben ist nur schwer möglich. Sowohl die Befragte als auch der Personalleiter haben den Einführungsprozess selbst nicht oder nur am Ende miterlebt. Die von Arbeitgeberseite beteiligten Personen sind heute nicht mehr im Unternehmen. Eine Aussage ist lediglich auf Basis des Ergebnisses möglich.

Die Durchsetzung der Eingruppierung durch den Arbeitgeber ohne Verhandlungen mit der Arbeitnehmervertretung lässt auf ein autoritär-hegemoniales Regime schließen. Ob dies die Realität widerspiegelt, ist jedoch fraglich, da die Gewerkschaft Einfluss auf den Betriebsrat ausübt. Weiterhin wird die rigorose Durchsetzung der Politik des Managements in Frage gestellt, da der ERA -Prozess neu aufgerollt wird.

Grundsätzlich beschreibt die Mitarbeiterin den Betriebsrat als wenig sicher in betriebsverfassungsrechtlichen Fragestellungen; so kann es sein, dass der Betriebsrat eine Betriebsvereinbarung nach Abschluss noch einmal zurückziehen oder verändern möchte, da er das eine oder andere anders gemeint oder verstanden habe. Der Betriebsrat im Unternehmen ist sehr produktionsnah orientiert. Traditionsgemäß verzichtet der Betriebsratsvorsitzende auf seine obligatorische Freistellung und übt das Ehrenamt neben seiner beruflichen Tätigkeit aus.

Vier-Augen-Gespräche zwischen dem Vorsitzendem des Betriebsrates und dem Management finden nicht statt, vielmehr erscheinen zu Vorabgesprächen immer mehrere Betriebsräte. „Die kommen im Rudel. Da muss man sich erstmal dran gewöhnen." Verbindliche Aussagen werden in solchen Gesprächen nicht gemacht, Entscheidungen werden grundsätzlich nach Rücksprache mit dem gesamten Gremium getroffen, was u.U. sehr lange dauern kann. Die Personalabteilung wird als Pace-Setter in der Zusammenarbeit beschrieben. Ideen, Vorschläge, Anregungen oder Veränderungswünsche kommen von Seiten des Managements, Betriebsvereinbarungen werden von der Personalabteilung ausgearbeitet und dann dem Betriebsrat vorgelegt. „Wir müssen immer auf die zugehen, und dann machen die keinen eigenen Vorschlag, sondern lassen alles von uns ausarbeiten." Der Betriebsrat entscheidet über diesen Vorschlag nach Rücksprache mit der örtlichen Gewerkschaft. „Dann kommen die nochmal und wollen wieder was geändert haben, weil sie das so nicht gemeint oder so nicht verstanden haben oder oder."

Die Zusammenarbeit der Betriebsparteien nach der Einführung des ERA kann von der befragten Personalreferentin nur für einen eingeschränkten Zeitraum beschrieben werden. Sie kennzeichnet den Betriebsrat als eher schwach; so müssen rechtliche Fragestellungen mit der IG Metall besprochen werden, bevor eine Entscheidung getroffen werden kann, oder bereits getroffene Entscheidungen werden zurückgezogen. Pace-Setter der Zusammenarbeit ist die Arbeitgeberseite, die Vorschläge und Veränderungsprozesse vorantreibt. Eine Aussage zur Anerkennung der unterschiedlichen Interessen wird zwar nicht getroffen, jedoch kann davon aufgrund des Abschlusses von Betriebsvereinbarungen ausgegangen werden. Der Betriebsrat kann als verlängerter Arm der örtlichen Gewerkschaft gesehen werden. Das Interaktionsmuster ist der interessenbezogenen Kooperation aufgrund dieser Informationen am ähnlichsten.

Auswertung des Gesprächs mit Vertretern des Betriebsrates (U07a)
Auf Seiten des Betriebsrates wurde eine Befragung aus unbekannten Gründen leider abgelehnt, so dass keine Daten vorhanden sind und eine Zusammenführung der Gesprächsergebnisse der Betriebsparteien nicht möglich ist.

Zusammenführung der Ergebnisse von Management und Betriebsrat
Eine Zusammenführung der Gesprächsergebnisse der Betriebsparteien ist aufgrund fehlender Gesprächsergebnisse seitens des Betriebsrates nicht möglich.

25. Tab.: Übersicht Interaktionsmuster in Unternehmen U07

	Vor ERA	Während ERA	Nach ERA
Management	-	Autoritär-hegemoniales Regime	Interessensbezogene Kooperation
Betriebsrat	-	-	-
Gesamteindruck	-	-	-

6.2.8 Unternehmen U08

Das Unternehmen produziert seit über 35 Jahren am Standort Komplettlösungen. Am befragten Standort sind zur Zeit der ERA - Einführung rund 380 Arbeitnehmer beschäftigt, zum Zeitpunkt der Befragung Mitte 2010 sind es noch ca. 350.

Auswertung des Gesprächs mit Vertretern des Managements (U08A)

Die befragte Personalreferentin ist seit Ende 2007 im Unternehmen tätig. Bis zu ihrer Einstellung bestand die Personalabteilung lediglich aus der Funktion der Entgeltabrechnung. Die operative Personalarbeit wurde von den direkten Vorgesetzten der Arbeitnehmer übernommen, während übergreifende Themen von der Geschäftsleitung entschieden wurden. Ansprechpartner des Betriebsrates waren zu diesem Zeitpunkt der kaufmännische Leiter sowie der Produktionsdirektor am Standort. „Es fand eigentlich keine Zusammenarbeit statt."

Häufig kam es zu Beschwerden des Betriebsrates, da betriebsverfassungsrechtliche Grundlagen, wie z.B. die Anhörung des Betriebsrates bei personellen Einzelmaßnahmen nach § 99 BetrVG missachtet oder Betriebsvereinbarungen umgangen wurden. Nach Aussage der Befragten war dies jedoch nicht auf die Böswilligkeit der Beteiligten, sondern vielmehr auf deren Unwissen zurückzuführen. „Das war nicht böse gemeint, die wussten es einfach nicht besser."

Regelmäßige Treffen der Betriebsparteien außerhalb der Betriebsratssitzungen fanden nicht statt. Absprachen zwischen Betriebsrat und Management wurden teilweise in Vier-Augen-Gesprächen vollzogen. Die Zusammenarbeit war auf ein Minimum reduziert. Ein Richtungswechsel der Zusammenarbeit der Betriebsparteien wurde mit der Einstellung eines neuen kaufmännischen Leiters, der auch die Einstellung der Personalreferentin vorantrieb, eingeläutet. „Das änderte sich erst, als ich eingestellt wurde. Dafür wurde ich auch eingestellt."

Über die Zusammenarbeit der Betriebsparteien vor der ERA - Einführung kann aufgrund der kurzen Betriebszugehörigkeit der Befragten nur eine begrenzte Aussage gemacht werden.

Die Zusammenarbeit scheint durch das Fehlen eines fachlichen Ansprechpartners für den Betriebsrat von Missverständnissen und Unsicherheiten geprägt gewesen zu sein.

Die Einführung von ERA war das erste Projekt der Befragten im Unternehmen. ERA sollte möglichst schnell im umgesetzt und im Unternehmen eingeführt werden. Maßgeblich war dabei die Einhaltung der tariflichen Kostenneutralität von 2,79%. Dabei sollten die Arbeitnehmer fair und unabhängig von der Person und den entstehenden Kosten in eine neue ERA konforme Entgeltstufe eingruppiert werden. Die Einführung des neuen Tarifwerkes wurde als gemeinsames Projekt der neu eingestellten Personalreferentin und des kaufmännischen Leiters angesehen. Zielsetzung des Betriebsrates war die Umsetzung einer Regelüberführung im Unternehmen, was von Arbeitgeberseite grundlegend abgelehnt wurde.

Arbeitsplatzbeschreibungen waren im Unternehmen bereits vorhanden; sie stammten aus der Feder des früheren kaufmännischen Leiters und orientierten sich sehr stark an den tariflichen Niveaubeispielen. „Im Grunde hat der die Niveaubeispiele einfach abgeschrieben. Heute würde ich das anders machen, aber damals wusste ich es nicht besser." Diese Arbeitsplatzbeschreibungen dienten als Grundlage, wurden überarbeitet und anhand eines Rangreihenverfahrens eingruppiert, was möglichst nahe am Tarifvertrag erfolgte.

Diese Eingruppierungsvorschläge gingen an den Betriebsrat zur Prüfung und anschließender Weiterverhandlung. Die Arbeitsplatzbeschreibungen waren dem Betriebsrat bereits bekannt. In vielen einzelnen Verhandlungsterminen forderte der Betriebsrat weitere Arbeitsplatzbeschreibungen, um die Durchlässigkeit des Systems zu gewährleisten. Ein weiterer schwieriger Verhandlungspunkt war die Zuordnung der einzelnen Mitarbeiter zu den eingruppierten Arbeitsplatzbeschreibungen. Aufgrund dieser Differenzen wurde seitens des Betriebsrates ein Arbeitsgerichtsverfahren eingeleitet; die Betriebsparteien einigten sich auf Musterprozesse in verschiedenen Bereichen. Das Arbeitsgerichtsverfahren fand jedoch nicht statt. Auf Initiative des Arbeitgeberverbandes wurde eine Mediation zwischen Arbeitnehmervertretung und Management angestrebt. Mit diesem Verfahren erklärte sich der Betriebsrat sofort einverstanden, da die Verhandlungen fast völlig ins Stocken geraten waren und die Zusammenarbeit gestört war. Insgesamt fanden drei Mediationstermine statt. Die befragte Personalreferentin beschreibt die Situation folgendermaßen: „Es war wie auf dem Viehmarkt." Insgesamt wurde ein verbesserter Bestandsschutz für die Entgelte der sich zum Zeitpunkt der Einführung im Unternehmen befindlichen Mitarbeiter vereinbart; „Es war ein Kuhhandel."

Das erreichte Ergebnis wird heute vom Betriebsrat im Unternehmen nicht mitgetragen. „Der steht einfach nicht dazu." Vielmehr bringt er die ERA - Einführung bei Verhandlungen immer wieder zur Sprache und fordert bessere Eingruppierungen für die Mitarbeiter, so die Befragte.

Die IG Metall hatte großen Einfluss auf die Arbeit und die Entscheidungen des Betriebsrates während der ERA - Einführung. So teilte der Betriebsrat dem Management während des Prozesses mit, dass zwei weitere Mitglieder der Arbeitnehmervertretung für die Umsetzung des neuen Tarifvertrages im Unternehmen von ihrer Arbeit freigestellt werden. „Da waren wir vielleicht perplex, aber was wollen Sie machen? Da haben sie keine Chance. Natürlich haben wir versucht, das zu verhindern."

ERA wird im Unternehmen grundsätzlich als positives Projekt wahrgenommen. Fehler führt die Personalreferentin auf ihre Unerfahrenheit im Unternehmen zurück. „Ich wusste ja nicht, mit wem ich es im Unternehmen zu tun hatte. Ich kannte die Leute ja nicht." Die neue Eingruppierung führt zu ca. 50% ERA-Überschreitern und 50% ERA-Unterschreitern.

Während der ERA - Einführung kam es zu einer Zunahme des Organisationsgrades der Arbeitnehmer, weiterhin wurde so viele Betriebsratsstunden wie noch nie im Unternehmen zuvor gestempelt.

Die Zusammenarbeit der Betriebsparteien während ERA wird seitens der Befragten als gut bezeichnet, insbesondere weil keine Vermischung der ERA - Einführung mit anderen Themen durch den Betriebsrat stattfand.

Die Zusammenarbeit der Betriebsparteien während der ERA - Einführung ist von Konflikten geprägt, wie aus der Einschaltung eines Mediators zur Vermittlung zu entnehmen ist. Es ist freilich bemerkenswert, dass der Betriebsrat, obwohl an der Entstehung der Konflikte nicht unschuldig (Beispiel: die einseitigen Freistellung weiterer Betriebsräte seitens des Betriebsrates), an einem Kompromiss interessiert ist. Der Interaktionsmodus der interessenbezogenen Kooperation wird hier deutlich.

Die Zusammenarbeit der Betriebsparteien nach ERA - Einführung wird seitens der Personalabteilung weiter verbessert und ausgebaut. So werden beispielsweise gemeinsame Aushänge mit dem Betriebsrat zur Information der Arbeitnehmer veröffentlicht. Dass die Belegschaft des Unternehmens dem Betriebsrat vertraut, wird vor allem an einem Organisationsgrad von ca. 80% deutlich.

Die befragte Person aus dem Management merkt an, dass ihr zu Ohren gekommen sei, dass der Betriebsrat bei seiner Arbeit eine Unterscheidung der Arbeitnehmer in IG Metall Mitglieder und Nichtmitglieder vornehmen würde. Die Arbeitnehmervertretung weiste angeblich darauf hin, dass nur IG Metall Mitglieder Anspruch auf eine Tariferhöhung hätten. Seitens des Managements wird in solchen Fällen immer wieder darauf hingewiesen, dass Tariferhöhungen an alle Beschäftigten im Unternehmen weitergegeben werden. „Ich habe gehört, dass er die Mitarbeiter in Mitglieder und Nichtmitglieder trennt; das ist auch nicht in Ordnung. Wir weisen dann natürlich immer darauf hin, dass wir keinen Unterschied machen. Dazu haben wir auch schon einen Aushang gemacht."

Das Verhältnis zwischen Belegschaft und Geschäftsführung ist teilweise aufgrund negativer Erfahrungen der Mitarbeiter mit direkten Vorgesetzten geprägt. An einer veränderten Wahrnehmung der Mitarbeiter wird aktuell sehr stark gearbeitet; so findet einmal im Monat eine Sprechstunde des kaufmännischen Leiters für alle Arbeitnehmer statt. Diese Angebot wird unterschiedlich stark seitens der Arbeitnehmer angenommen.

Die Vertreterin des Management äußert sich in eigener Weise zum Vorsitzenden des Betriebsrates und bezeichnet ihn als „Dinosaurier". Der Vorsitzende der Arbeitnehmervertretung ist demnach seit ca. 20 Jahren Mitglied des Betriebsrates und schon lange Vorsitzender. Die Befragte meint freilich, dass der Betriebsratsvorsitzende den Kontakt zur Belegschaft verloren hätte, da er bei der letzten Betriebsratswahl nicht mehr die Stimmenmehrheit erhalten hätte. „Sein Stern ist aktuell doch eher am Sinken. Das haben wir auch bei der Betriebsratswahl gemerkt, da hat er nicht mehr die meisten Stimmen bekommen." Er wird im kommenden Jahr in die Freistellungsphase der Altersteilzeit gehen.

Die Zusammenarbeit der Betriebsparteien nach der ERA - Einführung wird seitens des Management weiter zu einer interessensbezogenen Kooperation ausgebaut. Die gemeinsamen Interessen der Betriebsparteien sollen im Vordergrund stehen, wenn auch divergierende Interessen nicht vernachlässigt werden. Der Betriebsrat kann als verlängerter Arm der Gewerkschaft angesehen werden; so betont der Betriebsrat die

Bedeutung der IG Metall - Zugehörigkeit für die Arbeitnehmer. Geld bzw. die Weitergabe von Tariferhöhungen sind ein wichtiges Mittel zur Beeinflussung der Arbeitnehmer. Die Person des Betriebsratsvorsitzenden scheint eine Hürde für eine vertrauensvolle Zusammenarbeit zu sein.

Auswertung des Gesprächs mit Vertretern des Betriebsrates (U08a)[174]

Der befragte Betriebsrat übt bereits seit 30 Jahren seine Funktion aus. Er sei zunächst als alleiniger Betriebsrat im Unternehmen tätig gewesen; mit dem beständigen Wachstum des Unternehmens seit er nun jedoch schon seit mehreren Jahren als freigestellter Betriebsratsvorsitzender von den Arbeitnehmern bestätigt. Ansprechpartner für den Betriebsrat waren vor der Einführung des ERA der kaufmännische Leiter und der Produktionsleiter des Unternehmens. Die Zuständigkeit der Ansprechpartner richtete sich nach dem Themenfeld. Beide Personen hatten wenig Erfahrung mit der Anwendung des Betriebsverfassungsgesetzes, was der Betriebsrat für seine Arbeit als teilweise vorteilhaft bezeichnet. „Je nachdem, wer zuständig war, der war dann unser Ansprechpartner."

Betriebsversammlungen im Unternehmen wurden vom Betriebsrat mit vorheriger Absprache mit der Geschäftsführung organisiert. „Die Termine haben wir dann abgesprochen." Machtmittel des Betriebsrates zu dieser Zeit waren der Rückhalt der Betriebsratsarbeit in der Belegschaft und nach eigener Einschätzung die Persönlichkeit des Betriebsratsvorsitzenden. „Mein breites Kreuz und mein dickes Fell." Unterstützung und Hilfe für die Arbeit des Betriebsrates ist die örtliche IG Metall; eine enge Zusammenarbeit ist wichtig, um die Interessen der Arbeitnehmervertretung durchzusetzen. „Die Zusammenarbeit mit der IG Metall ist schon wichtig, und wir stehen auch dahinter."

Die Unterstützung der Gewerkschaft ist nach der Überzeugung des Betriebsratsvorsitzenden für die eigene Arbeit wichtig. Er kann gemeinsam mit der IG Metall Dinge im Unternehmen erreichen und umsetzten, die ohne eine gute Zusammenarbeit zwischen der betrieblichen und überbetrieblichen Interessenvertretung nicht möglich wären. Als schwierig für die Zusammenarbeit der Betriebsparteien erweist sich das Fehlen eines direkten Ansprechpartners auf Seiten des Managements.

Der beschriebene Interaktionsmodus kommt der interessenbezogenen Kooperation am nächsten. Es finden regelmäßige Treffen der Betriebsparteien statt, in denen ein

[174] Das Interview wurde mit dem Vorsitzenden des Betriebsrates geführt.

Kompromiss zur Lösung von Konflikten gesucht wird. Dabei versucht der Betriebsrat, die politischen Interessen der Gewerkschaft in die Lösungsfindung miteinfließen zu lassen.

Die ERA Einführung wurde im Unternehmen dreimal aus unterschiedlichen Gründen verschoben. Ursprünglich hatte der Produktionsleiter vor Jahren mit der ERA - Einführung begonnen; diese wurde jedoch abgebrochen. Nachdem die Einstellung der Personalreferentin erfolgte, sollte ERA schnellstmöglich umgesetzt werden. Der Arbeitgeber teilte dem Betriebsrat Ende Oktober 2007 mit, dass der neue Tarifvertrag innerhalb von sechs Monaten im Unternehmen Anwendung finden sollte.

Die im Unternehmen vorhandenen Arbeitsplatzbeschreibungen wurden von den direkten Vorgesetzten der Mitarbeiter überarbeitet und im Dezember 2007 an den Betriebsrat zur Eingruppierung übergeben. „Da hab ich gesagt, soll ich die direkt wegwerfen?" Im Januar des folgenden Jahres kam es dann zu ersten gemeinsamen Besprechungen zwischen den Betriebsparteien. Der Betriebsrat gründete einen ERA - Ausschuss, um die Umsetzung im Unternehmen besser verfolgen und bei der Umsetzung mitarbeiten zu können. Zu diesem Zweck wurden Betriebsratsmitglieder von ihrer Arbeit im Unternehmen freigestellt. Dies stieß, nach Aussage des Betriebsratsvorsitzenden, beim Arbeitgeber auf Unmut. Nachdem der Betriebsrat mit einem Arbeitsgerichtsverfahren drohte, wurde die Freistellung der Betriebsräte im Unternehmen akzeptiert. „Die Kollegen waren vom Arbeitgeber schon sehr eingeschüchtert, aber ich hab das dann mit der IG Metall geklärt." Schulungen für die Betriebsräte fanden bereits seit 2005 in Zusammenarbeit der TBS gGmbH mit der IG Metall statt, so dass sich der Betriebsrat besser geschult als das Management fühlte. „Wir haben uns lange damit auseinandergesetzt."

Aus Sicht des Betriebsrates führte die Arbeitgeberseite eine Strategie der Kostensenkung mit der Umsetzung des neuen Tarifvertrages durch. 90% der Facharbeiter im Unternehmen waren vor ERA in den Lohngruppen 8-10 eingruppiert, Un- oder Angelernte wurden nach Lohngruppe 6-9 bezahlt. Anstelle von Erschwerniszulagen wurden höhere Lohngruppen vergütet. Mit der Einführung von ERA sollten alle Facharbeiter in der E05 eingruppiert werden.

Die Arbeitsplatzbeschreibungen in der Produktion des Unternehmens wurden für die jeweiligen Arbeitsplatzgruppen erstellt. Der Betriebsrat schlug eine Einstufung der Facharbeiter in die E07 vor, was auf starken Widerstand der Produktionsleitung stieß. Es kam zu heftigen Auseinandersetzungen.

Strategie des Betriebsrates war die Ausschöpfung der Kostenneutralität von 2,79%.

Der Betriebsrat plante die Umsetzung des ERA mittels einer Regelüberführung; als Gegenleistung sollte der ERA - Fonds dem Arbeitgeber zugesprochen werden. Was eine Regelüberführung für die Arbeitnehmer bedeutet hätte, wurde den Mitarbeitern in persönlichen Briefen mitgeteilt. „Wir haben die Mitarbeiter mit der Briefaktion bei ihrer Ehre gepackt."

Eine Formelüberführung wurde seitens des Managements jedoch strikt abgelehnt. Die Aktionen des Betriebsrates führten zu einer Steigerung des Organisationsgrades im Unternehmen, während vor ERA nur 25% (2005) der Mitarbeiter in der IG Metall organisiert waren, steigerte sich die Anzahl der Gewerkschaftsmitglieder während ERA auf über 60% und lag zum Zeitpunkt der Befragung (Sommer 2010) bei ca. 63% der Arbeitnehmer. Die Steigerung der Mitgliederzahl konnte u.a. durch eine verstärkte Werbung des Betriebsrates für die Gewerkschaft erreicht werden, so die Aussage des Betriebsratsvorsitzenden.

Bei 230 Eingruppierungen insgesamt kam es zu 104 Widersprüchen der Arbeitnehmer. In einer paritätischen Kommission konnte bei 50% der Widersprüche eine höhere Eingruppierung erfolgen, während bei ca. 40 Widersprüchen keine gemeinsame Lösung gefunden wurde. Für diese Widersprüche wurde ein Arbeitsgerichtsverfahren durch eine Musterklage angestrebt; jedoch kam es nicht zum ersten Verhandlungstermin. Auf Bestreben des Arbeitgebers wurde im Unternehmen eine Mediation durchgeführt, mit deren Hilfe ein Kompromiss gefunden werden sollte. Die Betriebsparteien einigten sich auf die Einführung von Z (Zwischen) Stufen in bestimmten Bereichen. Mitarbeiter, die bei Einführung des ERA im Unternehmen waren, erhalten eine tarifdynamische[175] Zulage, die Entgelte der Altersteilzeitmitarbeiter bleiben unangetast, die Ausgleichszulage aber wird von 10% auf 5% reduziert.

Während des Einführungsprozesses wurden die Mitarbeiter über Betriebsversammlungen vom Betriebsrat informiert.

Obwohl noch einige Fragen offen waren, wurde ERA zum 01.05.2008 im Unternehmen umgesetzt. Im Juni des Jahres konnten alle Unklarheiten beseitigt werden und die ERA Umsetzung damit für beendet erklärt werden.

---

[175] Während freiwillige Zulagen bei einer Tariferhöhung nicht verändert werden, nehmen tarifdynamische Zulagen an den vereinbarten Tariferhöhungen teil.

Aus Sicht des Betriebsrates ist ERA ein erfolgreiches Projekt. Sichtbar wird dies u.a. auch daran, dass es nur zu einem Austritt aus der IG Metall kam.

Während der ERA - Umsetzung zeigte sich der Betriebsrat als aktiver Gegenpart zur Arbeitgeberseite und versuchte mit diversen Machtspielen seine Interessen für die Belegschaft durchzusetzten. Deutlich wurde dies in der Freistellung zusätzlicher Betriebsratsmitglieder und in einem Informationsschreiben an alle Arbeitnehmer des Unternehmens. Ziel des Betriebsrates gemeinsam mit der IG Metall war die Umsetzung des Tarifwerkes mittels einer Regelüberführung, was seitens des Managements abgelehnt wurde. Die Strategie bzw. die enge Zusammenarbeit zwischen betrieblicher und überbetrieblicher Interessenvertretung wird auch in der Steigerung des Organisationsgrades im Unternehmen deutlich. Die Eskalation der betrieblichen Konflikte in einem Arbeitsgerichtsverfahren bzw. in einer Mediation zwangen aus Sicht der Arbeitnehmervertretung den Arbeitgeber zu einigen Kompromissen.

Die vom Betriebsrat dargestellten Interaktionen der Betriebsparteien spiegeln sich im konfliktorischen Interaktionsmuster wieder. Beide Seiten wollen ihre Interessen umsetzen und sind bereit, einen Konflikt eskalieren zu lassen. Der Betriebsrat aktiviert die Belegschaft im Unternehmen mittels eines Schreibens und bewegt außerdem die Arbeitnehmer zu einem Gewerkschaftseintritt.

Die ERA - Einführung hat, nach Aussage des Befragten, zu einer weiteren Verbesserung der Zusammenarbeit der Betriebsparteien beigetragen. Die Zusammenarbeit mit der neu eingestellten Personalreferentin wird überwiegend als positiv beschrieben. Da der Betriebsratsvorsitzende bald aus dem Unternehmen ausscheiden wird, bereitet er seit mehreren Jahren einen Nachfolger auf die neuen Aufgaben vor. Er selbst hat bei den letzten Betriebsratswahlen nur die drittmeisten Stimmen für sich verzeichnen können, was er seiner guten Nachwuchsarbeit zuschreibt.

Die Zusammenarbeit nach ERA hat sich aufgrund der Einstellung einer Personalreferentin weiterhin verbessert. Die Konflikte während der ERA - Einführung sind beigelegt. Beide Seiten erkennen die gemeinsamen Interessen an, ohne die unterschiedlichen aus den Augen zu verlieren. Die IG Metall spielt für den Betriebsrat weiterhin eine wichtige Rolle.

Zusammenführung der Ergebnisse von Management und Betriebsrat

Da Aussagen des Managements über die Zusammenarbeit der Betriebsparteien vor der ERA - Einführung fehlen, kann keine zusammenfassende Aussage gemacht werden.

Die Zusammenarbeit während der ERA Einführung war von vielen Konflikten geprägt. Die Umsetzung des ERA war das erste Projekt der neu eingestellten Personalreferentin im Unternehmen, sie kannte das Unternehmen und die handelnden Personen zu wenig. Sie hatte den Auftrag, ERA schnellstmöglich (innerhalb von sechs Monaten) im Unternehmen umzusetzen. Der Betriebsrat kann daher nur in einem beschränkten Maße mit in die Vorbereitungen einbezogen werden. Grundlage der Einführung ist die Vorarbeit, die im Unternehmen geleistet wurde (Arbeitsplatzbeschreibungen lagen vor). Der Betriebsrat forderte, unterstützt von der örtlichen Gewerkschaft, eine Regelüberführung im Unternehmen, während der Arbeitgeber eine tarifvertragskonforme Eingruppierung der Arbeitnehmer forderte. Der Konflikt zwischen Betriebsrat und Management steigerte sich durch Aktionen des Betriebsrates (Freistellung zusätzlicher Betriebsräte, Schreiben an alle Arbeitnehmer). Beide Seiten ließen diesen Konflikt in einem Arbeitsgerichtsverfahren eskalieren, lediglich das Einbeziehen einer Mediation verhinderte den gerichtlichen Prozess. Die von einer externen Person geleitete Mediation trug dazu bei, dass ein von beiden Seiten akzeptierter Kompromiss gefunden wurden. Die ERA-Einführung spiegelt das konfliktorisches Interaktionsmuster wieder.

Die Zusammenarbeit der Betriebsparteien nach der ERA - Einführung hat sich weiter stabilisiert. Seit der Einstellung der Personalreferentin im Unternehmen steht dem Betriebsrat ein fachlicher Ansprechpartner für alle Fragen zur Verfügung. Zwar erklärt die befragte Vertreterin des Managements, dass der Betriebsrat den mit ERA getroffenen Kompromiss nicht mitträgt, und dass dies grundsätzlich die sehr gute Zusammenarbeit erschwere. Die unterschiedlichen Interessen der Betriebsparteien werden von allen Seiten anerkannt; Ziel ist es jedoch, eine gute Lösung für das Unternehmen zu finden. Der Betriebsrat wird weiterhin von der Gewerkschaft gesteuert und sucht gezielt dort nach Hilfe.

26. Tab.: Übersicht Interaktionsmuster in Unternehmen U08

	Vor ERA	Während ERA	Nach ERA
Management	-	Interessenbezogene Kooperation	Interessenbezogene Kooperation
Betriebsrat	Interessenbezogene Kooperation	Konfliktorisches Interaktionsmuster	Interessenbezogene Kooperation
Gesamteindruck	-	Konfliktorisches Interaktionsmuster	Interessenbezogene Kooperation

6.2.9 Unternehmen U09

Das Unternehmen ist Teil eines internationalen Konzerns, der ein weiteres Tochterunternehmen in regionaler Nähe führt. Die Unternehmen sind unabhängig voneinander und haben ERA getrennt eingeführt. Der befragte Standort vertreibt Ersatzteile.

Auswertung des Gesprächs mit Vertretern des Managements (U09A)[176]

Die befragte Personalleiterin des Unternehmens gibt zu Beginn des Interviews zu bedenken, dass die Interaktionen zwischen den Betriebsparteien immer von handelnden Personen abhängig ist. Dies war auch in der Zusammenarbeit vor ERA ein entscheidender Punkt. Die damalige Betriebsratsvorsitzende empfand die Betriebsratstätigkeit als persönliche Berufung. „Sie sah sich als Mutter Theresa." Ohne die Einschaltung des Betriebsrates, so die Meinung der damaligen Vorsitzenden, konnten die Mitarbeiter nichts erreichen. Vorhaben, Ideen und Anregungen des Managements wurden von ihr sehr genau geprüft, was sämtliche Prozesse teilweise unnötig verlängerte und erschwerte. „Die Zusammenarbeit war von Spielchen und Machtkämpfen geprägt". Die Betriebsratsvorsitzende löst die Probleme für die „unmündigen Mitarbeiter".

Das Verhalten der Betriebsratsvorsitzenden führte in der Belegschaft zu einem Frontenaufbau zwischen dem „guten Betriebsrat" und dem „bösen Management". Es bestand eine Art „Haßliebe" zwischen den beiden Hauptakteuren. Grundsätzliche Entscheidungen, wie beispielsweise bei der Erstellung einer Betriebsvereinbarung, wurden nur nach Rücksprache mit der zuständigen IG Metall Dienststelle getroffen.

Die befragte Personalleiterin beschreibt ein konfliktorisches Interaktionsmuster, da nur der Betriebsrat, in Person der Vorsitzenden, die Belegschaft vertreten kann. Die

---

[176] Das Interview wurde mit der Personalleiterin des Unternehmens geführt.

divergierenden Interessen der Beteiligten stehen im Vordergrund der Zusammenarbeit. Lösungen werden in Konflikten gefunden. Entscheidungen der Arbeitnehmervertretung werden mit der Gewerkschaft abgesprochen.

Die Geschäftsführung wollte ERA vom ersten Tag an gemeinsam mit dem Betriebsrat und ohne die Einschaltung externer Berater im Unternehmen einführen. „ERA war die Krönung des Machtspiels." Der Versuch des Managements, die vorhandenen Stellenbeschreibungen ohne Arbeitnehmer zu bewerten, stellte sich aufgrund der geringen Betriebsgröße als besonders schwierig heraus. Auf die Nutzung der tariflichen Niveaubeispiele konnte nicht zurückgegriffen werden, da diese für ein Produktionsunternehmen gelten. „Die konnten wir nicht nehmen, weil die einfach nicht zu uns passten."

Die Eingruppierung der Arbeitsplatzbeschreibungen nahm jede Betriebspartei für sich selbst vor. Dabei erwies sich die Benachteiligung der oberen Lohngruppen als schwierig. Im Unternehmen werden nur wenige Mitarbeiter in unteren Entgeltgruppen tätig, da die meisten Arbeitnehmer in hochqualifizierten Tätigkeiten beschäftigt sind (z.B. Ingenieure). In den anschließenden Verhandlungen zur Eingruppierung der Arbeitsplätze wurden große Unterschiede deutlich. Da diese Konflikte auch in der paritätischen Kommission nicht gelöst werden konnten, wurde ein Arbeitsgerichtsverfahren angestrebt. Der Arbeitgeberverband stellte fest, dass die Arbeitsplätze zu hoch eingruppiert waren, was für folgende ERA - Einführungen in anderen Unternehmen zu Schwierigkeiten führen würde. Die befragte Personalleiterin verwies in dieser Diskussion auf das hohe Entgeltniveau im Unternehmen vor ERA. Abgruppierungen der Arbeitnehmer mittels ERA seien nur theoretisch möglich. „Wir sind vorne weg gelaufen, und alle waren gegen uns.", so die Aussage der Personalleiterin zur damaligen Situation, „Wir mussten das doch machen. Kein Unternehmen macht das freiwillig."

Auch für die Arbeitnehmer ist ERA nur sehr schwer zu verstehen; trotz einer intensiven Kommunikation im Unternehmen ist die betriebliche Einführung für die Mitarbeiter zu komplex und führt daher zu Verständnisschwierigkeiten, so die Meinung der Personalleiterin.

Die Verhandlungen vor dem Arbeitsgericht scheiterten. „Was soll ein Arbeitsrichter auch dazu sagen? Die haben doch gar keine Ahnung, wie die Arbeitsplätze bei uns wirklich sind." Schließlich kam es zu einer außergerichtlichen Einigung der Betriebsparteien. Im Kompromiss wurde die Einführung von Z- (Zwischen) Stufen beim Entgelt vereinbart; diese waren von der

Gewerkschaft gefordert, wurden vom Arbeitgeberverband jedoch abgelehnt.

Die tarifliche Kostenneutralität wurde seitens des Managements auf 0,0% gekürzt, für den Betriebsrat galt weiterhin eine Kostenneutralität von 2,79%. Der nicht aufgebrauchte ERA - Fonds wurde schnellstmöglich an die Mitarbeiter ausgezahlt, um den Prozess abzuschließen.

Die ERA - Einführung hat die Zusammenarbeit der Betriebsparteien auf eine harte Probe gestellt. Nach Einschätzung der Personalleiterin hätte ERA die Zusammenarbeit nachhaltig verschlechtert, wäre es nicht zu einem Wechsel der Hauptakteure gekommen.

Die Personalleiterin beschreibt die Zusammenarbeit der Betriebsparteien als ein konfliktorisches Interaktionsmuster. Die divergierenden Interessen der Betriebsparteien, aber auch die unterschiedliche Einflussnahme der Interessenverbände, stehen im Vordergrund der betrieblichen Umsetzung.

Die Zusammenarbeit der Betriebsparteien nach ERA hat sich entscheidend verändert. Maßgeblich für diese Veränderung ist der bereits genannte Wechsel der Hauptakteure auf beiden Seiten. Die neue Betriebsratsvorsitzende hat, nach Ansicht der Personalleiterin, ein anderes Verständnis von ihrer Arbeit. Sie versucht nicht die Probleme für die Mitarbeiter, sondern gemeinsam mit ihnen zu lösen. „Sie hat auch auf die Freistellung verzichtet, sie hat noch ein anderes Leben neben der Betriebsratstätigkeit." Das Vertrauen in die andere Seite ist im Unternehmen wieder vorhanden, dies ist eine Voraussetzung für die Weitergabe von Informationen oder die Umsetzung von gemeinsamen Projekten.

Die Befragte gibt an, dass die Belegschaft kein Interesse an einer schlechten Zusammenarbeit der Betriebsparteien hat. Gute Lösungen für alle könnten nur gefunden werden, wenn die Parteien sich verstehen. Dies versucht das Unternehmen in einer gemeinsamen Kommunikation mit dem Betriebsrat gegenüber den Arbeitnehmern zu dokumentieren. „Die Belegschaft hat gar kein Interesse daran, dass wir uns ständig bekriegen. Da kommt nämlich nicht das beste für die Mitarbeiter bei raus, sondern meistens irgendwas."

Die Zusammenarbeit hat sich nach ERA verändert. Prägte vorher ein konfliktorisches Interaktionsmuster den Umgang der Betriebsparteien, hat sich dieses zu einer integrationsorientierten Kooperation gewandelt. Die gemeinsamen Interessen stehen im Vordergrund der Handlungen.

Auswertung des Gesprächs mit Vertretern des Betriebsrates (U09a)[177]

Die Betriebsratsvorsitzende verzichtet wie bereits ausgeführt auf die obligatorische Freistellung und übt den Vorsitz erst seit der Zeit nach der ERA – Einführung als Ehrenamt aus.

Die Zusammenarbeit der Betriebsparteien vor ERA war von den Persönlichkeiten der damaligen Betriebsratsvorsitzenden und des Geschäftsführers Finanzen gezeichnet. Die Mitbestimmung im Unternehmen war von Machtspielen und -demonstrationen geprägt. „Es gab jede Menge Kämpfe und ERA war der Kampf schlechthin.", so die Aussage der Befragten. Die Zusammenarbeit kann als eine Art „Haßliebe" beschrieben werden. Zwar wurden Formalien eingehalten, allerdings kam es immer wieder zu Provokationen der Gegenseite, z.B. Verzögerungen bei der Anhörung zu einer Einstellung, ständige Rückfragen, bevor eine Entscheidung getroffen werden konnte usw. „Im Privaten, z.B. auf Weihnachtsfeiern hat er (Anm: der Geschäftsführer) ihre Arbeit auch gelobt."

Die wirtschaftliche Situation des Unternehmens vor ERA war sehr gut. „Mit der Krise hatten wir wenig zu tun. Unser Markt wächst eher."

Die Zusammenarbeit der Betriebsparteien vor ERA ist von einem konfliktorischem Interaktionsmodus geprägt. Beide Parteien suchten im Konflikt Lösungsmöglichkeiten ihrer unterschiedlichen Meinungen. Zwar werden alle Formalien des Betriebsverfassungsgesetzes eingehalten. Provokationen und Machtdemonstrationen werden jedoch genutzt, um die eigenen Interessen durchzusetzen.

Die Einführung des neuen Tarifvertrages im Unternehmen erwies sich aufgrund der Historie der Zusammenarbeit als schwierig. Ziel des Arbeitgebers war es, so die Auffassung der Betriebsräte, ERA schnellstmöglich umzusetzen und Entgeltkosten am Standort zu sparen. Ziel der Arbeitnehmervertretung war eine faire und saubere Ersteingruppierung der Arbeitnehmer. Der Betriebsrat bereitete sich durch diverse Schulungen umfangreich auf den Einführungsprozess vor.

Zwar existierten Arbeitsplatzbeschreibungen im Unternehmen, waren jedoch veraltet und wurden von der Personalabteilung nur neu aufgearbeitet. Die neuen Arbeitsplatzbeschreibungen wurden dem Betriebsrat zur Überprüfung und unabhängigen Eingruppierung vorgelegt. Das Gremium stellte fest, dass die neuen schlechter waren als

---

[177] Befragt wurde die Betriebsratsvorsitzende des Unternehmens und ein weiteres Betriebsratsmitglied.

die alten, die bereits vorhandenen. „Die waren dann noch älter, die haben die Arbeitsplätze runtergruppiert", so die Meinung der Betriebsratsvorsitzenden. Die unzureichenden Arbeitsplatzbeschreibungen wurden durch den Betriebsrat in Kooperation mit den betroffenen Mitarbeitern überarbeitet und eingruppiert. „Wir haben uns mit jedem hingesetzt, wenn der Mitarbeiter das wollte." Während dieses Überarbeitungsprozesses gruppierte der Arbeitgeber die Arbeitnehmer vorläufig ein. Von 280 Arbeitnehmern reichten etwa ein Viertel einen Widerspruch ein. Mitarbeiter, die aus persönlichen Gründen keinen Widerspruch einlegen wollten, wurden auf Wunsch durch den Betriebsrat vertreten. „Wenn die Beziehung zum Vorgesetzten so eng war, dass die Mitarbeiter das nicht wollten, dann haben wir das auf deren Wunsch übernommen. Es gab aber auch eine ganze Abteilung, die das gar nicht wollte. Dann haben wir das auch gelassen. Im Nachhinein hätten wir es vielleicht besser trotzdem gemacht."

Zunächst wurde eine innerbetriebliche Konfliktlösung angestrebt. Dazu verbrachten die Personalleiterin und die damalige Betriebsratsvorsitzende mehrere Tage in einem regionalen Hotel, erreichten jedoch keine Lösung. „Letztlich ist das, was wir jetzt haben, nichts anders als das, was die beiden damals besprochen haben." Die Arbeitnehmervertretung ließ darauf den Konflikt zum Arbeitsgericht eskalieren. „Wir haben es zum Arbeitsgericht eskalieren lassen." Der Betriebsrat bereitete sich gemeinsam mit dem von der IG Metall benannten Anwalt umfangreich auf den Gütertermin vor. „Wir hatten einen Superanwalt aus Frankfurt." Alle 70 Widersprüche wurden dokumentiert und für das Verfahren vorbereitet. Der Anwalt der Arbeitgeberseite (Anwalt des Arbeitgeberverbandes) bereitete lediglich einen Widerspruch vor. Im Gütetermin wurde der Arbeitgeberseite vom vorsitzenden Richter Verzögerungstaktik vorgeworfen. Es wurde ein neuer Termin angesetzt, zu dem sollte die Arbeitgeberseite alle weiteren Widersprüche aufbereiten. „Das war für die nicht zu schaffen, das Volumen war einfach viel zu groß", merkt die Betriebsratsvorsitzende an.

Grundlegender Fehler der Personalabteilung, so die Befragten, sei die Nichteinbeziehung der Arbeitnehmer bei der Erstellung der Arbeitsplatzbeschreibungen gewesen. Während des ERA - Prozesses gerieten nicht nur die Mitarbeiter der Personalabteilung und die Geschäftsführung unter Druck, sondern auch die Vorgesetzten der Arbeitnehmer.

Die Belegschaft im Unternehmen reagierte auf diesen innerbetrieblichen Konflikt mit Wut. „Im Unternehmen war der Mob los, jeder hat sein Fett abbekommen.". Die Betriebsruhe war erheblich gestört. Ausgangslage dazu war ein falsches Verständnis der Belegschaft von ERA; die Mitarbeiter verstanden nicht, warum die Betriebszugehörigkeit und das Alter bei der Ersteingruppierung außer Acht gelassen wurde. „Das haben die nicht verstanden. Es ist aber auch schwer zu verstehen, warum das nicht mehr zählen soll." Problematisch war weiterhin, dass der örtliche Bezirksverband der Gewerkschaft und auch der Arbeitgeberverband keine Erfahrung mit der betrieblichen Umsetzung des ERA hatten. Zu einem weiteren Gerichtstermin kam es nicht. Die Arbeitgeberseite ließ sich zur Wiederherstellung des Betriebsfriedens auf einen Kompromiss mit dem Betriebsrat ein. Die vom Betriebsrat erstellten Arbeitsplatzbeschreibungen wurden als Grundlage der Eingruppierung der Arbeitnehmer herangezogen; es wurden sogenannte Z- (Zwischen) Stufen eingeführt und 98% aller Widersprüche umgesetzt. Die tarifliche Kostenneutralität wurde auf 1,5% gekürzt, der restliche ERA - Fonds wurde an die Arbeitnehmer ausbezahlt. „Das hat nachher eine halbe Stunde gedauert."

Wäre dieser Kompromiss nicht möglich gewesen, hätte der Betriebsrat die Eskalation vor dem Arbeitsgericht weiter gesucht.

Auch während der ERA - Einführung ist die Zusammenarbeit der Betriebsparteien durch ein konfliktorisches Interaktionsmuster gekennzeichnet, da der betriebliche Umsetzungsprozess von Konflikten und Auseinandersetzungen gekennzeichnet ist, die über die Betriebsparteien hinausgehen; auch die Belegschaft rebelliert gegen die Unstimmigkeiten zwischen Arbeitnehmervertretung und Management.

Aufgrund einer schweren Krankheit musste die Betriebsratsvorsitzende das Unternehmen nach der ERA - Einführung verlassen. Zwar versuchte der Geschäftsführer Finanzen die Betriebsräte weiterhin zu provozieren; darauf ließ man sich jedoch nicht ein. Nach einiger Zeit gab auch er die Verantwortung an die Standortleitung ab. „Er hat sich dann auf andere Dinge konzentriert."

Seit dem hat sich die Zusammenarbeit der Betriebsparteien grundlegend geändert. Man respektiert sich, informiert die andere Seite ausreichend, arbeitet ehrlich miteinander ohne die Nutzung von Machtmitteln und ist nun in der Lage, gemeinsame Projekte zum Wohl es Unternehmens durchzuführen. Diese Verhaltensänderung schreiben die befragten Betriebsräte nicht den schlechten Erfahrungen der ERA - Einführung zu, sondern einem Wechsel der zuständigen Personen. „Wir haben viele gemeinsame Projekte, die wir angehen müssen. Das können wir teilweise nur gemeinsam lösen."

Die befragten Betriebsräte zeigen sich jedoch über viele andere Kollegen in der Region enttäuscht, weil sie sich nicht wirklich mit ERA beschäftigt hätten, vielmehr die Einführung für das Unternehmen passend gemacht hätten. „Die haben sich damit gar nicht wirklich beschäftigt, das war denen zu anstrengend."

Durch die ERA - Einführung ist mehr Transparenz und Klarheit in die Eingruppierung der Mitarbeiter gekommen, so dass es viele Konflikte von damals heute nicht mehr gibt, z.b. das Problem bei der Eingruppierung von Neueinstellungen.

Die Zusammenarbeit der Betriebsparteien hat sich nach der Umsetzung des neuen Tarifvertrages entscheidend verändert. Nach Aussage der befragten Betriebsräte ist dieser Wechsel allerdings nicht auf die negativen Erfahrungen bei der Umsetzung des ERA zurückzuführen, sondern auf den Wechsel der zuständigen Personen. Die neue Form der Zusammenarbeit ist von gegenseitigem Respekt und Anerkennung geprägt. Zwar erkennen beide Seiten weiterhin die unterschiedlichen Interessen an, während die gemeinsamen Interessen jetzt in Projekten umgesetzt werden. Der Interaktionsmodus hat sich in eine integrationsorientierte Kooperation gewandelt.

Zusammenführung der Ergebnisse von Management und Betriebsrat

Die Zusammenarbeit der Betriebsparteien vor und während ERA ist von Konflikten der Betriebsparteien geprägt. Gegenseitige Provokationen und der Alleinvertretungsanspruch der Betriebsratsvorsitzenden bestimmen den gegenseitigen Umgang. Während der ERA - Umsetzung eskalieren die unterschiedlichen Interessen und Konflikte zu einem Arbeitsgerichtsverfahren, das jedoch keine Lösung bringt. Ein Kompromiss wird schließlich außerhalb der Gerichtsräume auf einer betrieblichen Ebene gefunden.

Dieses konfliktorische Interaktionsmuster ändert sich, als nach der ERA – Umsetzung die Betriebsratsvorsitzende ausscheidet und der Geschäftsführer Finanzen seine Verantwortung abgibt. Die neuen Hauptakteure (Personalleiterin und neue Betriebsratsvorsitzende) gestalten die Zusammenarbeit neu, ohne Einbeziehung der Vergangenheit. Beide Seiten betonen den Respekt voreinander. Die Zusammenarbeit hat sich in eine integrationsorientierte Kooperation gewandelt, in der die gemeinsamen Ziele im Vordergrund stehen.

27. Tab.: Übersicht Interaktionsmuster in Unternehmen U09

	Vor ERA	Während ERA	Nach ERA
Management	Konfliktorisches Interaktionsmuster	Konfliktorisches Interaktionsmuster	Integrationsorientierte Kooperation
Betriebsrat	Konfliktorisches Interaktionsmuster	Konfliktorisches Interaktionsmuster	Integrationsorientierte Kooperation
Gesamteindruck	Konfliktorisches Interaktionsmuster	Konfliktorisches Interaktionsmuster	Integrationsorientierte Kooperation

6.2.10 Unternehmen U10

Das Unternehmen ist ein Automobilhersteller. Seitens des Managements wurde eine Führungskraft in der Zentrale befragt, die Befragung des Betriebsrates fand in einer regionalen Verkaufsniederlassung statt.

Da beide Befragte in der täglichen Arbeit keinen Kontakt miteinander haben, ist eine Zusammenführung der Gesprächsergebnisse schwierig.

Auswertung des Gesprächs mit Vertretern des Managements (U10A)[178]

Der Personalleiter war mitverantwortlich für die ERA - Einführung in einem Produktionswerk in Hamburg. Eine Aussage zur Zusammenarbeit der Betriebsparteien vor, während und nach ERA kann er nicht geben.

ERA wurde drei Jahre vorbereitet, bevor die Umsetzung in den Werken und den Zentralfunktionen stattfinden konnte. Für die Umsetzungsphase nahm sich das Unternehmen ein Jahr Zeit, im Anschluss daran fand eine intensive Betreuung statt.

Grundsätzlich, gibt er an, lediglich Aussagen zum ERA der Metall- und Elektroindustrie machen zu können. Dieses wurde nach dem Modell in Baden-Württemberg in allen Produktionswerken und in den Zentralfunktionen eingeführt; für die Verkaufsniederlassungen gelten abweichende Regelungen, die ebenfalls auf Konzernebene festgelegt wurden.

Die Einführung des Tarifwerks aus Baden-Württemberg hat für die Mitarbeiter an den Standorten außerhalb Baden-Württembergs den Vorteil, dass die tariflichen Anteile höher sind als die regionalen. Er gibt an, dass grundsätzlich das Unternehmen übertariflich vergütet. Hintergrund der einheitlichen Einführung ist eine möglichst einfache Personalverschiebung über die Standorte hinweg. „Der Hintergrund des Ganzen ist einfach, um eine Verschiebung zwischen den Werken, also einen Personalaustausch zwischen den

---

[178] Das Interview wurde telefonisch mit einem Vertreter der Personalabteilung in Berlin geführt.

Werken, wesentlich einfacher zu gestalten." Alle Stellen im Unternehmen sind einheitlich bewertet, so dass ein Elektriker immer in der gleichen Entgeltstufe zu finden ist, wenn die Tätigkeit identisch ist. Die 130 tariflichen Niveaubeispiele ergänzte das Unternehmen um weitere 1.000. „Es gibt bei dem ERA TV[179] in Baden-Württemberg, ich glaube 130 Niveaubeispiele und wir haben noch einmal knapp 1.000 betriebliche Ergänzungsbeispiele beschrieben und bewertet." Die Arbeitsplätze aller Arbeitnehmer im Unternehmen wurden mit Standardaufgabenbeschreibungen versehen; Inhalt dieser Beschreibungen sind nur die wertprägenden Tätigkeiten, Nebenaufgaben gehen demnach teilweise verloren. „Ja also, wir reden je bei ERA immer über Wertigkeitsniveaus. Und der große Unterschied, mit dem wir halt immer zu kämpfen haben, ist, dass eine Stellenbeschreibung immer sehr individuell dann auch das Aufgabengebiet des Mitarbeiters beschreibt. Ist nach Standardaufgabenbeschreibung, da steckt ja schon das Wort Standard drin, da beschreiben sie nur noch die wertprägenden Tätigkeiten." Diese betrieblichen Ergänzungsbeispiele zur Beschreibung der Arbeitsaufgaben im Unternehmen wurden von einer paritätischen Kommission bewertet und eingruppiert.

Dazu wurden die Arbeitsplätze der Arbeitnehmer vor Ort zunächst von den direkten Vorgesetzten beschrieben; diese Ergebnisse wurden dann im Werk gebündelt und zur Zentrale des Unternehmens gesendet, die Nebentätigkeiten entfernt, es fand nochmals eine Rücksprache mit den Vorgesetzten vor Ort statt, so dass am Ende Standardaufgabenbeschreibungen vorlagen.

Der ERA - Einführungsprozess wurde unternehmerisch betrieben, der Betriebsrat wurde jedoch bereits zu Beginn informiert und mit eingebunden. Bevor die Arbeitsplatzbeschreibungen gemeinsam verhandelt wurden, erhielt der Betriebsrat Entwürfe und verschaffte sich selbst einen Eindruck in den Werken des Unternehmens.

Eine Zusammenarbeit mit den Arbeitgeberverbänden vor Ort fand aufgrund der zentralen Einführung des neuen Tarifvertrages nicht statt.

Als vorteilhaft beschreibt der Befragte die enge Verzahnung der Betriebsparteien in Baden-Württemberg mit den Tarifvertragsparteien. Der Vorsitzende des Gesamtbetriebsrates des Unternehmens und der Personalvorstand sind Mitglied der Tarifvertragsparteien, so dass Informationen unmittelbar an das Unternehmen weitergegeben werden können. „Man muss dazu sagen, dass die Betriebsparteien in Baden-Württemberg identisch sind mit den Tarifvertragsparteien. Wenn es eine Tarifrunde gibt, dann sitzt der Gesamtbetriebsratsvorsitzende auf der einen Seite und der Personalvorstand auf der anderen

---

[179] ERA TV = ERA Tarifvertrag

Seite." Er beschreibt den Betriebsrat als eindeutig IG Metall geprägt, da versucht wird, politische Vorgaben der Gewerkschaft im Unternehmen umzusetzen. „Der Betriebsrat ist ganz klar IG Metall geprägt und macht, was die IG Metall sagt." Die tarifliche Kostenneutralität der ERA - Einführung von 2,79% wurde im Unternehmen auf 1,5% gekürzt, während der Restbetrag zur Schaffung zusätzlicher Kontingente der Altersteilzeit genutzt wurde (Zukunftsicherung 2012).

Gewinner der ERA - Umsetzung im Unternehmen sind klassische Facharbeiter, Instandhalter und Ingenieure. Verloren haben im Unternehmen einfache Sachbearbeiter, IT-Mitarbeiter und Monteure. Es gab anscheinend eine ausgewogene Verteilung zwischen Gewinnern und Verlierern.

ERA wurde seitens des Arbeitgebers nicht als Kosteneinsparprogramm genutzt. Vielmehr sollte eine Inventur der Wertigkeiten der Tätigkeiten im Unternehmen stattfinden. Mitarbeiter, die aufgrund des neuen Wertigkeitskatalogs Entgelt verloren hätten, erhielten diese über einen Bestandsschutz abgesichert. Zielsetzung des Betriebsrates war eine bestmögliche Absicherung der Arbeitnehmer im Unternehmen. Die vereinbarte Besitzstandsicherung galt nur für Mitarbeiter, die zum Zeitpunkt der ERA - Einführung im Unternehmen beschäftigt waren; neue Mitarbeiter werden auf Basis des neuen Tarifvertrages vergütet.

Auswertung des Gesprächs mit Vertretern des Betriebsrates (U10a)[180]

Die Zusammenarbeit der Betriebsparteien vor und nach ERA wird in der Verkaufsniederlassung seitens des Betriebsrates als gut beschrieben. „Wir kommen gut klar." Einmal im Monat findet eine Betriebsratssitzung statt, zu der auch die Standortleitung eingeladen wird. Vier-Augen-Gespräche finden teilweise ebenfalls statt; Entscheidungen seitens des Betriebsrates werden aber immer nur nach Absprache mit dem Gremium getroffen. Die Betriebsräte beschreiben die Zusammenarbeit als offenen und ehrlichen Austausch, in dem Argumente sachlich und konstruktiv diskutiert werden. Divergierende Interessen finden in einem gemeinsamen Kompromiss zusammen. Die Grenzen der Zusammenarbeit werden deutlich festgelegt und beide Betriebsparteien halten sich daran. „Jeder hat seine Grenzen deutlich abgesteckt, und daran halten sich die Parteien. Die bekommen ja auch ihre Vorgaben, an die sie sich zu halten haben."

---

[180] Befragt wurden der Betriebsratsvorsitzende und ein weiteres Betriebsratsmitglied.

Die Zusammenarbeit der Betriebsparteien vor und nach der ERA - Einführung in der Niederlassung wird seitens des Betriebsrates als gut beschrieben. Es finden regelmäßige Treffen statt, in denen Konflikte sachlich gelöst werden. Grundsätzlich ist die gesamte Zusammenarbeit sehr stark von den Regeln und Vorgaben des Konzerns geprägt. Die örtliche Arbeitgeberseite hat nur wenig Verhandlungsspielraum in grundlegenden Entscheidungen, wie beispielsweise bei der Entgeltstruktur im Unternehmen.

Während der ERA - Einführung wurde der Betriebsrat von Beginn an sehr stark in den Umsetzungsprozess miteingebunden. Es fanden gemeinsame Schulungen der Betriebsparteien beim Arbeitgeberverband statt, was seitens der Arbeitnehmervertretung als sehr positiv empfunden wurde. „Wir waren sogar mit der Geschäftsführung beim Arbeitgeberverband. Das war sehr interessant, da lernt man auch mal die andere Seite kennen." Arbeitsplatzbeschreibungen waren in den Niederlassungen des Unternehmens bereits seit den 1970er Jahren vorhanden, allerdings nur teilweise aktuell gehalten. Sie wurden nicht in der Niederlassung selbst aktualisiert, sondern auf der Ebene des Unternehmens. Dort fand auch die Eingruppierung der Arbeitsplatzbeschreibungen statt. Auf individuelle Arbeitsweise und Aufgabenverteilungen in den Niederlassungen konnte daher keine Rücksicht genommen werden.

Insbesondere Nebenaufgaben im Angestelltenbereich fanden in den Arbeitsplatzbeschreibungen keine Berücksichtigung mehr. Die Angestellten wurden damit zu den Verlierern der ERA - Einführung. „Die Angestellten fragen sich jetzt auch: Warum mach ich das? Ist doch gar nicht meine Aufgabe und bezahlt bekomme ich das auch nicht." Die vorgefertigten Arbeitsplatzbeschreibungen wurden den Betriebsräten vor Ort übergeben und in einem Zeitraum von sechs Wochen vom Betriebsrat unter Einbeziehung der einzelnen Arbeitnehmer überprüft. Dazu mussten die Mitarbeiter die Stellenbeschreibungen offiziell über die Personalabteilung beantragen. Beanstandungen nahm dann der Betriebsrat vor Ort vor.

Grundsätzlich wurden die „Spielregeln" zur ERA - Einführung auf Ebene des Konzerns festgelegt, so dass in den Werken und Niederlassungen nur noch eine Umsetzung erfolgen musste. „Wie es laufen sollte, war ja vorgegeben. Da hatten wir nicht mehr so viel Handhabe. Wir konnten nur versuchen, es für uns so gut wie möglich zu machen."

Die Betriebsräte der befragten Standorte geben an, dass die Niederlassung selbst im

Vergleich zu anderen Niederlassungen eine gute Position hatte. Hintergrund ist der strenge und sparsame Umgang mit anderen Ressourcen, z.b. der Leistungsbewertung der Arbeitnehmer, das Streichen des obligatorischen Mittagsessens bei Samstagsarbeit, Streichen des Zuschusses zur Weihnachtsfeier usw. „Ist doch klar, warum wir immer so gut dastehen. Die legen die Regeln ganz eng aus. Es geht dann ja auch um deren Geld. Ist doch klar." Aktuell ist außerdem die Personaldecke der Niederlassung sehr dünn, so dass die Arbeitnehmer viele Überstunden leisten.

Als problematisch sehen die Betriebsräte weiterhin, dass sich die Mitarbeiter das eigene Produkt nicht mehr leisten können, da das Unternehmen auch an den Arbeitnehmern stark spart. „Es kann doch nicht sein, dass sich die eigenen Mitarbeiter das Auto nicht mehr leisten können. Früher standen auf dem Parkplatz nur Autos von uns. Heute kann sich die keiner mehr leisten, und da steht jetzt alles. Das kann doch so nicht weitergehen." Die Belegschaft zeigt dafür jedoch nur ein geringes Maß an Verständnis, wenn die Gewinne des Unternehmens weiter steigen. „Bei uns wird gespart, und dann erfährt man, wie hoch die Gewinne wieder sind oder was an die Führungskräfte ausgeschüttet wird."

ERA wird seitens der Betriebsräte als ein Entgelteinsparungsprogramm des Arbeitgebers gesehen. Der Betriebsrat hatte letztlich nur die Möglichkeit, den Bestandsschutz der Arbeitnehmer zu sichern. Grundsätzlich erstrebt das Unternehmen weiterhin eine Einsparung bis 2018 von ca. 100 Mio €.

ERA wurde als Instrument dazu genutzt und wurde am Standort zum 01.07.2010 eingeführt.

Die Zusammenarbeit der Betriebsparteien während der ERA Einführung ist sehr stark von den Vorgaben des Konzerns geprägt. Arbeitsplatzbeschreibungen werden auf Konzernebene erstellt, um eine Vergleichbarkeit aller Arbeitsplätze im Konzern zu gewährleisten. Regionale Spezifikationen gehen insbesondere bei den Nebentätigkeiten der Angestellten verloren. Die Standortleitung ist bemüht, den Betriebsrat von Beginn an miteinzubeziehen; so finden beispielsweise Schulungen der Betriebsparteien gemeinsam beim Arbeitgeberverband statt. Auch hier prägt die interessenbezogene Kooperation den Interaktionsmodus.

Zusammenführung der Ergebnisse von Management und Betriebsrat

Sie ist wegen unterschiedlicher Ebenen der Gesprächspartner nicht möglich.

28. Tab.: Übersicht Interaktionsmuster in Unternehmen U010

	Vor ERA	Während ERA	Nach ERA
Management	-	-	-
Betriebsrat	Interessenbezogene Kooperation	Interessenbezogene Kooperation	Interessenbezogene Kooperation
Gesamteindruck	-	-	-

Exkurs   Die ERA - Umsetzung als Regelüberführung

Nur in einem Unternehmen[181] des Untersuchungsgebietes wurde ERA in Form einer Regelüberführung eingeführt. Regelüberführung bedeutet hier, dass abweichend vom Tarifvertrag nicht die Arbeitsplatzbeschreibung maßgebend zur Eingruppierung der Arbeitsplätze ist, sondern die Lohngruppe bzw. das Entgelt des Arbeitsplatzinhabers.

Der ERA - Tarifvertrag im Untersuchungsgebiet sieht diese Form der Einführung nicht vor. Dies ist jedoch nicht in allen Tarifgebieten der Fall; beispielsweise enthält das Tarifwerk in Thüringen die Möglichkeit einer so genannten „tariflichen Entsprechung". Diese räumt den Betriebsparteien ein, zur Ermittlung der neuen Eingruppierung eine Analogtabelle mit alten und neuen Eingruppierungen zu erstellen und diese anzuwenden.[182] Die Tarifvertragsparteien ermöglichen diese Vorgehensweise den Betrieben, da sie davon ausgehen, dass die Arbeitsplätze im Zuge der Angleichung der Entgelte nach der Wiedervereinigung fehlerfrei bewertet und eingruppiert wurden. Es wird also angenommen, dass der relativ neue Tarifvertrag (eingeführt nach der Wiedervereinigung, also in den 1990er Jahren) einen geringeren „Wildwuchs" als in den alten Bundesländern aufweist.

Da die Regelüberführung im Untersuchungsgebiet ein Spezifikum darstellt, soll an dieser Stelle lediglich auf mögliche Konsequenzen und Vorteile einer solchen vom Tarifvertrag abweichenden Einführung eingegangen werden. Die Zusammenarbeit der Betriebsparteien steht in diesem Abschnitt nicht im Vordergrund; vielmehr sollen kurz-, mittel- und langfristige Auswirkungen und die Reaktionsmöglichkeiten des Unternehmens betrachtet werden.

An dieser Stelle wird nur ein Einblick in einen Umgang mit der Regelüberführung gegeben, da das Unternehmen nicht genannt werden möchte.

Im Gegensatz zur tariflichen ERA- Einführung, in der der Wert des Arbeitsplatzes im Vordergrund der Eingruppierung stehen sollte, stehen bei einer Regelüberführung die Entgelte der Mitarbeiter im Fokus. Regelüberführung bedeutet, dass das Entgelt bzw. die

---

[181] Das Unternehmen ist in den vorgenannten Interviews und den späteren Auswertungen der Befragung nicht berücksichtigt.
[182] Vgl. Schmierl (2009a): S. 137f.

bisherige Eingruppierung der Arbeitnehmer nach einer zuvor festgelegten Formel bzw. Regel in das System des ERA übertragen wird. Dabei spielt, wie bereits erwähnt, der Wert der Arbeitsaufgabe keine Rolle für die neue Entgeltgruppe.

Dieses Vorgehen sichert die Entgelte der Mitarbeiter auf dem alten Niveau zuzüglich einer Steigerung von 2,79%, die im Zuge der ERA-Einführung als kostenneutral angesehen wird. Auf diese Weise verliert kein Mitarbeiter aufgrund von ERA Geld bzw. zählt zu den sogenannten ERA - Überschreitern, da das Entgeltniveau im Unternehmen erhalten bleibt.

Im Gegensatz zu einer tarifvertragskonformen ERA - Einführung ist die Umsetzung der Regelüberführung einfach, da keine aufwendigen Arbeitsplatzbeschreibungen notwendig und anschließende Verhandlungsrunden zur Bewertung und Eingruppierung der Arbeitsplätze notwendig werden.

In Unternehmen mit einer geringen Anzahl an in der Vergangenheit gewachsenen Fehleingruppierungen ist dieses Vorgehen der ERA – Einführung einfach und schnell. Arbeitgeberseite und Mitarbeiter können sich so einer Kostenentwicklung als auch des monatlichen Entgeltes sicher sein.

Da in den meisten Unternehmen jedoch aufgrund des Alters des Tarifvertrages davon nicht ausgegangen werden kann[183], erschwert eine Regelüberführung möglicherweise die künftige Zusammenarbeit der Tarifvertragsparteien. Entgeltungerechtigkeiten bzw. Fehleingruppierungen aus der Vergangenheit werden mit in den neuen Tarifvertrag übertragen und wirken somit nach. Während diese Fehler mit der Einführung von ERA aufgrund einer Neueingruppierung der Arbeitsplätze zu bereinigen gewesen wären, ist dies nun nicht mehr möglich. Abgruppierungen von Arbeitsplätzen im Nachhinein müssen gemeinsam mit dem Betriebsrat verhandelt werden, was wahrscheinlich zu Widerständen der Arbeitnehmervertretung führen wird. Außerdem werden Entgelteinbußen für die Mitarbeiter direkt wirksam, da der Schutz des ERA – Fonds[184] nicht mehr greift. Im Gegenzug werden Hochgruppierungen von Arbeitnehmern direkt für den Arbeitgeber kostenwirksam.

Offen bleibt bei einem solchen Vorgehen auch die Frage, in welche Entgeltgruppe

---

[183] Die ERA – Einführung des Tarifvertragsparteien wurde u.a. umgesetzt, da der sogenannte Wildwuchs in den Unternehmen überhand nahm, was auf veränderte Anforderungen an die Arbeitsplätze zurückzuführen ist. Eine Regelüberführung ist demnach ein Widerspruch.

[184] Über den ERA - Fonds werden Abgruppierungen über einen längeren Zeitraum gestreckt, so dass die Arbeitnehmer direkt kein Entgelt verlieren. Dies gilt auch für Hochgruppierungen im Rahmen von ERA; hier werden die Arbeitnehmer langsam an das neue Entgelt herangeführt.

Neueinstellungen eingruppiert werden. Unter der Annahme, dass alle Arbeitsplätze im Unternehmen vor ERA richtig eingruppiert und bewertet waren, ist diese Frage nicht zu klären. Ist jedoch die Entgeltstruktur im Unternehmen aufgrund vieler Fehler der Vergangenheit mittels ERA nicht bereinigt worden, müssen sich die Betriebsparteien dieser Diskussion stellen; es ist zu klären, ob auch für Neueinstellungen die Regelüberführung gültig ist, oder ob diese gemäß ERA eingestellt werden. Diese Entscheidung ist wohl von den unternehmensindividuellen Gegebenheiten und der Zusammenarbeit der Betriebsparteien abhängig.

Treffen die Betriebsparteien die Entscheidung, Neueinstellungen gemäß ERA einzustellen, aus welchen Gründen auch immer, kommt es im Unternehmen zu einer Zwei-Klassen-Gesellschaft; nämlich Mitarbeiter mit Entgelt nach Regelüberführung und Mitarbeiter mit einem nach ERA gerechten Entgelt. In jedem Fall wird sich eine Arbeitnehmergruppe benachteiligt fühlen.

Erschwert werden kann diese Entscheidung auch durch Besonderheiten des lokalen Arbeitsmarktes. Haben alle Unternehmen der Branche im näheren Umkreis ERA konform im Unternehmen eingeführt, kann das bedeuten, dass sich die Bewerber eher bei diesen Unternehmen bewerben, da sie die Sicherheit des Tarifvertrages „mitnehmen" wollen. Die ERA - Einführung kann also zu einem Wettbewerbsmerkmal am lokalen Arbeitsmarkt um die besten Arbeitnehmer werden.

Langfristig sollten Fehleingruppierungen in ERA korrigiert werden, um dem Tarifvertrag gerecht zu werden. Tarifverträge entwickeln sich in jeder Verhandlungsrunde der Tarifvertragsparteien weiter; Änderungen bauen darauf auf. Es wird für ein Unternehmen mit Regelüberführung in der Zukunft daher immer schwieriger werden, die Vorgaben des Tarifvertrages zu halten.

Dieses Vorgehen wird vermutlich erheblich mehr Kosten verursachen, als eine tarifvertragskonforme ERA - Einführung bedeutet hätte, da die tariflichen Vorgaben der Kostenneutralität von 2,79% und der ERA - Fonds als finanzieller Ausgleich nicht mehr vorhanden sind.

7 Ergebnisse der Befragung

Die Trennung der Mitarbeiter in Arbeiter und Angestellte ist historisch gewachsen und vor allem aus der Arbeitsteilung hervorgegangen, die die in den industriellen Produktionsstätten entstandenen Aufgaben mit sich brachten. Sie wurde durch die Übernahme unterschiedlicher Funktionen und der damit verbundenen unterschiedlichen Nähe zum Arbeitgeber begründet. Diese unterschiedlichen Funktionen haben sich in den letzten Jahrzehnten völlig verändert, d.h. angenähert, so dass die Aufhebung dieser Trennung mit ERA umgesetzt wurde (Kapitel 1).

Bei der Einführung und Umsetzung eines Tarifvertrages spielt die Interessenvertretung in Deutschland eine wichtige Rolle. Während die überbetriebliche Ebene, d.h. die Tarifvertragsparteien in Form der Gewerkschaften und Arbeitgeberverbände das Tarifwerk aushandeln, müssen auf betrieblicher Ebene, also bei Arbeitgebern und bei Arbeitnehmern die Vorgaben umgesetzt und in die einzelnen Betriebe übertragen werden. ERA wurde über einen sehr langen Zeitraum von der IG Metall und den Arbeitgeberverbänden ausgehandelt und in einem überschaubaren Zeitrahmen in die Unternehmen von den jeweils örtlichen Betriebsparteien eingeführt. Im Unterschied zu den einzelnen Arbeitgebern, die auch ohne Arbeitgeberverband tariffähig sind, besitzen die Betriebsräte diese Rechte nicht, d.h. bei unternehmensspezifischen Vereinbarungen (Beispiel: Regelüberführung) ist auch die IG Metall gefragt. (Kapitel 2)

Um ERA zu verstehen, wurde in Kapitel 3 ein Überblick über den Tarifvertrag und seine Besonderheiten und die Regelungen zur Einführung gegeben. Der Tarifvertrag fordert nicht nur eine Neubewertung und Neueingruppierung aller Arbeitsplätze im Unternehmen, sondern sichert den Unternehmen ebenfalls Kostenneutralität zu, die sicherlich in vielen Unternehmen immer wieder Anlass zum Konflikt zwischen Arbeitgeber und Betriebsrat bot. Häufig stand dabei die Frage der Bedeutung oder der Definition dessen, was Kostenneutralität bedeutet, im Vordergrund. ERA gibt weiterhin Regelungen zum Umgang mit Mitarbeitern vor, die entweder nach ERA mehr oder weniger Entgelt verdienen. Dieser Umgang bzw. die Anpassung der Mitarbeiter an das ERA - Niveau sind entscheidend, um eine kostenneutrale Einführung im Unternehmen umsetzen zu können.

Da sich die Betriebsräte und auch das Management in den einzelnen Betrieben jeweils beträchtlich unterscheiden, stellt Kapitel 4 einen Überblick über verschiedene Typen bzw.

Interaktionsmuster von Betriebsparteien dar. Diese Übersicht dient dazu, ein Verständnis für die unterschiedlichen Handlungen bzw. Ausgangssituationen von Betriebsparteien zu bekommen, damit mögliche Reaktionen nachvollziehbar bzw. für Außenstehende verständlich werden.

Die Informationen aus den Kapitel 1 bis 4 sind notwendig zum Verständnis der Datenauswertung, wie sie von Kapitel 5 an erfolgt.

Das Ziel der vorliegenden Untersuchung ist es, eine verallgemeinerte Aussage zur ERA - Einführung im Untersuchungsgebiet treffen zu können. Dabei wurden sowohl der Ablauf und das Ergebnis der betrieblichen ERA - Umsetzung als auch die vorliegenden abgeschlossenen Betriebsvereinbarungen in die Betrachtung mit einbezogen. Ein weiteres Ziel ist es auch, die Ermittlung der betrieblichen Interaktionsmodi zwischen der Arbeitnehmervertretung und der Arbeitgeberseite. Es wurde erfragt, ob sich die Zusammenarbeit durch ein so umfangreiches Projekt wie das der betrieblichen ERA - Einführung nachhaltig verändert hat.

Bei der Auswahl der Untersuchungsbetriebe wurde darauf geachtet, dass das Spektrum der befragten Betriebe eine möglichst repräsentative Auswahl deckt (Siehe dazu oben). Aufgrund der vorgenommenen Auswahl wurde eine Bandbreite an unterschiedlichen Interaktionsmodi bzw. eigenen Arten von Zusammenarbeit der Betriebsparteien erfasst. Mit dem Beispiel der Regelüberführung wurde außerdem eine Ausnahme im Untersuchungsgebiet aufgezeigt. Da diese nicht als repräsentativ angesehen werden kann und über die Interaktionsmodi der Betriebsparteien keine Daten vorliegen, wird dieses Unternehmen in der folgenden Auswertung nicht berücksichtigt.

7.1 Ablauf der ERA - Einführung

Der Tarifvertrag zur Einführung des Entgeltrahmenabkommens enthält die von den Tarifvertragsparteien vereinbarte Vorgehensweise zur Umsetzung des Projekts und regelt den organisatorischen Ablauf der Einführung.

6. Abb.: Vereinfachte Darstellung der ERA - Einführung: Prozessbeschreibung (Vgl. §2 und §3TV zur Einführung des Entgeltrahmenabkommens)

Absprache über den betrieblichen Einführungszeitpunkt zwischen den Betriebsparteien; meist vom Arbeitgeber vorangetriebener Prozess; Information an den Betriebsrat über den vom Arbeitgeber geplanten Einführungszeitpunkt spätestens 6 Monate vorher

Absprache der Betriebsparteien über den Ablauf und mögliche Notwendigkeiten

Identifizierung der Arbeitsplätze im Unternehmen und Erstellung der Arbeitsplatzbeschreibungen durch den Arbeitgeber

Eingruppierung der Arbeitsplätze durch den Arbeitgeber

Mitteilung des Arbeitgebers über die geplanten Eingruppierungen an den Betriebsrat spätestens 2 Monate vorher

Ggf. Widerspruch des Betriebsrates (3 Wochen Frist nach Unterrichtung)

Besprechung der Widersprüche innerhalb der paritätischen betrieblichen Eingruppierungskommission (nur bei Nichterfolg Einbeziehung der Tarifvertragsparteien)

Information des Arbeitgebers über die geplante Eingruppierung an den Arbeitnehmer spätestens 3 Wochen vorher

▶ **Betriebliche ERA Einführung**

Wie aus Abbildung Nr. 6 deutlich wird, sieht der Tarifvertrag vor, dass der Prozess der betrieblichen ERA - Umsetzung grundsätzlich vom Arbeitgeber getrieben bzw. initiiert ist. Der Arbeitgeber legt nicht nur den Zeitpunkt der Einführung fest, sondern identifiziert auch die Arbeitsplätze im Unternehmen und nimmt deren tarifliche Eingruppierung vor. Erst nachdem diese wichtigen Prozessschritte durchlaufen sind, erhält der Betriebsrat eine Mitteilung über die geplanten Eingruppierungen und kann ggf. Widerspruch einlegen.

Die Arbeit der paritätisch besetzten Eingruppierungskommission kann erst beginnen, wenn eine Voraussetzung erfüllt ist.

Der Arbeitgeber hat das Recht, den Prozess der ERA – Einführung zu initiieren, muss aber dem Betriebsrat das Ergebnis der geplanten Eingruppierungen präsentieren. Dieses Gremium hat ein Einspruchsrecht.

Erst wenn dieses Recht wahrgenommen oder wenn die Vorlage angenommen wurde, setzt die Arbeit der oben genannten Kommission ein.

Erstellung der Arbeitsplatzbeschreibungen als besonderes Problem

Da die Betriebe grundsätzlich in sich geschlossene Größen sind, die ihre Angelegenheiten selbst regeln, gingen sie auch mit der ERA – Einführung recht unterschiedlich um. Es lassen sich hier zwei unterschiedliche Vorgehensweisen der untersuchten Unternehmen feststellen: Bei der Hälfte der Unternehmen im Untersuchungsgebiet war der Betriebsrat aktiv in die Erstellung der Arbeitsplatzbeschreibungen eingebunden.

In U05 wurden die Arbeitsplatzbeschreibungen gemeinsam von einem Personalreferenten und einem freigestellten Betriebsratsmitglied erarbeitet. In den anschließenden Verhandlungen im größeren Kreis, beispielsweise im Rahmen der tariflichen Kommission, argumentierten sie als eine Einheit für die entsprechende Eingruppierung. Aufgrund dieser gemeinsamen Vorgehensweise waren sich die Betriebsparteien bei den Eingruppierungen, die im Vorfeld jede Betriebspartei für sich vornahm, relativ zügig einig, so dass lediglich Sonderfälle wie die Ersteingruppierung von Hochschulabsolventen ausgehandelt werden mussten. Ähnlich wurde bei der Eingruppierung beispielsweise in U01, U02 (noch keine abschließende ERA - Umsetzung), U04 und U06 vorgegangen.

Bemerkenswert ist das Ergebnis der gemeinsamen Erstellung und Eingruppierung der Arbeitsplatzbeschreibungen in U04. Obwohl der Betriebsrat in alle Prozessschritte eingebunden war, erwies sich das Ergebnis am Ende für das Unternehmen als nicht umsetzbar. Man orientierte sich zwar von beiden Seiten sehr stark am Tarifvertrag und an den Niveaubeispielen, aufgrund der betrieblichen Historie und der unternehmensindividuellen Entwicklung der Entgelte; trotzdem wäre mit einer solchen Umsetzung der Betriebsfriede in Gefahr geraten. Eine Einigung, höhere Eingruppierung der Arbeitnehmer, auf Initiative des Betriebsrates löste die Konfliktsituation zur Zufriedenheit aller Beteiligten.

Der Vorteil einer frühen Einbindung des Betriebsrates liegt, nach Auskunft der Befragten, in der Vermeidung einer späteren Konfliktmöglichkeit. Aus den Arbeitsplatzbeschreibungen leitet sich die Eingruppierung ab, die letztlich die entscheidende Größe ist. Die Erstellung und spätere Eingruppierung der Arbeitsplätze stellen den Kernprozess der betrieblichen ERA - Umsetzung dar. Aus ihnen leiten sich spätere Gewinner und Verlierer des neuen Tarifvertrages ab. Damit sind nicht nur die Mitarbeiter sondern auch die Betriebsparteien gemeint. Bedeutet die E-Gruppe für den Arbeitnehmer das gesicherte Einkommen, stellt die Summe der tariflichen Entgeltsumme einen u.U. nicht unerheblichen Kostenfaktor für das Unternehmen dar. Für den Betriebsrat ist in diesem Zusammenhang nicht nur die Sicherung der tariflichen Entgelte von Bedeutung, sondern auch die Sicherung der übertariflichen Arbeitgeberleistungen. Ein Bestandsschutz sicherte in allen Fällen die Entgelte für die aktuelle Belegschaft. Nach ERA eingestellte Arbeitnehmer erhalten diesen Bestandsschutz nicht mehr und „verlieren" damit indirekt an Entgelt gegenüber Arbeitnehmern mit der gleichen Tätigkeit, aber mit einer längeren Betriebszugehörigkeit. Auf diese Weise kann das Entgeltniveau im Unternehmen langfristig gesenkt werden. Aufgrund dieser Vorgehensweise entstehen in den Unternehmen Zwei-Klassen-Gesellschaften.[185]

Für den Betriebsrat ist an dieser Stelle auch die Interessenwahrung seiner Stammwähler, üblicherweise Facharbeiter in der Produktion, von großer Bedeutung. Facharbeiter in der Produktion sind den Angestellten meist nicht nur an Zahl (quantitativ[186]) überlegen, sie wählen in der Regel auch häufiger den Betriebsrat und fordern seine Unterstützung oder Hilfe im Umgang mit dem Arbeitgeber ein. Aus diesem Grund war auch die Aufwertung der gewerblichen Arbeit ein Ziel der IG Metall bei der Einführung des ERA. In den meisten Betriebsräten sind die gewerblichen Mitarbeiter, beispielsweise aus der Produktion, in der Mehrheit. Nur wenige Angestellte lassen sich in die Arbeitnehmervertretung wählen oder werden gewählt.

Verliert diese Mitarbeitergruppe überdurchschnittlich im Vergleich zu den anderen Mitarbeitergruppen im Unternehmen an Entgelt, so ist zu erwarten, dass eine spätere Wiederwahl des an der ERA - Umsetzung beteiligten Betriebsrates nicht ohne weiteres erfolgen wird. Im Gegenzug kann ein Betriebsrat, der aus Sicht seiner Wähler an einer erfolgreichen ERA - Umsetzung beteiligt war, sich seiner Wiederwahl u.U. deutlich sicherer sein. Zu erwarten ist hier auch, dass kurzfristige Effekte der ERA – Einführung (etwa eine sofortige günstigere Eingruppierung) eine größere Rolle spielen als langfristige, da die Mitarbeiter möglicherweise zum Zeitpunkt der betrieblichen Umsetzung die Folgen nicht absehen können, z.B. die Anrechnung von Weihnachts- oder Urlaubsgeld beim Überschreiten der vereinbarten Kostenneutralität und einem aufgebrauchten ERA - Fonds.

---

[185] Auf mögliche Gefahren einer Zwei-Klassen-Gesellschaft wird zu einem späteren Zeitpunkt nochmals genauer eingegangen.

[186] Unterscheidung zwischen quantitativer Mehrheit, also ein Mitarbeiter – eine Stimme, und qualitativer Mehrheit, sprich Meinungsführerschaft.

Arbeitnehmervertretungen

Von den restlichen fünf Arbeitnehmervertretungen (z.B. U03 und U08) hätten sich vier gewünscht, früher, d.h. bereits bei der Erstellung der Arbeitsplatzbeschreibungen mit einbezogen zu werden.

Dort wo der Arbeitgeber die Arbeitsplatzbeschreibungen alleine erstellte, verliefen die Verhandlungen zur Eingruppierung schwieriger und aufwendiger (siehe U03, U08 oder U09).

Problematisch verlief die Eingruppierung beispielsweise in U03, da der Betriebsrat bewusst bei der Erstellung der Arbeitsplatzbeschreibungen nicht mit einbezogen wurde. Die Mitglieder des Betriebsrates mahnten dieses Vorgehen der Arbeitgebervertretung immer wieder an, so dass sich die ERA - Einführung als schwieriger erwies.

In U08 erhielt der Betriebsratsvorsitzende die Arbeitsplatzbeschreibungen des Arbeitgebers und stellte unmittelbar die Frage: „Soll ich die direkt wegschmeißen?"

Aus diesen Reaktionen wird die Bedeutung der Erstellung der Arbeitsplatzbeschreibungen im Laufe des ERA - Einführungsprozesses deutlich. Aus dem Gefühl, er sei spät oder sogar zu spät in die Erstellung der Arbeitsplatzbeschreibungen einbezogen worden, leiten sich auch mögliche Ursachen von Schwierigkeiten in späteren Prozessschritten ab.

Unstimmigkeiten, die bei der Erstellung hätten bereits Berücksichtigung finden können, mussten dann im Nachhinein diskutiert und zur Einigung gebracht werden. Die tarifliche Vorgehensweise der ERA - Umsetzung sieht an dieser Stelle die Gründung einer paritätischen Kommission vor, die eine Konfliktlösung auf betrieblicher Ebene anstrebt. Erst wenn auf diese Weise keine Lösung gefunden werden kann, steht den Betriebsparteien der Weg nach außen offen, z.B. zu einem Arbeitsgericht oder einem Mediator.

Auch hier lassen sich zwei unterschiedliche Vorgehensweisen unterscheiden. Während eine Unternehmensgruppe in einem ersten Schritt den Weg vor das Arbeitsgericht sucht, bemüht sich die andere Gruppe um eine betriebliche Lösung mit Hilfe eines Mediators.

Arbeitsgerichte als Hilfe?

Da der Betriebsrat nicht in allen Fällen bei der Erstellung der Arbeitsplatzbeschreibungen einbezogen wurde, konnte die Eingruppierung also nicht in der paritätischen Kommission, auf der betrieblichen Ebene geklärt werden , suchten U08 und U09 eine Lösung vor dem

Arbeitsgericht. „Wir haben es dahin eskalieren lassen", so die bewusste Aussage der befragten Personalleiterin.

Das Gericht führte zwar eine erste Anhörung durch, aber keine Lösung herbei, so dass dann die Einschaltung eines Mediators die Schwierigkeit beseitigte. Ursache für das Scheitern der Konfliktlösung vor einem Arbeitsgericht ist die Unkenntnis der Arbeitsrichter über die betrieblichen Arbeitsplätze und -abläufe. Einziges Hilfsmittel bzw. Orientierungsmittel für den Arbeitsrichter sind die erstellten Arbeitsplatzbeschreibungen sowie die tariflichen Niveaubeispiele. Ob die Arbeitsplatzbeschreibungen realistisch erstellt wurden oder vielleicht zu wenige bzw. zu viele Aufgaben enthalten, entzieht sich der Kenntnis des Gerichts. „Was soll ein Arbeitsrichter auch sagen? Die haben doch keine Ahnung, weder von ERA noch von der Situation in den Unternehmen."[187] Als weiterhin problematisch erweist sich der Zeithorizont einer gerichtlichen Konfliktlösung. Diese kann oft lange dauern und für das Unternehmen mit fortschreitender Zeit teuer werden, da der Arbeitgeber nicht nur seine eigenen Kosten zu tragen hat, sondern gleichfalls die des Betriebsrates, also der gegnerischen Seite. Aus diesem Grund hat zumindest die Arbeitgeberseite ein Interesse an einer schnellen Lösung, auch um den Betriebsfrieden im Unternehmen durch dieses Verfahren nicht weiter zu strapazieren. Genau diese Situation kann der Betriebsrat für sich als Vorteil ausnutzen und den Arbeitgeber zu Zugeständnissen „zwingen".

Andere Unternehmen, z.B. U03 und U08, fanden eine Lösung durch die Einschaltung eines externen Mediators, die allerdings nicht durchweg zur Zufriedenheit der Beteiligten ausfiel. „Es war wie auf dem Viehmarkt."[188] oder „Wir haben dann gedacht, dass das des Rätsels Lösung ist, hat sich dann aber nachher rausgestellt, dass der Betriebsrat doch einen sehr, sehr starken Fokus darauf hat, die Mitarbeiterseite, sagen wir mal seine vermeintliche Mitarbeiterseite mitreinzuholen und hat viele Zugeständnisse bekommen, die uns zum Teil auch weh getan haben, die wir zum Teil auch nur Zähne knirschend akzeptiert haben."[189]

Die abschließende, häufig gemeinsame Information über die künftigen Eingruppierung verlief in neun von zehn befragten Unternehmen ohne größere Schwierigkeiten ab. Einzige Ausnahme bildete U04, da in diesem Betrieb die geplanten Eingruppierungen auf

---

[187] Aussage der befragten Personalleiterin in U09.
[188] Aussage der befragten Personalreferentin in U08.
[189] Aussage des befragten Personalreferenten in U03.

einen heftigen Widerstand der Mitarbeiter stießen. Letztlich konnte auf Initiative des Betriebsrates gemeinsam mit dem Arbeitgeber eine Lösung gefunden werden, die den Betriebsfrieden sicherte und die Zustimmung der Belegschaft erreichte, da alle Mitarbeiter eine E-Grupper höher eingestuft wurden.

Der Zeitpunkt der Information und Einbindung des Betriebsrates
Der richtige Zeitpunkt zur Information und Einbindung des Betriebsrates in die betriebliche ERA – Einführung kann nicht pauschal festgelegt werden. Bei der Entscheidung, wann die Kontaktaufnahme mit dem Betriebsrat gesucht wird, sind die im Unternehmen vorhandenen „Gepflogenheiten" zu beachten. Wird die Arbeitnehmervertretung grundsätzlich in Prozesse frühzeitig umfassend eingebunden, sollte dies auch bei ERA der Fall sein, um spätere Mißverständnisse oder Konflikte zu vermeiden. Die soziale Beziehung der Betriebsparteien zueinander spielt dabei eine wichtige Rolle. In die Entscheidung sollten die Regeln der täglichen Zusammenarbeit miteinbezogen werden: Z.B. wann wird der Betriebsrat üblicher Weise bei Veränderungsprozessen informiert bzw. welche Gewohnheiten und Traditionen sind im Unternehmen vorhanden? Ein Abweichen von diesen Handlungen kann zu Irritationen des Gegenübers führen, was letztlich eine gemeinsame Entscheidungsfindung erschweren kann.
Eine alleinige Beschreibung und Eingruppierung der Arbeitsplätze durch den Arbeitgeber, könnte damit bei dem Betriebsrat ein Gefühl von Misstrauen oder Hintergangensein auslösen, Motto: „Die machen das ohne uns, also haben sie etwas zu verbergen. In einer anderen sozialen Beziehung kann dieses Vorgehen allerdings ganz anders empfunden werden; Motto: „Der Arbeitgeber bereitet große Projekte grundsätzlich gut vor und wägt alle Für und Wider ab, so dass wir dies anschließend lediglich prüfen müssen."
Der richtige Zeitpunkt zur Einschaltung des Betriebsrates in den Prozess der betrieblichen ERA - Einführung, ist nicht nur von den im Unternehmen vorhandenen Traditionen abhängig, sondern auch von möglichen oder tatsächlichen Interessen. In der Untersuchung zeigte sich in der Mehrheit der Fälle, dass Konflikte auftraten je später die Einbindung des Betriebsrates erfolgte. Eine frühzeitige Einbindung dagegen konnte Konflikte zwischen den Betriebsparteien vermeiden.

7.2 Der Interaktionsmodus bei der ERA - Einführung

Der überwiegende Teil der befragten Betriebsparteien arbeitete vor ERA kooperativ miteinander. „Es gibt die, das ist wahrscheinlich der Großteil, die arbeiten gut miteinander."[190] Beide Seiten erkennen die Interessen der Gegenseite an. Während bei acht der kooperativ miteinander arbeitenden Betriebsparteien, bei aller Betonung der Unterschiede, die gemeinsamen Interessen zwar Anerkennung finden, bei vier Parteien fast ausschließlich die gemeinsamen Interessen im Vordergrund der Zusammenarbeit stehen. Lediglich zwei Gruppen, die beide zum gleichen Unternehmen gehören, geben an, dass die divergierenden Interessen im Mittelpunkt der Zusammenarbeit stehen (=konfliktorisches Interaktionsmuster).

Die Art der Anerkennung der Interessen ist die Grundlage für weitere Handlungen und Konfliktlösungsmöglichkeiten.

Während bei der interessenbezogenen Kooperation die Gemeinsamkeiten zwar anerkannt werden, stehen die divergierenden Interessen im Fokus eines angestrebten Kompromisses. Im Gegensatz dazu versuchen die Betriebsparteien einer integrationsorientierten Kooperation eine für beide Seiten tragbare Lösung über rationale Argumente zu finden. Bei einer konfliktorischen Zusammenarbeit der Betriebsparteien wird ein Interessenausgleich eben über einen Konflikt angestrebt.

Die Art und Weise, wie Lösungsmöglichkeiten bei unterschiedlichen Interessen gefunden werden, spielen bei der betrieblichen Einführung eines neuen Tarifvertrages, verbunden mit einer Neubewertung sämtlicher Arbeitsplätze im Unternehmen, eine wichtige Rolle. Während eines solch aufwendigen, teilweise sich lange Zeit hinziehenden Prozesses sind die Betriebsparteien immer wieder aufeinander angewiesen. Wenn auch der Tarifvertrag ein Schlichtungsverfahren durch eine paritätische Kommission vorsieht, muss doch auch hier eine Kooperation stattfinden. Nur der Weg nach außen eröffnet eine Möglichkeit, die Konfliktlösung ohne direkte Einflussnahme des anderen zu finden (z.B. der Weg vor ein Arbeitsgericht). Diese Art der Zusammenarbeit birgt jedoch ein zusätzliches Risiko, das für beide Parteien nicht einzuschätzen ist, da eine betriebsfremde Person die Entscheidungsfindung oder zumindest einen nicht unerheblichen Anteil daran übernimmt.

Auffällig ist auch, dass sich keine Betriebspartei, vor ERA in einem harmonischen Betriebspakt, einer patriarchalischen Betriebsfamilie oder einem autoritär-hegemonialen

---

[190] Aussage eines Vertreters des Arbeitgeberverbandes.

Regime eingebunden gefühlt hat.

29. Tab.: Übersicht: Auswertungen vor ERA

	Konfliktorisches Interaktionsmuster	Interessenbezogene Kooperation	Integrations- orientierte Kooperation	Harmonischer Betriebspakt	Patriarchalische Betriebsfamilie	Autoritär - hegemonial es Regime
Management	1	3	1			
UN	U09	U01/ U02/ U03/	U05			
Betriebsrat	1	5	3			
UN	U09	U01/ U02/ U03/ U08/ U10	U04/ U05/ U06			

In dieser Tabelle wird die absolute Zahl der Interaktionsmodi dargestellt. Darunter befinden sich die dazugehörigen Unternehmen. Da nicht alle Betriebsparteien zur Zusammenarbeit im Unternehmen zu jedem Zeitpunkt etwas sagen konnten, ist die obige Tabelle nicht vollständig. (z.B. Eine befragte Mitarbeiterin war vor ERA noch nicht im Unternehmen).

Aus der Übersicht der Interaktionsmodi vor ERA wird deutlich, dass die Betriebsparteien die Art ihrer Zusammenarbeit gleichermaßen einschätzen, es also eine konsensuale Einschätzung gibt.[191] Die Unternehmen, von denen beide Betriebsparteien an der Befragung teilnahmen, machen gleiche Angaben zur Art und Weise der Zusammenarbeit. Dies überrascht in gewisser Weise, da die Annahme über Gemeinsamkeiten und persönliche Wertschätzung von Befragten, die zueinander in einem Verhältnis stehen, nicht zwangsläufig in die gleiche Richtung tendieren müssen.

Möglich wäre vielmehr auch, dass ein Betriebsrat, der seine Interessen ungehemmt durchsetzen kann, die Zusammenarbeit als positiv empfindet, während der Vertreter der Arbeitgeber dies als sehr störend wahrnimmt. Es sind auch andere Modelle denkbar.

Grundsätzlich kann vor dem gezeichneten Hintergrund der vorliegenden Arbeit davon ausgegangen werden, dass beide Seiten realistische Angaben zum Verhältnis zueinander gemacht und nicht versucht haben, das Klima im Unternehmen zu schönen oder gar sich selbst positiv hervorzuheben.

Es fällt auf, dass sich während des ERA-Einführungsprozesses die Einschätzung der Betriebsparteien zur Zusammenarbeit tendenziell veränderte. Es fand eine Verschiebung

---

[191] Da nicht alle Betriebsparteien an der Befragung teilgenommen haben oder Auskunft geben wollten, fehlen einige Einschätzungen.

von einer interessenbezogenen Kooperation zum konfliktorischen Interaktionsmuster statt. Zwar arbeitete die Mehrheit der befragten Betriebsparteien weiterhin kooperativ miteinander der Anteil derjenigen, die die divergierenden Interessen in den Fokus der Handlungen stellen, nahm jedoch leicht zu. Die Anzahl der Betriebsparteien, die angeben, in einer integrationsorientierten Kooperation zu arbeiten, bleibt konstant. In einem Unternehmen wird seitens des Managements sogar ein autoritär-hegemoniales Handlungsmuster wahrgenommen. „Dann wurden einfach die Eingruppierungen der Arbeitgeberseite umgesetzt, ohne auf den Betriebsrat zu achten."[192]

Dieses Ergebnis deutet darauf hin, dass sich die Interessen der Betriebsparteien in der befragten Region während der ERA - Einführung auseinander bewegt haben. Während die Mehrheit der Betriebsräte die Sicherung der bestehenden Entgelte und ein Ausnutzen der tariflichen Kostenneutralität als oberste Zielsetzung angibt, verfolgen die befragten Vertreter des Managements eine ERA-nahe Eingruppierung der Arbeitnehmer. Dies führt insbesondere dann zu Spannungen zwischen den Betriebsparteien, wenn die betriebsratsnahen Mitarbeitergruppen (z.B. Mitarbeiter in der Produktion) befürchten, durch die ERA - Einführung geringer eingruppiert zu werden, da in diesen Fällen vor ERA ein hohes Entgeltniveau erreicht war. Dies scheint mehrmals der Fall gewesen zu sein (z.B. U01, U03, U04).

Verstärkt wird diese Entwicklung sicherlich auch durch die unterschiedlichen Strategien der Tarifvertragsparteien: Während die IG Metall angibt, eine Entgeltsteigerung von 5,79% (2,79% durch die tarifliche Kostenneutralität zuzüglich der tariflichen Steigerungen vor ERA, die teilweise in den ERA - Anpassungsfonds liefen) bei den Arbeitnehmern erreichen zu wollen, unter der Voraussetzung, dass sogenannte Altlasten vor der ERA - Umsetzung korrigiert wurden[193], versucht der Arbeitgeberverband eine möglichst genaue Umsetzung des verhandelten Tarifwerkes bei seinen Mitgliedsunternehmen umzusetzen. „Das ist ja Sinn und Zweck der Geschichte."[194]

Gerade in der Phase der ERA - Umsetzung suchten viele Betriebsräte den Kontakt zur Gewerkschaft. Während die Vertreter des Managements, häufig die Verantwortlichen in den Personalabteilungen, lediglich an Schulungen beim Arbeitgeberverband teilnahmen

---

[192] Aussage der befragten Personalreferentin in Unternehmen U07. Leider fehlt zu dieser Stellungnahme die Aussage des Betriebsrates im Unternehmen.
[193] „Wer trägt die Verantwortung für Fehleingruppierungen, die in der Vergangenheit gemacht wurden?": Frage eines Befragten der IG Metall.
[194] Aussage eines Vertreters des Arbeitgeberverbandes.

und den anschließenden Einführungsprozess unabhängig zu bewältigen versuchten (z.b. Erstellen von Arbeitsplatzbeschreibungen, Verhandlungen mit dem Betriebsrat), ist der Kontakt der Betriebsräte zur IG Metall in nahezu allen Phasen der Einführung enger. Mitarbeiter der IG Metall beraten die Betriebsräte über den gesamten Einführungsprozess hinweg.

Eine Mobilisierung der Belegschaft findet nur in Einzelfällen statt (z.b. U08: hier: Briefaktion).

30. Tab.: Übersicht: Auswertungen während ERA

	Konfliktorisches Interaktionsmuster	Interessenbezogene Kooperation	Integrations- orientierte Kooperation	Harmonischer Betriebs- pakt	Patriarchalische Betriebs- familie	Autoritär - hegemoniales Regime
Management	2	3	1			1
UN	U03/ U09	U01/ U02/ U08	U05			U07
Betriebsrat	3	3	3			
UN	U03/ U08/ U09	U01/ U02/ U10	U04/ U05/ U06			

In dieser Tabelle wird die absolute Zahl der Interaktionsmodi dargestellt. Darunter befinden sich die dazugehörigen Unternehmen. Da nicht alle Betriebsparteien zur Zusammenarbeit im Unternehmen zu jedem Zeitpunkt etwas sagen konnten, ist die obige Tabelle nicht vollständig. (z.B. ERA ist noch nicht vollständig abgeschlossen, oder der Befragte kam erst nach ERA zum Unternehmen).

Auch aus der Übersicht der Interaktionsmodi während ERA wird deutlich, dass die Betriebsparteien die Zusammenarbeit in der Zeit des Einführungsprozesses ähnlich einschätzen. Einzige Ausnahme bildet Unternehmen U08. Während der Betriebsrat die Zusammenarbeit als konfliktorisch beschreibt, wird diese seitens des Managements als interessenbezogene Kooperation wahrgenommen. In U08 war die Umsetzung des neuen Tarifvertrages von Konflikten geprägt. Die Einschaltung eines Mediators führte schließlich zu einer betrieblichen Lösung. Bis sie erreicht werden konnte, gab es zwischen den Betriebsparteien immer wieder Schwierigkeiten und Missverständnisse, wie beispielsweise die Freistellung eines weiteren Betriebsratsmitglieds oder das Versenden eines Anschreibens zur ERA - Einführung seitens des Betriebsrates an alle Mitarbeiter. Während die Arbeitgeberseite sich schließlich an die mit Hilfe des Mediators getroffenen Vereinbarungen hielt, versuchte der Betriebsrat bis zur Befragung die Ergebnisse zu verändern.

Nach der ERA – Einführung findet bei den befragten Betriebsparteien wieder eine Rückverschiebung des wahrgenommenen Interaktionsmodus statt. Die Konflikte während der ERA – Umsetzung geraten in den Hintergrund, so dass bei neuen Projekten Kooperation im Mittelpunkt steht.

Alle 14 befragten Betriebsparteien geben an, dass sie nach der ERA – Einführung kooperativ zusammenarbeiten. Bei sechs der Befragten dominieren die gemeinsamen betrieblichen Interessen, während acht zwar die gemeinsamen Interessen anerkennen, aber die jeweils eigenen Ziele verfolgen.

Es scheint daher, dass die im Unternehmen vorherrschende Art der Zusammenarbeit bestehen bleibt, Abweichungen nur in extremen Situationen erfolgen. Sobald diese Situation durch einen Kompromiss gelöst oder anders abgewendet ist, tritt der bis dahin vorherrschende Interaktionsmodus wieder in den Vordergrund.

31. Tab.: Übersicht: Auswertungen nach ERA

	Konfliktor-isches Interaktions-muster	Interessen-bezogene Kooperation	Integrations-orientierte Kooperation	Harmon-ischer Betriebs-pakt	Patriarch-alische Betriebs-familie	Autoritär-hegemonial es Regime
Mana-gement		4	2			
UN		U01/ U03/ U07/ U08	U05/ U09			
Betriebsrat		4	4			
UN		U01/ U03/ U08/ U10	U04/ U05/ U06/ U09			
Summe		8	6			

In dieser Tabelle wird die absolute Zahl der Interaktionsmodi dargestellt. Darunter befinden sich die dazugehörigen Unternehmen. Da nicht alle Betriebsparteien zu Zusammenarbeit im Unternehmen zu jedem Zeitpunkt etwas sagen konnten, ist die obige Tabelle nicht vollständig. (z.B. ERA ist noch nicht vollständig abgeschlossen).

Auch nach der ERA - Einführung schätzen die Betriebsparteien die Zusammenarbeit gleichwertig ein.

Dies bestätigt nochmals die zu Beginn dieses Abschnitts getroffene Annahme, dass die Aussagen der befragten Personen zutreffen, und dass niemand versucht, die Situation zu beschönigen oder sich hervorzuheben.

Es lässt sich festhalten, dass im Untersuchungsgebiet die Betriebsparteien vor der ERA -

Einführung eher kooperativ zusammengearbeitet haben. Beide Seiten erkennen die Interessen der Gegenseite grundsätzlich an, stellen ihre eigenen Interessen jedoch unterschiedlich stark in den Vordergrund der betrieblichen Verhandlungen.

Grund dieser kooperativen Art der Zusammenarbeit könnten die historisch gewachsenen Besonderheiten in den Unternehmen sein.

Während der ERA - Einführung veränderte sich der typische Interaktionsmodus tendenziell zu einem konfliktorischeren, blieb jedoch in den überwiegenden Fällen grundsätzlich kooperativ. Häufig werden die eigenen Interessen, die bis zu diesem Zeitpunkt vielleicht weniger stark im Vordergrund standen, in den Mittelpunkt gerückt. Die Genehmigung von Überstunden zur Leistung eines neuen für das Unternehmen wichtigen Kundenauftrages kann zum „Nebenkriegsplatz" der ERA - Einführung werden. Zwar sind Kopplungsgeschäfte im Betriebsverfassungsgesetz nicht erlaubt[195], in der betrieblichen Praxis sind sie jedoch Gang und Gäbe. Frei nach dem Motto „Ich (Betriebsrat) gebe dir (Arbeitgeber) die Freigabe der Überstunden, wenn du mir bei der Eingruppierung der Arbeitsplatzbeschreibung an der Maschine A entgegenkommst."

Im Anschluss an die Umsetzung des neuen Tarifvertrages fallen die Betriebsparteien im Unternehmen wieder in die „alten" Rollen(erwartungen) zurück. Normalität kehrt ein.

Die Rückkehr zur Normalität lässt sich daran erkennen, dass sich der übliche Interaktionsmodus, die kooperative Form der Zusammenarbeit, wieder einstellt.

7.3 Die Betriebsvereinbarungen zur ERA - Einführung

Wie bereits im Laufe der Befragung festgestellt, entwickelten die einzelnen Unternehmen jeweils eigene Strategien zur Einführung des ERA im Unternehmen. Aus diesem Grund haben alle befragten Unternehmen Betriebsvereinbarungen zur Umsetzung des ERA abgeschlossen. Wäre ERA in seiner reinen Form in den Unternehmen umgesetzt worden, wäre dieser Schritt nicht notwendig gewesen, während Abweichungen hingegen einen solchen nötig machen.

Der Abschluss der Betriebsvereinbarungen zur ERA - Einführung zeigt, wie schwierig die betriebliche Umsetzung eines neuen Tarifvertrages, verbunden mit einer Neubewertung

---

[195] Kopplungsgeschäfte sind im Betriebsverfassungsgesetz nicht erlaubt. Das sogenannte Kopplungsverbot leitet sich aus dem § 2, Abs. 1 des BetrVG ab. In § 2, Abs. 1 ist das Gebot einer vertrauensvollen Zusammenarbeit der Betriebsparteien festgelegt. Daraus kann das Verbot einer mißbräuchlichen Ausnützung von Beteiligungsrechten durch den Betriebsrat abgeleitet werden. Mißbrauch liegt beispielsweise dann vor, wenn der Betriebsrat seine Entscheidung von einer Entscheidung des Arbeitgebers in einem anderen Sachverhalt abhängig macht. (Vgl. Kraft et al (2005): S.151 Nr. 13.)

sämtlicher Arbeitsplätze, im Unternehmen ist.

Das im Unternehmen existierende Lohn- und Entgeltgefüge sowie die bestehenden Klassifizierungen bzw. Wertigkeitsverständnisse der Arbeitsplätze werden außer Kraft gesetzt und müssen neu geschaffen werden. Damit dieser Schritt erfolgreich gelingen kann, müssen sich die Betriebsparteien von alten Vorstellungen und Regelungen trennen und neue unbekannte Wege einschlagen. Die Neubewertung der Arbeitsplätze ohne Rücksicht auf die betroffenen Mitarbeiter erscheint dabei noch relativ einfach. Werden dann in einem nächsten Schritt die Arbeitnehmer mit einbezogen, wird die Umsetzung des Tarifvertrages für die Betriebsparteien um ein Vielfaches erschwert.

Wurden bis dahin Betriebszugehörigkeit, Alter und Arbeitsleistung vergütet, ist dies durch ERA nicht mehr vorgesehen. Zwar sichert der neue Tarifvertrag das Entgelt der Arbeitnehmer ab, nicht aber die übertariflichen Leistungen, da sie nicht vorgesehen sind. Gerade für ältere oder aber besonders gute Mitarbeiter ist diese Vereinbarung schwer zu verstehen und kann oder wird zu großer Demotivation und zu Misstrauen gegenüber dem Arbeitgeber führen. Langjährige Mitarbeiter, die sich im Laufe ihrer Betriebszugehörigkeit „hoch" gearbeitet haben und zusätzliche Leistungen übernommen haben, wie z.B. das Anlernen von neuen Mitarbeitern oder die Sorge für Auszubildende oder Praktikanten, müssen nun erfahren, dass der neue Tarifvertrag diesen Einsatz nicht mehr honoriert. Lediglich der Wert der Hauptaufgabe entscheidet über die Eingruppierung, da Nebenaufgaben wegfallen oder nur noch eine untergeordnete Rolle spielen.

Zwischen den Entgeltgruppen, die ERA vorsieht, liegt ein Unterschied, der von bis zu 400 € im Monat (Beispiel: E4 und E5 Differenzbetrag von ca. 100 €, E7 und E8 Differenzbetrag von 300 €, E8 und E9 Differenzbetrag 400 €) betragen kann. Aus diesem Grund kann die Einführung von Zusatzstufen durchaus Sinn machen. Die Möglichkeit, Mitarbeiter bei der Übernahme einer höherwertigen Tätigkeit entsprechend einzugruppieren, wird somit eventuell erleichtert, da die Kostensteigerung für den Arbeitgeber weniger schmerzhaft ist. Weiterhin kann die Motivation der Mitarbeiter mittels Entgelt gesteigert werden, wenn beispielsweise im Rahmen von Einarbeitungsplänen eine stufenweise Anpassung des Entgeltes möglich wird. Allerdings führt die Einführung von Zusatzstufen auch zu einer betrieblichen Abweichung, so dass ein zusätzlicher Arbeitsaufwand notwendig werden kann, da beispielsweise die Personalabteilung die Entgelttabellen für diese Zwischenstufen neu berechnen muss. Ebenfalls können im Rahmen dieser Zusatzstufen spezielle Sonder- oder Nebenaufgaben vergütet werden. Mitarbeiter, die beispielsweise an der praktischen Ausbildung von Auszubildenden zusätzlich zu ihrer eigentlichen Tätigkeit beteiligt sind, könnten so eine „halbe Entgeltgruppe" höher eingruppiert werden als der vergleichbare Mitarbeiter ohne diese Zusatzaufgabe.

Gleiches könnte auch für die Übernahme von Schichtvertretungen gelten. Zwar sieht ERA in diesem speziellen Fall eine Sonderregelung vor, da die Vertretung ab einer Dauer von sechs Wochen mittels einer Vertretungszulage vergütet wird[196]; eine solche Besonderheit in den Unternehmen wurde jedoch in der Vergangenheit teilweise anders geregelt. Vertretungen, die höherwertige Tätigkeiten mit einschlossen, wurden beispielsweise ab dem ersten Tag der Ausübung vergütet, oder es bestanden Betriebsvereinbarungen, die die Vergütung in einer anderen Form für die Arbeitnehmer regelten, beispielsweise mittels einer Vertretungspauschale.

Aus diesem Grund ist es nicht verwunderlich, dass die Einführung von Zusatzstufen gem. § 6 Entgeltrahmenabkommen die von den Betriebsparteien am häufigsten vorgenommene Änderung ist. „Auf Verlangen einer Betriebspartei ist durch Betriebsvereinbarung für die Entgeltgruppen E4 bis E11 eine Zusatzstufe entsprechend den nachfolgenden Bestimmungen einzuführen."[197]

Sechs der befragten Unternehmen haben solche Zusatzstufen eingeführt, zwei befinden sich noch in der Umsetzungs- oder Überarbeitungsphase; lediglich zwei hatten keine Zusatzstufen zum Zeitpunkt der Befragung implementiert.[198]

Die Einführung von Zusatzstufen unterliegt der „echten" Mitbestimmung im Unternehmen, gem. § 87, Abs. 1, Nr. 10 BetrVG. Damit kann die Einführung von jeder der beiden Seiten gegenüber der anderen Betriebspartei erzwungen werden. In vier der sechs Unternehmen mit Zusatzstufen erfolgte dieser Schritt auf Verlangen des Betriebsrates. Die Einführung von Zusatzstufen ist nur bei den Entgeltgruppen E4 bis E11 möglich, dagegen in den Entgeltgruppen E1 bis E3 tarifvertraglich nicht wirksam; dennoch werden sie in einigen Unternehmen zu finden sein. Zwischen den Entgeltgruppen kann jeweils nur eine Zwischenstufe von den Betriebsparteien eingeführt werden, was in den befragten

---

[196] § 2 Ziffer 4 Entgeltrahmenabkommen
[197] § 6, Abs. 1 Entgeltrahmenabkommen
[198] U10 hat ERA nach dem Tarifvertrag für BaWü umgesetzt; hier sind deutlich mehr E-Stufen vorhanden als im Tarifvertrag der befragten Region.

Unternehmen auch so umgesetzt wurde. Tarifvertraglich ist es allerdings nicht notwendig, dass zwischen allen möglichen Entgeltgruppen eine Zusatzstufe vereinbart werden muss. So könnte ein Unternehmen beispielsweise zwischen E4 bis E9 eine Zusatzstufe einführen und die höheren E-Stufen unangetastet lassen.

Besonderheiten

Aber auch andere betriebliche Besonderheiten wurden in Betriebsvereinbarungen vereinbart[199]:

Darunter fällt die Entlohnung über dem tariflichen Niveau, die die Unternehmen, sofern es aus wirtschaftlicher Sicht möglich war, für die Mitarbeiter absichern, die zum Zeitpunkt der ERA-Einführung im Unternehmen beschäftigt waren. Ein Absenken der Entgelte auf das tarifliche Niveau hätte wahrscheinlich zu einer hohen Fluktuation geführt, da die Mitarbeiter ihren Lebensstandard an das zu erwartende Einkommen angepasst haben.

Ein Beispiel für dieses Vorgehen liefert U01:

Da in U01 das Entgeltniveau vor der ERA – Einführung über dem Tarif lag, konnte es durch entsprechende teilweise übertarifliche Zulagen gesichert werden. Das Entgelt in U01 setzt sich aus vier Komponenten zusammen,

1. dem Grundentgelt entsprechend der Arbeitsaufgabe,

2. einer übertariflichen Zulage zum Grundentgelt zur Berücksichtigung von individuellen Kenntnissen und Qualifikationen, die im Rahmen der Arbeitsbewertung nicht abgefordert werden, zur Erfüllung der Tätigkeit aber sinnvoll sind,

3. einem tariflichen leistungsbezogenem Entgelt,

4. einem übertariflichen leistungsbezogenem Entgelt[200] sowie Sonderzulagen[201].

Für Beschäftigte, die sich zum Zeitpunkt der ERA - Einführung in Altersteilzeit befanden, wurden gesonderte Regelungen zur Absicherung des Entgeltes gefunden. Neue Mitarbeiter werden gemäß ERA eingruppiert und erhalten keine Sonderzulagen, die die Entgelthöhe der Zeit vor ERA absichern.

---

[199] Da nicht alle Unternehmen die entsprechenden Betriebsvereinbarungen zur Verfügung stellen, kann an dieser Stelle leider nur ein kurzer Überblick gegeben werden.

[200] Arbeitnehmer, die ein leistungsbezogenes Entgelt mittels eines Kennzahlenvergleiches erhalten, bekommen ein übertarifliches leistungsbezogenes Entgelt über eine Leistungsbeurteilung. Entsprechend wird Arbeitnehmern, die ein Zeitentgelt mit Beurteilung erhalten, ein übertarifliches leistungsbezogenes Entgelt auf Basis einer Zielvereinbarung gewährt.

[201] Dazu zählen Erschwerniszulagen, Schichtführer-Zulage, Gruppensprecher-/ Moderatorzulage

Standortsicherungsverträge als Besonderheit

Standortsicherungsverträge sollen die Arbeitsplätze am Standort sichern. Üblicher Weise verzichten deshalb Arbeitnehmer für einen bestimmten Zeitraum auf einen Teil ihres Entgeltes, während im Gegenzug der Arbeitgeber keine betriebsbedingten Kündigungen aussprechen darf, so dass die Arbeitsplätze erhalten bleiben. Diese Regelwerke sind meist sehr komplex und an die betriebliche Situation des Unternehmens angepasst, damit auch weiterhin wirtschaftliches Handeln möglich bleibt.

Der freiwillige Verzicht auf Entgelt bzw. das Bestehen eines Standortsicherungsvertrages erschwerten die Einführung eines neuen Tarifvertrages mit einer vertraglich vereinbarten Kostenneutralität von 2,79%. Soll der Vertrag zur Sicherung der Arbeitsplätze das Entgelt für einen gewissen Zeitraum senken, so erhöht die Einführung von ERA das Entgeltvolumen um 2,79% im Unternehmen.

Diese Situation ist für die Betriebsparteien nicht einfach zu lösen, insbesondere dann, wenn Unklarheit über die Definition des Begriffs „Kostenneutralität" besteht.

Beide Verträge müssen miteinander verknüpft werden, wenn auch die Betriebsparteien sich einig sein sollten, welchem Vertrag sie zukünftig den Vorrang geben.

U03 hatte bereits vor der ERA – Einführung einen Standortsicherungsvertrag abgeschlossen, der zum Zeitpunkt der ERA - Umsetzung noch Gültigkeit hatte. Aus diesem Grund wurde eine komplexe Betriebsvereinbarung zur ERA - Einführung notwendig, um beide Regelwerke miteinander zu verknüpfen. Ein Bestandteil dieser Vereinbarung ist der Vorrang des ERA - Tarifvertrages für die Arbeitnehmer vor dem Standortsicherungsvertrag. Diese Priorisierung wurde notwendig, um Über- und Unterschreiterzulagen zu verrechnen. Zudem erkannten beide Betriebsparteien eine Kostenneutralität von 0% von an. Neu eingestellte Mitarbeiter erhalten während der Probezeit ein geringeres Entgelt, als die Bewertung der Arbeitsplatzbeschreibung eigentlich vorsieht. Für die Probezeit wurde mit dem Betriebsrat ein sogenanntes Einstiegsentgelt vereinbart. Neue Mitarbeiter werden meist eine Entgeltgruppe niedriger eingruppiert, als es durch die Bewertung des Arbeitsplatzes vorgesehen wäre. Begründet wird dies seitens des Arbeitgebers mit den Einarbeitungskosten sowie einer verminderten Leistungsfähigkeit des Arbeitnehmers im Vergleich zu anderen Arbeitnehmern.

Arbeitnehmer, die sich in ATZ befinden, bleiben ebenfalls von der ERA – Umsetzung unberührt. Sie erhalten ihr bisheriges Entgelt weiter. Beide Betriebsparteien wollen diese

Arbeitnehmergruppe nicht schlechter stellen, da das Entgelt während der Altersteilzeit ohnehin vermindert ist. Ein wichtiger Grund ist weiterhin, dass die Altersteilzeit mit den betroffenen Arbeitnehmern vertraglich und grundsätzlich gesetzlichen geregelt ist. Zusatzstufen zur Splittung der Entgeltgruppen wurden eingeführt, um mehr Flexibilität und eine höhere Durchlässigkeit des Entgeltsystems zu gewährleisten.

Die Neubewertung der Arbeitsplätze eröffnet den Unternehmen auch die Möglichkeit, Streitigkeiten der Betriebsparteien bei personellen Einzelmaßnahmen künftig zu vermeiden. Mit der Bewertung und anschließenden Eingruppierung der Arbeitsplätze einigen sich die Betriebsparteien auf Standards, die auch in Zukunft Gültigkeit haben sollen, damit die neue Entgelt- und Wertigkeitsstruktur der Arbeitsplätze nicht gefährdet ist. Es bestand die einmalige Gelegenheit, im Zuge von Verhandlungen Mitbestimmungsrechte des Betriebsrates künftig einzuschränken bzw. zu vermeiden. In U10 wurde eine Gesamtbetriebsvereinbarung zu ERA zwischen der Geschäftsleitung des Unternehmens und dem Gesamtbetriebsrat abgeschlossen. Vereinbart wurde u.a. der Entgeltaufbau; das Entgelt setzt sich nach ERA aus einem tariflichen Grundentgelt, einem tariflichen Leistungsentgelt sowie einer tariflichen Erschwerniszulage zusammen. Mit der Eingruppierung der Arbeitsplätze entfällt das Mitbestimmungsrecht des Betriebsrates nach § 99 BetrVG. Im Zuge der ERA - Umsetzung haben sich die Betriebsparteien des Unternehmens auf die Eingruppierungen der Arbeitsplätze bereits geeinigt. Dem Betriebsrat wird damit die Möglichkeit genommen, im Nachhinein die ERA - Eingruppierungen durch personelle Einzelmaßnahmen zu verändern. Dieses Recht bleibt bei Einstellungen und Versetzungen unberührt. Die Bewertung der Arbeitsplätze obliegt ausschließlich der paritätischen Kommission. Abweichungen vom Tarifvertrag wurden außerdem bei sogenannten Jungmonteuren und Einstiegsentgelten bei Hochschulabsolventen verhandelt.

In U05 wurden insgesamt sechs Betriebsvereinbarungen im Zusammenhang mit ERA zwischen den Betriebsparteien abgeschlossen; in keinem anderen der befragten Unternehmen wurde eine so hohe Zahl vorgefunden. Regelungen wurden zur Leistungsbeurteilung gem. § 8 ERA -Tarifvertrag, zur Entlohnung von Führungsaufgaben, zur Einführung von Zusatzstufen gem. § 6 ERA, zu Erschwerniszulagen gem. § 12 Ziff. 2,

Abs. 3 ERA, zur Einführung von Einstiegsentgeltgruppen bei Hochschulabsolventen oder der Übernahme von Auszubildenden, sowie eine eigene Vereinbarung zur Umsetzung des Entgeltrahmenabkommens abgeschlossen. In der letztgenannten Regelung zur betrieblichen Umsetzung wird u.a. die Eingruppierung der Arbeitsaufgaben, Einrichtung von Gemeinschaftsarbeitsplätzen sowie betrieblichen Besonderheiten wie z.b. die Reduzierung der Ausgleichszulage geregelt. In U05 bleiben Arbeitnehmer der Jahrgänge 1950 und älter ebenfalls von der ERA-Umsetzung unberührt. Ihr Entgelt bleibt bestehen und kann lediglich durch die individuelle Leistungsbeurteilung beeinflusst werden.

Zusammenfassung zur ERA – Einführung

Diese beispielhafte Aufzählung der Betriebsvereinbarungen zu ERA macht deutlich, dass die Ergebnisse der ERA - Einführung auch bei einem ähnlichen Prozessverlauf sehr unterschiedlich sind. Die betrieblichen Gegebenheiten wurden in die Umsetzung des neuen Tarifvertrages mit einbezogen und haben Anteil am Ergebnis. Ein Vergleich der unterschiedlichen Betriebsvereinbarungen erweist sich daher als schwierig.

Die Strukturen in den Betrieben sind historisch gewachsen und weitgehend in der Vergangenheit begründet. Zwar unterliegen alle befragten Unternehmen dem Tarifvertrag der Metall- und Elektroindustrie, sind jedoch in unterschiedlichen Branchen angesiedelt und unterliegen damit unterschiedlichen Marktbedingungen. Auch scheint die Größe der Unternehmens sowie das Alter eine nicht unbedeutende Rolle zu spielen.

In der befragten Region hatten große Unternehmen, die am Markt etabliert sind, grundsätzlich geringere Konflikte als mittelständische Unternehmen. In U01 verlief die ERA-Einführung nach anfänglichen Auseinandersetzungen mit dem Betriebsrat unproblematisch. Das Unternehmen ist seit über 200 Jahren am Markt tätig und Teil eines weltweit agierenden Konzerns. Die Betriebsparteien arbeiten gleichberechtigt miteinander und versuchen, ein für beide Seiten tragbares Ergebnis zu erreichen. Ähnliches ist in U10, dem größten der befragten Unternehmen, anzutreffen.

Im Gegensatz dazu verlief die Einführung des neuen Tarifvertrages in den Unternehmen U03, U06, U08 sowie U09 problematischer; sie können als mittelständisch bezeichnet werden. Die ERA - Umsetzung in den Unternehmen entwickelte sich zu einem Konflikt der Betriebsparteien. Die Auseinandersetzungen in U03, U08 sowie U09 fanden mithilfe eines

Mediators einen Kompromiss, der für beide Seiten akzeptabel war. U06 konnte den Konflikt eigenständig lösen, Hauptschwierigkeit bestand in diesem Einführungsprozess in den Umsetzungsvorgaben der Unternehmensleitung. Das Management des Standorts fand hier schließlich in Zusammenarbeit mit dem Betriebsrat eine einvernehmliche Lösung.

Die Umsetzung des neuen Tarifvertrages in U04, einem verhältnismäßig jungen Unternehmen, das vor ca. 50 Jahren gegründet wurde, wurde von beiden Betriebsparteien mitgetragen. Beide Seiten orientierten sich im Einführungsprozess nahe am Tarifvertrag und erreichten somit eine gute Lösung. Die historisch bedingte Entgeltpolitik des Unternehmens, entstanden in seiner Gründungszeit, erwies sich jedoch als Hindernis. Die Entgelte der Mitarbeitern waren im Schnitt höher als im Tarifvertrag vorgesehen, so dass durch die tarifvertragsnahe ERA – Umsetzung viele Mitarbeiter zu den Verlierern gezählt hätten. Dies führte im Unternehmen zu einem heftigen Widerstand der Belegschaft, der letztlich den Betriebsfrieden in Gefahr brachte. Auf Initiative der Arbeitnehmervertretung wurde gemeinsam mit dem Management eine Lösung gefunden, die auch die Interessen der Belegschaft berücksichtigte.

Auch in U02 war die Umsetzung des Entgeltrahmenabkommens nicht unproblematisch. Hier waren jedoch die wirtschaftliche Situation des Unternehmens und nicht die Zusammenarbeit der Betriebsparteien ausschlaggebend für die Schwierigkeiten der betrieblichen ERA – Einführung, so dass die Einführung des neuen Tarifvertrages bereits mehrfach verschoben wurde.

An dieser Stelle muss erwähnt werden, dass in allen befragten Unternehmen ein Betriebsrat arbeitet und an der ERA – Einführung freilich in unterschiedlichem Umfang beteiligt gewesen ist. Unternehmen ohne Betriebsrat wurden in die vorliegende Arbeit nicht miteinbezogen. Es kann davon ausgegangen werden, dass die Umsetzung des neuen Tarifvertrages in Unternehmen ohne Betriebsrat reibungsloser verlief.

Abschließend kann festgehalten werden, dass die Anzahl und die Inhalte der Betriebsvereinbarungen zur ERA – Einführung stark voneinander abweichen. Die Gründe dazu sind unterschiedlich. Sie beginnen bei persönlichen Interessen der Betriebsparteien, die möglichst viel geregelt oder ungeregelt zu lassen wollen, und führen bis hin zu unternehmensspezifischen Abweichungen vom Tarifvertrag (beispielsweise: die Regelüberführung in einem Unternehmen).

7.4 Gewinner und Verlierer von ERA

Im Folgenden wird nun untersucht, welche Arbeitnehmergruppen als Gewinner oder Verlierer von ERA angesehen werden. Wenn auch die Arbeitnehmer grundsätzlich durch die ERA - Umsetzung nicht direkt Entgelt verloren haben, ist jedoch wahrscheinlich, dass einige Gruppen durch den neuen Tarifvertrag eine Wertsteigerung und andere einen Wertverlust erfahren haben.

„Deswegen sind Verlierer und Gewinner vielleicht der falsche Begriff, wird zwar in den Betrieben verwendet, stimmt aber nicht. Man kann sagen: Die einen verdienen „mehr Mehr" und die anderen „weniger Mehr". Also, das finde ich passender. Und Abgruppierung ist ja eigentlich, wenn eine Aufgabe von einem Mitarbeiter wegfällt, dann wird er degradiert oder abgruppiert. Aber Abgruppierungen gab es nicht anlässlich der ERA - Einführung", so die Aussage eines Vertreters des Arbeitgeberverbandes.

32. Tab.: Übersicht: ERA Gewinner und Verlierer [202]

Gewinner	Verlierer
Aus Sicht der Interessenverbände	
Facharbeiter	Angestellte
	Meister
	Techniker
	Ingenieure
Aus Sicht der befragten Betriebsräte	
Facharbeiter	Angestellte
	Laboranten, Wertstoffprüfer
	Sekretärinnen/ Assistentinnen
	Frauen allgemein
Aus Sicht der befragten Vertreter des Managements	
Facharbeiter	Erfahrene Ingenieure
Jungingenieure	Einfache Angestelltentätigkeiten
Instandhaltung	Mitarbeiter im Bereich IT
	Einfache Montagetätigkeiten

Quelle: Eigene Darstellung.

---

[202] Mehrfach Nennungen möglich. Aufgrund der geringen Anzahl der Nennungen sind diese nicht als repräsentativ zu sehen.

Die Tabelle macht deutlich, dass alle drei befragten Personengruppen[203] die Facharbeiter als Gewinner des ERA - Systems ansehen. Einig sind sich auch die Befragten, dass die Angestelltentätigkeiten die Verlierer des ERA - Systems anzusehen sind.

Da die anderen genannten Berufsgruppen jeweils nur einmal genannt werden, ist ihre Eingruppierung von Faktoren bestimmt, die dem jeweiligen Betrieb zuzuordnen sind. Jedenfalls sind die Einschätzungen über diese Gruppe nicht repräsentativ, so dass sie für die weitere Auswertung keine Rolle spielen.

Eine mögliche Begründung liefert die These, dass die IG Metall bei Verhandlungen für den neuen Tarifvertrag die Interessen ihrer Mitglieder eher berücksichtigt hat als die der Nichtmitglieder. Diese Auffassung wird durch folgende Aussage bestätigt: „Die IG Metall hätte sich gewünscht, dass zwar die Positionen zu sagen, okay, die Bilder werden neu definiert, wir haben einen Besitzstand an der Stelle, und im Angestelltenbereich werden wir den Status quo festschreiben und das mit Niveaubeispielen belegen; und im Produktionsbereich werden wir eine Angleichung vollziehen. Das war nicht verhandlungsfähig mit dem Arbeitgeberverband."[204]

Wie bereits zu Beginn dieser Arbeit festgestellt, sind Facharbeiter eher gewerkschaftlich organisiert, Männer eher als Frauen, und unbefristet Beschäftigte eher als Arbeitnehmer mit einem befristeten Arbeitsvertrag.[205] Während im Jahr 2009 über 2 Mio. Arbeiter Mitglieder der IG Metall waren, waren nur ca. 460.000 Angestellte darunter. Außerdem waren von insgesamt ca. 2,3 Mio. Mitgliedern ca. 2,2 Mio. männlichen Geschlechts, dies ergibt eine Quote von ca. 88%.[206] Die Interessen der männlichen Arbeiter sind daher auch bei der Umsetzung des Tarifvertrages nicht zu vernachlässigen. Zwar sind die Betriebsparteien völlig unabhängig von den Tarifvertragsparteien, es bestehen jedoch enge Verknüpfungen zwischen der IG Metall und den Betriebsräten in den Unternehmen vor Ort, wie die Teilnahme der Betriebsräte i.d.R. an Schulungen der IG Metall zeigt. Die Betriebsräte spielen eine wichtige Rolle in der Strategie der Mitgliederrekrutierung der IG Metall.

Eine weitere Ursache kann in dem Verhalten der beteiligten Betriebsräte zu finden sein. Sie unterlagen während des Einführungsprozesses dem Druck, die Interessen ihrer Wähler zu wahren. Einen Einkommensverlust der Stammbelegschaft zu vermeiden, wird bei der betrieblichen Umsetzung des Tarifvertrages Einfluss auf die Entscheidungen und

---

[203] Arbeitgebervertreter, Betriebsräte und Vertreter der Interessenverbände
[204] Aussage eines befragten IG Metall Bevollmächtigten.
[205] Vgl. Kapitel 2.1.1 und 2.1.2.
[206] Vgl. http://www.dgb.de/uber-uns/dgb-heute/mitgliederzahlen/2000-2009 (Stand: 11.11.2010)

Handlungen der Arbeitnehmervertretung haben, da sie in den nächsten Betriebsratswahlen positiv abschneiden bzw. wiedergewählt werden wollen. Mit diesem Ansatz lässt sich auch das ungünstige Abschneiden der kaufmännischen Sachbearbeiter im ERA - Prozess erklären. Sie gehören traditionell eher nicht zu den Wählern eines Betriebsrates in einem Produktionsunternehmen. In den Gremien der befragten Unternehmen befinden sich überwiegend gewerbliche Mitarbeiter, während Angestellte nur selten zu finden sind. Sowohl der Gewerkschaft als auch den Vertretern der Arbeitnehmervertretung vor Ort ist die Problematik der sinkenden Mitgliederzahlen deutlich bewusst und bekannt. Aus diesem Grund scheint es nicht verwunderlich, dass maßgeblich auf die Interessenwahrung der Kernbelegschaften bzw. der Stammwähler/ der Mitglieder der IG Metall Wert gelegt wurde, möglicherweise um einen weiteren Mitgliederverlust zu vermeiden, wie er in Kapitel 2.1.2 dargestellt wurde.

Die These, dass die Betriebsräte ebenfalls eine mögliche Wiederwahl im Auge hatten, wird durch die Betriebsratswahl, nach Abschluss der ERA - Einführung in U03 bekräftigt. Der für die Umsetzung verantwortliche Betriebsrat wurde bei der folgenden Betriebsratswahl abgewählt; der neue Betriebsrat hat sich vorgenommen, die ERA - Umsetzung zu prüfen und bessere Bedingungen für die tariflichen Mitarbeiter auszuhandeln. Ob und wieweit sich dieses Wahlversprechen umsetzten lässt, bleibt zum jetzigen Zeitpunkt abzuwarten.

Zu einem ähnlichen Ergebnis kommen Jochmann-Döll und Ranft in ihrer Untersuchung zur Geschlechtergleichstellung im Rahmen der ERA - Einführung. Sie erklären, dass überdurchschnittlich viele Frauen zu den Unterschreitern im Rahmen einer ERA - Einführung gehören, da ihre Arbeitsplätze häufiger von Abwertungen betroffen waren, Assistenz- und Sekretariatstätigkeiten sowie kaufmännische Sachbearbeitungen sind hier zu nennen.[207] Zwar dient ERA auch dazu, die berufliche Gleichstellung von Männern und Frauen zu sichern, allerdings sind zumindest gegenwärtig noch typischer Weise eher Frauen in den genannten Funktionen zu finden, so dass von einer indirekten[208] Diskriminierung ausgegangen werden kann.

Diese Frage wird auch von der in U02 befragten Betriebsrätin aufgeworfen. Auch sie

---

[207] Vgl. Jochmann-Döll et al (2009b): S. 164 sowie Jochmann-Döll et al (2009a).
[208] Eine indirekte Diskriminierung liegt vor, wenn eine scheinbar neutral gefasste Massnahme, d.h. von der Formulierung her keine verdächtigen Unterscheidungen trifft, in ihren tatsächlichen Auswirkungen aber Personen wegen ihrer Rasse, Ethnie, Nationalität, Geschlecht und/ oder Religion in qualitativer oder quantitativer Hinsicht besonders stark benachteiligen.

vertritt die Auffassung, dass die Arbeitsplätze von Frauen einer indirekten Diskriminierung unterliegen. Assistenztätigkeiten werden in den Unternehmen überwiegend von Frauen durchgeführt.

Dieser Einschätzung wird jedoch seitens der IG Metall und der befragten Betriebsräte heftig widersprochen. „Die IG Metall kennt die Strukturen der Betriebe ja nicht, geht von Tariflöhnen aus. Wie weit weg ein Betrieb vom Tarif ist, kann die IG Metall gar nicht beurteilen."[209] Die IG Metall betont, dass die Interessen aller Mitarbeiter in den Unternehmen gewahrt werden, und auch dass durch ERA ein wesentlicher Beitrag zur Gleichstellung von Männern und Frauen am Arbeitsplatz gewährleistet wird.

7.5   Die Zwei-Klassen-Gesellschaft[210] in den Unternehmen nach ERA[211]

Durch die Umsetzung des neuen Tarifvertrages in den Unternehmen entsteht vorläufig häufig eine Zwei-Klassen-Gesellschaft unter den Mitarbeitern[212]. Diese unterscheidet sich nicht nach ihrem Verhältnis zu den Produktionsmitteln, sondern lediglich an dem Zeitpunkt der Einstellung ins Unternehmen: Es erfolgt eine Trennung zwischen den Mitarbeitern, die zum Zeitpunkt der ERA – Einführung bereits beschäftigt waren, und denen, die neu eintreten.

Die ERA - Einführung wird also zu einem wichtigen Stichtag in den Unternehmen.

Die Mitarbeiter, die während der ERA – Einführung bereits im Unternehmen beschäftigt waren, unterliegen einem tariflichen Bestandsschutz, der ihnen das bisherige Entgelt sichert.[213] Entsprechendes gilt im Unternehmen für übertarifliche Leistungen, z.B. eine Treueprämie für Mitarbeiter mit einer langen Betriebszugehörigkeit, die durch Vereinbarungen gesichert sind, also erhalten bleiben (z.B. U01).

Durch den tariflichen Bestandsschutz verlieren die Mitarbeiter kein Entgelt in dem Fall,

---

[209] Aussage eines befragten Betriebsrates in U01.
[210] Der Begriff der Klassengesellschaft wird häufig im Sinne einer wertenden Etikettierung gebraucht, hat eigene historische Wurzeln und ist daher mit gebotener Zurückhaltung zu verwenden.
[211] Zum Klassenbegriff: In der Vergangenheit waren die Klassenbegriffe eindeutig definiert. Nach Karl Marx sind Klassen Ausdruck von Produktions- und Eigentumsverhältnissen. Die Klassenzugehörigkeit der Gesellschaftsmitglieder ist durch ihr Verhältnis zu den Produktionsmitteln (nach Marx: Grund und Boden, Maschinen und Werkzeuge) bestimmt. Auch Max Weber entwickelte Definitionen, die die Unterteilung der Gesellschaft zu erklären versuchten. Von diesem Klassenbegriff soll im Folgenden nicht ausgegangen werden. Der Begriff Zwei-Klassen-Gesellschaft wird für die Spaltung der Arbeitnehmer im Unternehmen verwendet, die bereits vor ERA einen Arbeitsvertrag mit dem Unternehmen hatten, und den Arbeitnehmern, die nach ERA neu hinzugekommen sind.
[212] Wird besonders anhand des Beispiels der Regelüberführung deutlich.
[213] Vgl. § 5 ERA-TV (Besitzstandsregelung).

dass es vor ERA höher als nachher ist (sogenannte Überschreiter)[214]. Die Differenz wird ihnen in einem gesonderten Betrag ausgewiesen, so dass die bisherige Entgelthöhe erreicht wird (z.B. vor ERA: 2.500,00 €; nach ERA: 2.300,00 € + 200,00 € Überschreiterzulage). Diese Zulage wird bei kommenden Tariferhöhungen verrechnet, so dass eine langsame Anpassung an das Entgelt nach ERA erreicht wird, spätestens jedoch nach fünf Jahren.

Gleiches gilt für Mitarbeiter, die nach Einführung des ERA ein höheres Entgelt erreichen, als ihnen bislang zustand (sogenannte Unterschreiter)[215]. Sie werden sofort in die entsprechende Entgeltgruppe eingestuft, allerdings wird der Differenzbetrag abgezogen. Dieser Betrag wird jährlich reduziert, so dass ebenfalls nach 5 Jahren eine Anpassung erfolgt ist.

Dieser Mechanismus ist notwendig, um eine betriebliche Kostenneutralität gewährleisten zu können.

Neue Mitarbeiter unterliegen diesem Mechanismus nicht. Sie werden direkt nach der neuen Entgeltgruppe entlohnt und erhalten damit sofort das entsprechend „richtige" ERA - Entgelt.

Mitarbeiter also, deren Kollegen in vergleichbarer Tätigkeit zu den Überschreitern zählen, erhalten für einen Zeitraum von maximal fünf Jahren weniger Entgelt. Mitarbeiter, deren vergleichbare Kollegen zu den Unterschreitern zählen, erhalten für einen Zeitraum von maximal fünf Jahren hingegen mehr Geld.[216]

Diese Ungleichheit kann zu einem Ungerechtigkeitsempfinden bei den Mitarbeitern führen. Da diejenigen, die lange Jahre im Unternehmen tätig sind und nun einen Abschlag in Kauf nehmen müssen, der neue Tarifvertrag ihnen mehr Geld zusagt als bisher, kaum Verständnis dafür aufbringen werden, dass neu eingestellte Mitarbeiter diesen Abschlag nicht zu zahlen haben.

Eine Lösungsmöglichkeit, die Angleichung nach fünf Jahren vorzuziehen, wäre der Wechsel in ein anderes Unternehmen. Hier unterliegen sie nicht mehr den Regelungen der ERA – Einführung, sondern kommen in eine „Welt nach ERA" und werden direkt höher eingruppiert, sofern das Unternehmen ebenfalls dem Tarifvertrag der M+E Industrie

---

[214] Siehe dazu auch Kapitel 3.1.3.
[215] Ebenda.
[216] Hier geht es in erster Linie um das tarifliche Grundentgelt. Tarifliche Leistungszulagen werden bei diesen Ausführungen nicht berücksichtigt, da sie von den individuellen Leistungen des Arbeitnehmers abhängig sind.

unterliegt und ERA richtig eingeführt hat. Dieses Verhalten der Mitarbeiter war jedoch in den Unternehmen nicht zu beobachten, da sich im Anschluss an die betriebliche ERA - Einführung meist die Wirtschaftskrise anschloss. Mit abklingender Wirtschaftskrise und einer damit verbundenen verbesserten Situation auf dem Arbeitsmarkt wird auch die Wechselbereitschaft der unzufriedenen Arbeitnehmer wieder zunehmen, die zuvor nicht bereit waren, den erworbenen Kündigungsschutz zu verlieren.

Mitarbeiter hingegen, die aufgrund der betrieblichen Einführung des ERA künftig weniger Entgelt erhalten sollen, werden das Unternehmen eher nicht verlassen, da sie im Falle eines Wechsels unmittelbar über weniger Geld in der Tasche verfügen würden.

Für einen maximalen Zeitraum von fünf Jahren wird es in den Unternehmen also zu einer Zwei-Klassen-Gesellschaft bezüglich der tariflichen Entgelte der Arbeitnehmer kommen. Dies führt zwar wahrscheinlich zu Unzufriedenheiten, jedoch ist eine Ende absehbar.

Schwieriger ist die Situation der Zwei-Klassen-Gesellschaft bezüglich abgesicherter übertariflicher Leistungen an Mitarbeiter, die zum Zeitpunkt der ERA - Einführung im Unternehmen beschäftigt sind. Übertarifliche Leistungen sind häufig monetäre Leistungen, die das Unternehmen ohne Zahlungsverpflichtung aus dem Tarifvertrag an die Mitarbeiter ausschüttet. Beispiele für solche Leistungen können sein:

- arbeitgeberfinanzierte Altersvorsorge,
- eine Treueprämie für Mitarbeiter, die eine lange Betriebszugehörigkeit haben, oder besondere Zulagen für besonders flexible Mitarbeiter oder Mitarbeiter mit mehrfachen Qualifikationen.

Das Streichen dieser Zulagen für bereits begünstigte Mitarbeiter würde zu einer hohen Demotivation - ggf. verstärkt durch eine Abgruppierung durch die ERA - Einführung - führen. Weiterhin wurden Zusagen an die Mitarbeiter gemacht, die ggf. aus gesetzlichen oder arbeitsvertraglichen Gründen nicht mehr zurückzunehmen sind. Kommende Mitarbeitergenerationen haben jedoch keinen Anspruch auf diese Leistungen, so dass eine Streichung der übertariflichen Leistungen für die Zukunft möglich ist. Somit entsteht auf Dauer eine Zwei-Klassen-Gesellschaft in den Unternehmen. Es betrifft die Mitarbeiter, deren Altersvorsorge teilweise durch den Arbeitgeber finanziert wird, und die Mitarbeiter, die eigene Mittel aufbringen müssen, oder zwischen den Mitarbeitern, die aufgrund einer dualen Berufsausbildung (z.B. Schlosser und Elektriker) eine übertarifliche Zulage erhalten, und den Mitarbeitern mit einer gleichen Ausbildung ohne Zulage. Auch wenn erfahrungsgemäß diese Zulagen nicht besonders hoch sind und damit nur einen unerheblichen Beitrag zum Gesamteinkommen eines Mitarbeiters leisten, findet eine betriebliche Ungleichbehandlung im Unternehmen statt, bezogen auf diese Leistungen. Diese Ungleichbehandlung ist erst mit einem kompletten Wechsel der Stammbelegschaft im Unternehmen zu Ende, sprich, wenn alle Mitarbeiter mit abgesicherten Einkommen das Unternehmen aus unterschiedlichen Gründen verlassen haben.

Die Absicherung des übertariflichen Entgelts für die Mitarbeiter im Unternehmen macht aus Sicht des Arbeitgebers und auch aus Sicht des Betriebsrates Sinn. Die Kürzung von Entgelt, ob tariflich oder übertariflich, führt zu einer Demotivation, die sich unterschiedlich auswirken kann, beispielsweise in einem erhöhten Krankenstand, in einer steigenden Fluktuation oder einer Leistungsverweigerung der Arbeitnehmer. Während der Arbeitgeber eher auf ihn zukommende Kosten bei seiner Entscheidung berücksichtigt, stehen die Interessendurchsetzung und Sicherung des Entgeltes auf der Seite des Betriebsrates im Vordergrund. In Kauf genommen wird dabei eine dauerhafte Ungleichbehandlung neuer und alter Mitarbeiter. Die Kosten dieser Entscheidung sind nicht berechenbar. Welche Auswirkungen diese Systematik auf das Verhalten bzw. die Leistung der neuen Mitarbeiter haben wird, bleibt abzuwarten.

7.6 Die Zusammenarbeit der Betriebsparteien in anderen Tarifregionen im Vergleich zur befragten Region

Bereits in Kapitel 3.2 wurde auf die Einführung des Entgeltrahmenabkommens in anderen Tarifregionen hingewiesen. Schwerpunkt in diesem Kapitel waren die unterschiedlichen Interessen und Vorgehensweisen der Verbände in den Regionen.

In diesem Abschnitt der Arbeit soll eine Abgrenzung der betrieblichen Umsetzungsstrategien im Tarifgebiet des VEM zu anderen Tarifgebieten erfolgen. Abweichungen, aber auch ähnliche Vorgehensweisen sollen dabei herausgearbeitet werden.

Baden – Württemberg[217]

Die ERA-Einführung in Baden-Württemberg hatte neben einer Erneuerung der tariflichen Gegebenheiten und damit die Aufwertung des Flächentarifvertrages auch die Einführung

---

[217] Vgl. Bahnmüller und Schmidt (2006), (2007) und (2009).

einer verlässlichen Grundlage zur betrieblichen Entgeltgestaltung als Ziel.

Der Arbeitgeberverband Süd-West Metall wollte mittels der Umsetzung des neuen Tarifvertrages übertarifliche Entgeltbestandteile von tariflichen trennen und somit die Klärung von Zuständigkeiten zwischen Arbeitgeberverband und Betrieben klären. Hintergrund dieser Vorgehensweise sind die traditionell sehr hohen Eingruppierungen der Arbeitnehmer im Tarifgebiet, was u.a. auf Arbeitsmarktengpässe für bestimmte Qualifikationen, der Entlohnung von Loyalität und Seniorität und dem Ausschluss von Abgruppierungen in Betriebsvereinbarungen geschuldet ist. Süd-West Metall setzte zum Erreichen der Ziele einen hohen Personalaufwand ein und forderte die Mitgliedsbetriebe zu einer 1:1 Umsetzung des ERA in den Betrieben auf.

Ziel der IG Metall war es, diesem entgegenzuwirken und einen möglichst hohen Anteil der Entgelte als tariflich auszuweisen, um damit die beiden Ebenen miteinander zu verschränken.

Beide Verbände traten im Einführungsprozess offensiv auf und waren häufig in den Unternehmen präsent.

Der betriebliche Einführungsprozess in Baden-Württemberg kann als arbeitgebergetrieben beschrieben werden. Teilweise kam es zu einem einseitigen Vorgehen der Arbeitgeber ohne Einbeziehung des Betriebsrates. Diese Prozessgestaltung führte zu einer hohen Anzahl an Reklamationen der Arbeitnehmer, nachdem diese von ihrer geplanten Eingruppierung informiert wurden. Verhandlungen der Betriebsparteien zur Eingruppierung von Arbeitsplätzen in den Unternehmen, wurden somit in einen nachgelagerten Prozessschritt verschoben und fanden nicht bereits zu Beginn der betrieblichen Einführung statt.

In anderen Unternehmen kam es zu einer mehr oder weniger starken Kooperation der Betriebsparteien. Hier fand eine Zusammenarbeit der Betriebsparteien statt, in der teilweise sogar die Eingruppierung der Arbeitsplätze gemeinsam vorgenommen wurde.

Als Gewinner der ERA – Einführung in Baden-Württemberg können Werkzeugbauer, Instandhalter, Einrichter, Anlagenführer, junge Facharbeiter, aber auch technische Angestellte genannt werden. An Wert verloren haben dagegen kaufmännische Tätigkeiten, die beispielsweise von Sekretärinnen, aber auch von un- oder angelernte Kräften wahrgenommen werden.

Niedersachen[218]

In Niedersachen stand eine kooperative Konfliktverarbeitung der Betriebsparteien im Vordergrund der betrieblichen Umsetzung. Er wurde als ein gemeinsames Projekt verstanden, was in vielen Fällen dazu führte, dass die Betriebsparteien nahezu alle Prozessschritte gemeinsam ausgestalteten: Erstellung der Arbeitsplatzbeschreibungen, Eingruppierung der Arbeitsplätze und gemeinsame Information der Arbeitnehmer. Häufig wurde zwischen den Betriebsparteien eine Betriebsvereinbarung abgeschlossen, die den Arbeitnehmern eine längere Beratungs- und Reklamationsfrist ihrer Arbeitsplatzbeschreibungen erlaubte.

Grundsätzlich können im Tarifgebiet Niedersachen zwei unterschiedliche Formen der Zusammenarbeit beobachtet werden: a) die kooperative Form, unterteilt in die Betriebsparteien, die ERA als gemeinsames Projekt mit gemeinsamen Zielen verstehen, und die Betriebsparteien, die ERA zwar als gemeinsames Projekt verstehen, jedoch in einzelnen Fragen unterschiedlicher Meinung sind, und b) die konflikthafte Form der Zusammenarbeit, unterteilt in die Betriebe, die den Prozess nicht als gemeinsame Aufgabe betrachten und erhebliche Meinungsverschiedenheiten haben, und die Betriebe, in denen ERA überwiegend aus politischen Gründen sehr konflikthaft wurde.

In allen Fällen kann davon ausgegangen werden, dass die grundsätzliche Form der Zusammenarbeit aus einer betrieblichen Tradition der Interessenvertretung abgeleitet werden kann.

Die ERA-Einführung in Niedersachen wurde auch durch Faktoren wie die wirtschaftliche Situation des Unternehmens, die vorherrschende Praxis der betrieblichen Eingruppierung, die Betriebsform sowie die strukturellen Besonderheiten geprägt.

Gewinner der Tarifregion sind vor allem jüngere Beschäftigte und Facharbeiter; Verlierer dagegen sind Mitarbeiter mit einem mittleren Qualifikationsniveau, wie z.B. Techniker und Meister.

Nordrhein – Westfalen[219]

Zu Konflikten zwischen den Betriebsparteien während der ERA-Umsetzung kam es in Nordrhein-Westfalen vor allem bei Fragen der Eingruppierung von Arbeitsplätzen. Diese Konflikte entstanden häufig dann, wenn ein Dissens zwischen der

---

[218] Vgl. Kuhlmann und Sperling (2009).
[219] Vgl. Bender, Möll, Skrotzki (2009).

Arbeitsplatzbeschreibung und den tatsächlichen Anforderungen der Stelle oder eine Abweichung zwischen der Arbeitsplatzbeschreibung und der tatsächlich geleisteten Arbeit oder ein Fehler in der Eingruppierung auffiel. Für die Arbeitgeberseite wurde es weiterhin immer dann schwierig, wenn die Neueingruppierung der Arbeitsplätze die tarifliche Kostenneutralität von 2,79% zu übersteigen drohte.

Mit der ERA - Einführung verbundene Ziele der Arbeitgeberseite waren u.a. eine Kostenreduzierung, die Friedenserhaltung in den Betrieben sowie eine Standardisierung bei der Eingruppierung der Arbeitsplätze in den Unternehmen.

Grundsätzlich kann für die Tarifregion Nordrhein-Westfalen gesagt werden, dass die Art der Zusammenarbeit der Betriebsparteien bei der ERA – Einführung ähnlich wie bereits in Niedersachsen stark von der im Unternehmen üblichen Art und Weise der Zusammenarbeit geprägt ist.

Thüringen[220]

Im Tarifgebiet Thüringen wurde ERA in der Besonderheit der tariflichen Entsprechung in den Unternehmen eingeführt. Anhand einer Analogietabelle wurden die alten Entgeltgruppen in die neuen übertragen. Aufgrund dieser Vorgehensweise kam es zu wenigen Auseinandersetzungen der Betriebsparteien, da das alte Entgeltgefüge in den Unternehmen weitgehend erhalten blieb. In den Unternehmen wurde üblicher Weise eine Betriebsvereinbarung zur ERA - Einführung mittels tariflicher Entsprechung abgeschlossen, so dass nur in Ausnahmefällen die Erstellung einer Arbeitsplatzbeschreibung und ihre anschließende Eingruppierung notwendig wurden.

Als Gewinner von ERA können in Thüringen ehemalige niedrige K-Gruppen, wie beispielsweise Sekretärinnen, Hochschulabsolventen und Mitarbeiter in der Produktion und Montage angesehen werden. Verloren haben hingegen höhere Angestellte in den ehemaligen T4 bis T6 bzw. K4 bis K6 Gruppen.

Gemeinsamkeiten und Unterschiede

Die ERA - Einführung ist in nahezu allen befragten Tarifregionen nicht ohne Konflikte zwischen den Betriebsparteien verlaufen, einzige Ausnahme bildet aufgrund der Besonderheit der tariflichen Entsprechung die Region Thüringen. Die Intensität der

---

[220] Vgl. Schmierl (2009a) und (2009b).

Konflikte ist unterschiedlich und reicht von sehr konflikthaft bis zu kooperativ. Auffällig ist, dass sich im gesamten Bundesgebiet eine frühe Einbeziehung der Betriebsräte konfliktmildernd auf den Einführungsprozess auswirkte. Auch die Tarifregion des VEM in Rheinland-Pfalz bildet hier keine Ausnahme. Eine eher konfliktreiche Einführung erlebten die Unternehmen in Baden-Württemberg. Dieser Umstand ist auf das offensive Vorgehen der Interessenverbände zurückzuführen, die den Betrieben auch ihre eigenen Ziel „aufdrücken" wollten.

Die Zusammenarbeit der Betriebsparteien während der betrieblichen ERA – Einführung ist durch die traditionelle Art und Weise der Kommunikation im Unternehmen geprägt. Ein betriebliches Klima von gegenseitigem Mißtrauen wirkt sich auf die Umsetzung eines Tarifvertrages, in dem die Entgeltstruktur im Unternehmen überprüft wird, in den meisten Fällen nicht prozessfördernd aus, während eine solide Vertrauensbasis den gesamten Prozess beschleunigen und vereinfachen kann.

Die Zusammenarbeit der Betriebsparteien in der untersuchten Region in Rheinland-Pfalz bildet damit keine Ausnahme im Hinblick auf die Zusammenarbeit der Betriebsparteien in den vier anderen untersuchten Tarifregionen. Auch wenn die Voraussetzungen und Besonderheiten des ERA in allen Tarifregionen und Unternehmen unterschiedlich sind, ist das im Unternehmen vorherrschende Miteinander mitentscheidend für den Verlauf der Einführung.

Schlussbemerkungen

Die ERA-Einführung in den befragten Unternehmen des Tarifgebietes des VEM verlief trotz tarifvertraglicher Ablauflaufregelungen sehr unterschiedlich. Alle Unternehmen haben einen je eigenen spezifischen Einführungsprozess erlebt, in den die Vorgaben der Tarifvertragsparteien, insbesondere die zum Zeitpunkt der Einbeziehung des Betriebsrates wirksamen, nicht immer eingehalten wurden[221].

In allen Unternehmen wurde die ERA – Umsetzung seitens des Arbeitgeber initiiert und vorangetrieben.

Zwei unterschiedliche Vorgehensweisen zur Einbindung des Betriebsrates sind zu beobachten:

1) Der Betriebsrat wurde seitens des Arbeitgebers bereits bei der Erstellung der Arbeitsplatzbeschreibungen eingebunden.

2) Die Arbeitsplätze wurden ausschließlich vom Arbeitgeber beschrieben und bewertet. Die Einbindung des Betriebsrates fand erst nach der Beschreibung der Arbeitsplätze statt.

In beiden Fällen gruppierten Arbeitgeber und Arbeitnehmervertretung die Arbeitsplätze unabhängig voneinander ein. In anschließenden Verhandlungsrunden sollten dann gemeinsame Eingruppierungen gefunden werden.

Auch hier lassen sich zwei unterschiedliche Vorgehensweise beobachten, die an die Einbeziehung des Betriebsrates gebunden zu sein scheint.

1) Die Verhandlungsrunden nach einer gemeinsamen Arbeitsplatzbeschreibung verliefen schnell und ohne nennenswerte Konflikte.

2) Die Eingruppierungsverhandlungen am Ende einer vom Arbeitgeber durchgeführten Arbeitsplatzbeschreibung verliefen konfliktreich. Die Konflikte waren teilweise auf betrieblicher Ebene nicht lösbar, so dass sich die Betriebsparteien zu einer externen Konfliktlösung entschieden. Je nachdem wie schwerwiegend die betrieblichen Differenzen waren, wurden das Arbeitsgericht bzw. ein Mediator eingeschaltet. Die begonnenen Arbeitsgerichtsverfahren wurden jeweils nach einer ersten Verhandlungsrunde beendet. Die Einschaltung eines Mediator führte in allen

---

[221] An dieser Stelle sei nochmals erwähnt, dass nur Unternehmen mit Betriebsrat in die Befragung einbezogen wurden. In Unternehmen ohne Betriebsrat wird die Einführung des ERA abweichend von der vorliegenden Ergebnissen stattgefunden haben, da eine Beteiligung der Arbeitnehmer über einer Arbeitnehmervertretung nicht gegeben war.

Fällen zu einem Konsens der Betriebsparteien.

In keinem der befragten Unternehmen wurde ERA nach dem Wortlaut des Tarifvertrages eingeführt. Alle Betriebsparteien fanden je eigene Lösungen, die den neuen Tarifvertrag an die Situation des Unternehmens anpassten (z.b. U04, Erhöhung der Entgelte um eine E-Gruppe, abweichend von den geplanten Eingruppierungen). Diese Regelungen wurden mittels Betriebsvereinbarungen fixiert. Am häufigsten wurden in den Unternehmen Zwischenstufen zwischen den tariflichen Entgeltstufen eingeführt. Weiterhin wurde in allen Unternehmen ein Bestandsschutz für die zum Zeitpunkt des ERA beschäftigten Arbeitnehmer eingeführt. Mitarbeiter, die also nach ERA weniger Geld verdienen würden, erhalten einen Bestandsschutz, der ihnen das Entgelt, meist in Form einer freiwilligen Zulage bis zum Ausscheiden aus dem Unternehmen zusichert. Damit entsteht in den befragten Unternehmen eine Zwei-Klassen-Gesellschaft. Die Mitarbeiter werden in zwei unterschiedliche Gruppen getrennt, nämlich in die Mitarbeiter, die schon vor ERA im Unternehmen beschäftigt waren und aufgrund des Bestandsschutzes u.U. mehr Geld verdienen, als die Mitarbeiter, die nach ERA einen Arbeitsvertrag abgeschlossen haben und sofort nach ERA entlohnt werden. ERA wird also erst nach einem kompletten Generationenwechsel und dem dann entfallenen Bestandsschutz der „alten Beschäftigten" in den Unternehmen eingeführt sein und somit zu einer Entlastung der Entgeltkosten führen[222].

Als Gewinner der ERA Einführung bezeichnen die befragten Personengruppen Facharbeiter. Kaufmännische Sachbearbeiter und Assistenzfunktionen dagegen werden eher abgewertet.

Der Interaktionsmodus der Betriebsparteien hat sich während der ERA-Einführung verändert. In den meisten befragten Unternehmen arbeiteten Arbeitgeber und Arbeitnehmer überwiegend kooperativ miteinander. Im Laufe des Einführungsprozesses wurde dieser Interaktionsmodus konfliktreicher. Die Einführung eines neuen Tarifvertrages stellte für beide Betriebsparteien eine neue Situation dar, in der wichtige Interessen zu vertreten waren. Während der Betriebsrat versuchte, „so viel wie möglich" für die Arbeitnehmer „rauszuholen", mussten die Vertreter des Managements insbesondere den Kostenaspekt der Einführung im Auge behalten. Dieses unterschiedliche Vorgehen und die

---

[222] Wird am Beispiel der Regelüberführung am deutlichsten.

damit verbundenen divergierenden Interessen führten an vielen Stellen zu Konflikten. Auffällig ist, dass diese Konflikte mit Abschluss der Umsetzung des ERA gelöst zu sein scheinen und der Interaktionsmodus der Tarifvertragsparteien sich wieder auf das Niveau vor ERA zurückwandelte, die Betriebsparteien nun also wieder kooperativ zusammen arbeiten. Das Aufrechterhalten einer Konfliktsituation erweist sich häufig als sehr aufwendig und Kräfte zehrend, so dass die tägliche Arbeit, nach Vorgabe des Betriebsverfassungsgesetztes nur schwer umsetzbar ist.

Im Vergleich mit anderen Regionen verlief die Einführung des Entgeltrahmenabkommens im Bereich des VEM ähnlich. Trotz abweichender tariflicher Regelungen, sind die Einführungsprozesse in den Unternehmen miteinander vergleichbar. Dort wo meist unternehmensspezifische Schwierigkeiten auftraten, mussten und wurden sie von den Betriebsparteien gelöst. Maßgeblich für den Einführungsprozess kann in allen Regionen die Art der Interaktion zwischen Betriebsrat und Management vor ERA gesehen werden. Fand die betriebliche Umsetzung der tariflichen Vorgaben in einem kooperativen Arbeitsklima ab, konnten Schwierigkeiten schneller gemeinsam gemeistert werden. In einer weniger vertrauensvollen Kommunikationsform gingen die Betriebsparteien u.U. härter miteinander ins Gericht. Ähnlich wie auch in der hier befragten Region fanden die Interaktionsmodi in anderen Regionen nach Abschluss des Projektes wieder zu ihrem Ursprung zurück.

Durch die Einführung des Entgeltrahmenabkommens wurde nicht nur die Bedeutung des Tarifvertrags aufgewertet, sondern es wurde ein besonderes Bewusstsein für die Zusammenarbeit der Betriebsparteien geschaffen. Es bleibt abzuwarten, ob sich die Parteien dieser Bedeutung auch in Zukunft und bei künftigen Problemen bewusst sein werden, oder ob bereits nach kurzer Zeit alles wieder seinen gewohnten Lauf nimmt!

Literaturverzeichnis

Abel, Heinz (2009a): Einführung in die Soziologie: Band 1: Der Blick auf die Gesellschaft; VS Verlag für Sozialwissenschaften; Wiesbaden.

Abel, Heinz (2009b): Einführung in die Soziologie: Band 2: Die Individuen in ihrer Gesellschaft; VS Verlag für Sozialwissenschaften; Wiesbaden.

Arbeitsgesetze (2005): Beck-Texte im dtv-Verlag; München.

Artus, Ingrid; Böhm, Sabine; Lücking, Stefan; Trinczek, Rainer (2006): Betriebe ohne Betriebsrat – Informelle Interessensvertretung in Unternehmen; Campus Verlag, Frankfurt.

Bahnmüller, Reinhard (1999): Trends betrieblicher Entgelt- und Leistungsregulierung. In: Mitbestimmung 1+2/99; S. 17-20.

Bahnmüller, Reinhard; Bispink, Reinhard; Weiler, Anni (1999): Tarifpolitik und Lohnbildung in Deutschland am Beispiel ausgewählter Wirtschaftszweige. WSI – Diskussionspapier Nr. 79.

Bahnmüller, Reinhard; Schmidt, Werner (2006): Interessen, Strategien und Zielsetzungen der Tarifparteien des ERA in Baden – Württemberg – Erste Einschätzungen und Befunde. www.laubornet.de/diskussionen/gewerkschaft/tarifpolitik/bahnmueller.html (Stand:01.07.2009)

Bahnmüller, Reinhard; Schmidt, Werner (2007): Auf halben Weg – Erste Befunde zur ERA – Umsetzung in Baden – Württemberg. In: WSI – Mitteilungen 7/2007; S. 358-364.

Bahnmüller, Reinhard; Schmidt, Werner (2009): Riskante Modernisierung: Wirkungen und Bewertungen der ERA – Einführung in Baden – Württemberg. In: WSI-Mitteilungen 3/2009, S. 119-126.

Biebeler, Hendrik; Lesch, Hagen (2006): Mitgliederstruktur der Gewerkschaften in Deutschland. In: IW-Trends; Heft 4/2006.

Bender, Gerd; Möll, Gerd; Skrotzki, Rainer (2009): Arbeitsbewertung zwischen Flächentarifvertrag und betrieblichen Verhandlungskonstellationen – Zur Umsetzung des Entgeltrahmenabkommens für die Metall- und Elektroindustrie in Nordrhein – Westfalen. Abschlussbericht des Forschungsprojekts: Umsetzung des Entgeltrahmenabkommens für die Metall- und Elektroindustrie in NRW der Hans – Böckler -Stiftung.

Bergmann, Joachim; Jacobi, Otto; Müller-Jentsch, Walther (1975): Gewerkschaften in der Bundesrepublik – Gewerkschaftliche Lohnpolitik zwischen Mitgliederinteressen und ökonomischen Systemzwängen; Europäische Verlagsanstalt; Frankfurt – Köln.

Bispinck, Reinhard (2003): Das deutsche Tarifsystem in Zeiten der Krise – Streit um Flächentarif, Differenzierung und Mindeststandards. In: WSI – Mitteilungen 7/2003; S. 395-403.

Bispinck, Reinhard (2004): Kontrollierte Dezentralisierung der Tarifpolitik. Eine schwierige Balance. In: WSI – Mitteilungen, S. 301-307.

Bispinck, Reinhard (2007): Löhne, Tarifverhandlungen und Tarifsystem in Deutschland 1995- 2005. WSI – Diskussionspapier Nr. 150.

Bosch, Aida; Ellguth, Peter; Schmidt, Rudi; Trinczek, Rainer (1999): Betriebliches Interessenhandeln – Zur politischen Kultur der Austauschbeziehungen zwischen Management und Betriebsrat in der westdeutschen Industrie; Leske + Budrich; Opladen.

Braun, Siegfried (1959): Ergebnisse und Probleme der Angestelltensoziologie. Manuskript der Friedrich Ebert Stiftung Bibliothek.

Braun. Siegfried (1964): Die gesellschaftliche Position der Angestellten und die soziale Differenz – Arbeiter und Angestellte; Europäische Verlagsanstalt, Frankfurt a.M.

Bundesministerium für Arbeit und Soziales: www.bmas.de

Deutscher Gewerkschaftsbund (DGB): www.dgb.de

Deutsche Rentenversicherung Bund: www.deutsche-rentenversicherung-bund.de.

Dörre, Klaus (1996): Die „demokratische" Frage im Betrieb – Zu den Auswirkungen partizipativer Managementkonzepte auf die Arbeitsbeziehungen in deutschen Industrieunternehmen. In: SOFI-Mitteilungen Nr. 23/1996, S. 7-23.

Ellguth, Peter; Kohaut, Susanne (2011): Tarifbindung und betriebliche Interessenvertretung: Aktuelle Ergebnisse aus dem IAB-Betriebspanel 2010. In: WSI – Mitteilungen 5/2011; S. 242-247.

Europäische Gemeinschaften: http: // europa.eu.int/comm/enterprise/enterprise_policy/sme_definition/index_de.htm (Abfrage am 07.10.2010)

Europäische Kommission: http://ec.europa.eu/index_de.htm.

Franz, Wolfgang (2003): Arbeitsmarktökonomie; Axel-Springer Verlag; Mannheim.

Fehrmann, Eberhard; Metzner, Ulrike (1981); Angestellte und Gewerkschaften; Bund-Verlag GmbH; Köln.

Garloff, Alfred; Gürtzgen, Nicole (2008): Öffnungsklauseln und Löhne; Arbeit im Rahmen des Projekts: „Innovationen in den Rahmenbedinungen für Tarifverhandlungen" für den Verband deutscher Maschinen- und Anlagenbauer; Mannheim.

Gergs, Hanjo; Schmidt, Rudi; Trinczek, Rainer (1992): Die Claims der Einzelgewerkschaften sind umstritten. In: WSI – Mitteilungen 3/1992, S. 149-157.

Gerlach, Knut; Stephan, Gesine (2005): Tarifverträge und betriebliche Entlohnungsstrukturen. In: IAB DiscussionPaper No. 20/2005.

Gesamtmetall: www.gesamtmetall.de .

Giddens, Anthony (1988): Die Konstitution der Gesellschaft. Grundzüge einer Theorie der Strukturierung; Campus – Verlag; Frankfurt a.M./ New York.

Gutmann, Joachim; Lieb, Sigi (2004): Umgang mit dem Betriebsrat; Haufe Verlag; München.

Haipeter, Thomas (2009): Tarifabweichungen und Flächentarifverträge: Eine Analyse der Regulierungspraxis in der Metall- und Elektroindustrie; VS Verlag für Sozialwissenschaften; Wiesbaden.

Hardes, Dieter (1993): Ausgewählte Ansätze ökonomischer Gewerkschaftstheorien. In: WISU – Das Wirtschaftsstudium 4/93, S. 365-374.

Jirjahn, Uwe (2003): Betriebsräte, Tarifverträge und betriebliches Lohnniveau. In: MittAB 4/2003.

Jochmann-Döll, Andrea; Ranftl, Edeltraud (2009a): Eine neue AERA für die Gleichstellung! Auch von Frau und Mann? In: WSI-Mitteilungen 4/2009; S. 218-223.

Jochmann-Döll, Andrea; Ranftl, Edeltraud (2009b): Die neuen Entgeltrahmenabkommen in der Metall- und Elektroindustrie: (K)Ein Beitrag zur Entgeltgleichheit   zwischen Frauen und Männern?. Vorläufiger Endbericht des Projekts der Hans-Böckler-Stiftung: „Betriebliche Umsetzung von Entgeltrahmenverträgen: Chancen und Risiken aus gleichstellungspolitischer Sicht. - ISBN: 978-3-8360-8720-9

Kraft, Alfons; Wiese, Günther et al (2005): Betriebsverfassungsgesetz – Gemeinschaftskommentar; Luchterhand-Verlag; München.

Kohaut, Susanne; Ellguth, Peter (2007): Tarifbindung und betriebliche Interessenvertretung: Aktuelle Ergebnisse aus dem IAB Betriebspanel 2007. In: WSI-Mitteilungen 9/2008; S. 515-519.

Kohaut, Susanne; Ellguth, Peter (2008): Branchentarifvertrag: Neu gegründete Unternehmen sind seltener tarifgebunden. In: IAB-Kurzbericht 16/2008.

Kohaut Susanne; Schnabel, Claus (2001): Tarifverträge – nein danke!? Einflussfaktoren der Tarifbindung west- und ostdeutscher Betriebe; Diskussionspapier der Friedrich-Alexander - Universität Erlangen-Nürnberg, Lehrstuhl für VWL insbesondere Arbeitsmarkt- und Regionalpolitik.

Kotthoff, Hermann (1981): Betriebsräte und betriebliche Herrschaft – Eine Typologie von Partizipationsmustern im Industriebetrieb; Campus Verlag; Frankfurt.

Kotthoff, Hermann (1994): Betriebsräte und Bürgerstatus – Wandel und Kontinuität betrieblicher Mitbestimmung; Rainer Hampp Verlag; München.

Kotthoff, Hermann (1998): Mitbestimmung in Zeiten interessenspolitischer Rückschritte – Betriebsräte zwischen Beteiligungsofferte und „gnadenlosem Kostensenkungsdiktat"; S. 76-100. In: Industrielle Beziehungen, Heft 1, 1998.

Kratzer, Nick; Nies, Sarah (2009): Neue Leistungspolitik bei Angestellten; edition sigma; Berlin.

Kuhlmann, Martin; Sperling, Hans-Joachim (2009): Der Niedersachsen-Weg – Tarifregelungen, Einführungsprozess und Wirkungen des ERA. In: WSI-Mitteilungen 3/2009; S. 127-135.

Lederer, Emil (1912): Die Privatangestellten in der modernen Wirtschaftsentwicklung. Verlag von J.C.B. Mohr (Paul Siebeck); Tübingen.

Lesch, Hagen (2000): Währungsunion und Flächentarifvertrag – Anpassungerfordernisse für das deutsche Tarifvertragssystem?; Schriften des IFSt Nr. 379; Bonn.

M+E Mitte (2009): http://www.me-mitte.de/.

Müller-Jentsch, Walter (1986): Soziologie der industriellen Beziehungen – Eine Einführung; Campus Studium Verlag; Frankfurt a.M., New York.

Müller-Jentsch, Walther (1999): Konfliktpartnerschaft: Akteuere und Institutionen der industriellen Beziehungen; Schriftreihe Industrielle Beziehungen; Rainer Hampp Verlag; München.

Müller-Jentsch, Walther (2007): Strukturwandel der industriellen Beziehungen – Industrial Citizenship zwischen Markt und Regulierung; VS Verlag für Sozialwissenschaften; Wiesbaden.

Oechsler, Walter (2000): Personal und Arbeit, Oldenbourg Verlag, München.

Olson, Mancur (1968): Die Logik des kollektiven Handelns: Kollektivgüter und die Theorie der Gruppe; deutsche Auflage von 1992; J.C.B. Mohr Verlag, Tübingen.

Ridder, Hans-Gerd (1999): Personalwirtschaft, Kohlhammer Verlag, Stuttgard.

Schmierl, Klaus (2009a): ERA – Erfahrungen in Thüringen – Befunde aus Pilotbetrieben. In: WSI-Mitteilungen 3/2009; S. 136-142.

Schmierl, Klaus (2009b): Eine neue AERA in Thüringen – Einführung und Emsetzung des Entgeltrahmenabkommens in ausgewählten Pilotbetrieben. ISF München Forschungsberichte.

Statistisches Bundesamt Deutschland: www.destatis.de.

Streeck, Wolfgang; Rehder, Britta (o.J.): Institutionen im Wandel: Hat die Tarifautonomie eine Zukunft?: In: Tarifpolitik im Umbruch.

Tarifsammlung für die Metall- und Elektroindustrie Rheinland-Rheinhessen e.V. Koblenz

Technische Universität Braunschweig: www.tu-braunschweig.de

Trinzcek, Rainer (1989): Betriebliche Mitbestimmung als soziale Interaktion – Ein Beitrag zur Analyse innerbetrieblicher industriellen Beziehungen. In: Zeitschrift für Soziologie, Jahrgang 18, Heft 6, Dezember 1989, S. 444-456.

Trinczek, Rainer (1993): Management und innerbetriebliche Mitbestimmung – Eine Typologie kollektiver Orientierungsmuster; unveröffentlichte Habilitationsschrift eingereicht bei der Universität Erlangen – Nürnberg.

Trinczek, Rainer (2009): Betriebliche Regulierung von Arbeitsbeziehungen; o.O.

Verband Metall und Elektroindustrie in Koblenz: www.vem.de

Verband Metall und Elektoindustrie in Koblenz (VEM) (2010): ERA EntgeltRahmenAbkommen Kommentar.

Weber, Max (1921/22): Wirtschaft und Gesellschaft. Mohr – Siebeck Verlag; Tübingen.

Wirth, Carsten (2000): Industrielle Beziehungen als „negotiated order". In: Industrielle Beziehungen, 7. Jahrgang, Heft 1, 2000, S. 43-68.

Zachert, Ulrich (2009): 60 Jahre Tarifvertragsgesetz – Eine rechtspolitische Bilanz. In: WSI-Mitteilungen 4/2009; S.179-184.

Weiterführende Literatur

Berger, Peter L.; Luckmann, Thomas (1980): Die gesellschaftliche Konstruktion der Wirklichkeit. Fischer Verlag, Frankfurt am Main.

Bispinck, Reinhard (2007): Wohin treibt das Tarifsystem?; VSA-Verlag; Hamburg.

Dilger, Alexander (2002): Ökonomik betrieblicher Mitbestimmung: Die wirtschaflichen

Folgen von Betriebsräten; Schriftreihe industrielle Beziehungen; Rainer Hampp Verlag; München.

Dütz, Wilhelm (2004): Arbeitsrecht; Verlag C. H. Beck; München.

Hauser – Ditz, Axel; Hertwig, Markus; Pries, Ludger (2008): Betriebliche Interessenregulierung in Deutschland – Arbeitnehmervertretung zwischen demokratischer Teilhabe und ökonomischer Effizienz; Campus Verlag, Frankfurt.

Kohaut, Susanne; Schnabel, Claus (2006): Tarifliche Öffnungsklauseln: Verbreitung, Inanspruchnahme und Bedeutung; Diskussionspapier des Friedrich-Alexander-Universität Erlangen-Nürnberg, Lehrstuhl für VWL, insbesondere Arbeitsmarkt- und Regionalpolitik

Kuhlmann, Martin (1995): Strukturwandel der Arbeit? Betriebliche Reorganisation und die Bedeutung sozialer Strukturen. In: Heinz Sahner, Stefan Schwendtner (Hg.) (1995): 27. Kongreß der Deutschen Gesellschaft für Soziologie. Gesellschaften im Umbruch, S. 157-162.

Lesch, Hagen (1999): Lohnpolitik in einer Europäischen Wirtschafts- und Währungsunion; Josef Eul Verlag; Köln.

Müller-Jentsch, Walther (1998): Der Wandel der Unternehmens- und Arbeitsorganisation und seine Auswirkungen auf die Interessenbeziehungen zwischen Arbeitgebern und Arbeitnehmern. In: Sonderdruck aus: Mitteilungen aus der Arbeitsmarkt- und Berufsforschung.

Neuendorff, Hartmut (1973): Der Begriff des Interesses: Eine Studie zu den Gesellschaftstheorien von Hobbes, Smith und Marx; Suhrkamp Verlag; Frankfurt a. Main.

Niechoj, Thorsten (2004): Gewerkschaften und keynesianische Koordinierung in Europa – Chancen, Risiken und Umsetzungshürden. WSI – Diskussionspapier Nr. 121.

Rehder, Britta (2003): Betriebliche Bündnisse für Arbeit in Deutschland. Mitbestimmung und Flächentarif im Wandel; Campus – Verlag; Frankfurt a.M./ New York.

Sesselmeier, Werner; Blauermel, Gregor (1997): Arbeitsmarkttheorien – Ein Überblick; Physica Verlag, Heidelberg.

Anhang

Interviewleitfaden

Folgender Interviewleitfaden wurde für die Interviews mit Vertretern des Managements (häufig der Personalabteilung) und des Betriebsrates verwendet.

Der Interviewleitfaden diente jedoch nur als Leitfaden, von welchem bei Bedarf abgewichen werden konnte. Auf Spezifika der Unternehmen wurde auf diese Weise eingegangen.

Fragebogen für Management und Betriebsräte

Unternehmen	
Gesprächspartner	
Datum und Dauer des Gesprächs	

Gliederung:
1) Zusammenarbeit der BP vor ERA: Wodurch geprägt? Verständnis füreinander? Anerkennung der gegenseitigen Interessen usw.
2) Zusammenarbeit der BR während ERA: unterschiedliche Zielsetzungen/ Strategien?
3) Zusammenarbeit nach ERA: Wodurch geprägt? Besseres Verständnis füreinander? Mehr Respekt? Gelernt aus Erfahrungen während ERA, z.B. auch in der Krise?

Unternehmensinformationen	
Anzahl der Mitarbeiter in 2009	
Anzahl an BRs/ freigestellter BR	
Umsatz in 2009 im Vgl zu 2008	
Anzahl der Standorte	

1) Zusammenarbeit der BP vor ERA
Abstecken der Rahmenbedingungen für die ERA Einführung

Wie würden Sie grundsätzlich die Zusammenarbeit der BP **vor** ERA einschätzen?

Haben die BP vor ERA die gegenseitigen Interessen anerkannt?

Würden Sie eher den BP oder das Management als „stärkeren" in der Zusammenarbeit vor ERA einschätzen?

Gab es regelmäßige Treffen zwischen BR und Management (Teilnahme an BR Sitzungen

usw)? (Mit wem finden die regelmäßigen Treffen statt: Gremium oder BR Vorsitzender →
wie werden Entscheidungen getroffen?)

Welche Machtmittel wurden auf beiden Seiten eingesetzt? In welcher Situation? Mit
Erfolg?
Was war ihr „größter" Erfolg gegenüber der anderen Seite?

Welche Rolle spielt die Belegschaft in der Zusammenarbeit zwischen BR und
Management? (enges Verhältnis BR und Belegschaft grundsätzlich oder nur im
Konfliktfall?)

Welche Rolle spielen die Verbände bei der Zusammenarbeit? Fühlen Sie sich vielleicht
auch manchmal manipuliert?

Wie war die wirtschaftliche Situation des Unternehmens vor ERA?

→ kurzes Zusammenfassung als Review für den Befragten

2) Zusammenarbeit der BP während der ERA Einführung
Abstecken wie ist es gelaufen

Wie würden Sie die Zusammenarbeit der BP grundsätzlich **während** des Prozesses
beschreiben?

Wann haben Sie ERA eingeführt? Wie lange dauerte der Einführungsprozess?
In welcher wirtschaftlichen Situation war das Unternehmen bei der Einführung?

Mit welchem **Ziel** sind Sie an die Einführung herangegangen? (**Strategie**) (Kosten
sparen? 1:1 Umsetzung?)
Mit welchem Ziel ist die andere Seite an die Einführung herangegangen?

Wurden Sie vom Verband unterstützt? Wenn ja, haben Sie an Schulungen teilgenommen?
Wie eng war die Zusammenarbeit?

Spielte die TBS eine wichtige Rolle in Ihrem Haus?

Wie viele Mitarbeiter wurde von Ihrer Seite für die ERA Einführung freigestellt?

Wer hatte bei ERA das Heft in der Hand? Wer war die stärkere bzw. treibende Kraft?

Gab es bereits aktuelle Stellenbeschreibungen im Unternehmen? Wenn nein, wer hat
diese erstellt und wie sind sie erstellt worden?

Wie haben Sie „Kostenneutral" definiert? (Erreichen von 2,79% → Steigerung des
Gesamtentgelts im Unternehmen um 2,79%; 0,00%?)

Gab es besondere „Zwischenfälle" bei der ERA Einführung?

Wie viele Mitarbeiter haben durch ERA gewonnen und wie viele verloren?
Wer hat durch ERA gewonnen bzw. verloren? (Berufsgruppen)
Warum?

Was ist für Sie bei der Einführung besonders wichtig gewesen? Was waren für Sie
entscheidende Einflussfaktoren für die ERA Einführung?

Hat sich Ihre Zielsetzung/ Strategie im Laufe der ERA Einführung verändert? Warum? In
welche Richtung?

Gab es regelmäßige Treffen zwischen BR und Management während der Einführung?

Welche Machtmittel wurden auf beiden Seiten eingesetzt? In welcher Situation? Mit
Erfolg?
Was war ihr „größter" Erfolg gegenüber der anderen Seite?

Welche Rolle spielt die Belegschaft in der Zusammenarbeit zwischen BR und
Management?

Welche Rolle spielen die Verbände bei der Zusammenarbeit? Fühlen Sie sich vielleicht
auch manchmal manipuliert?

Was/ Wie ist für Sie eine gute ERA Einführung?

(Wer hat besser verhandelt? IG Metall oder AG Verband? Kennen Sie die Zielsetzungen/
Strategien der Verbände?)

→ kurzes Zusammenfassung als Review für den Befragten

3) Zusammenarbeit der BP nach der ERA Einführung

Abstecken wie ist es gelaufen

Würden Sie sagen die Zusammenarbeit der BP hat sich durch ERA entscheidend
verändert?
Wenn ja, in welche Richtung?

Haben Sie den Eindruck, dass das Krisenmanagement in der aktuellen wirtschaftlichen
Krise der beiden BP durch ERA verbessert wurde? (→ nachhaltige Veränderung)

(Anerkennung der gegenseitigen Interessen?

Würden Sie eher den BP oder das Management als „stärkeren" in der Zusammenarbeit
nach ERA einschätzen?
→ kurzes Zusammenfassung als Review für den Befragten

Aus Gründen der besseren Lesbarkeit wurde auf die gleichzeitige Verwendung von männlichen und weiblichen Sprachformen verzichtet. Sämtliche Sprachformen gelten gleichermaßen für beide Geschlechter.

Zeitschriften / Journals

Download www.hampp-Verlag.de